山辺昌彦15年戦争関係論文集

3

# 戦中戦後の文化活動と日本軍兵士の諸問題

山辺昌彦［著］

アテネ出版社

# 第三巻　はじめに

第三巻は、平和博物館と東京空襲以外の一五年戦争関係の論文を収録している。時期的には「立命館大学国際平和ミュージアム」の学芸員の時期と「豊島区立郷土資料館」の学芸員の時期とになる。「立命館大学国際平和ミュージアム」の学芸員の終わりごろ「国立歴史民俗博物館」の共同研究に参加していたが、そこでの研究成果も含んでいる。また「豊島区立郷土資料館」の学芸員の時期から「立命館大学国際平和ミュージアム」の学芸員の時期にかけて、「柳瀬正夢研究会」に参加していたが、そこでの成果も含んでいる。また、「立命館大学国際平和ミュージアム」の学芸員の時期の中国での日本人反戦運動における天皇制認識についての論文、中国共産党東京支部についての論文も収録している。さらに戦時下の博物館の戦争展示についての論文も収録している。関連して、「大阪国際平和センター」の紀要に小山仁示さんの依頼で書いた大阪の戦時下の博物館についての論文も入れている。平和博物館ではなく市民の戦争展運動について書いたものも第三巻に収録している。最後に、「豊島区立郷土資料館」の学芸員の時期の秋田雨雀について書いた論文も入れている。

二〇二四年　三月

山辺　昌彦

## ◎解説

第三巻の収録論文の解説は以下である。

1 柳瀬正夢研究会の雑誌『ねじ釘』三号、二〇〇四年一月刊に書いたもので、柳瀬正夢の政治マンガを紹介しているもの。収録にあたってマンガのコピーは省略した。

2 旧真田山陸軍墓地とその保存を考える会の二〇〇三年一月二六日のシンポジウムで発表したことを文章化したもの。雑誌『旧真田山陸軍墓地を考える』四号、二〇〇三年五月刊に掲載。内容は日本全国のこの当時の旧陸軍墓地の現状を書いたもの。この前に国立歴史民俗博物館の共同研究で全国の旧陸軍墓地を訪ねて現状を明らかにし、二〇〇三年三月に国立歴史民俗博物館研究報告一〇二集に発表した。それを踏まえてのものである。

3 国立歴史民俗博物館の共同研究の成果として、書いた論文で、高橋峯次郎あて軍事郵便のうち、特徴的なものを紹介したもの。二〇〇三年三月に国立歴史民俗博物館の研究報告一〇一集に発表した。

4 「大阪地域における一五年戦争期の戦意高揚展示会」は、博物館も含めて、大阪地域の博覧会など、さまざまな場所で、新聞社・デパートなど、さまざまな主催で開催された戦意高揚展示会を紹介したもの。

二〇〇三年三月刊の大阪国際平和センターの大阪国際平和研究所の紀要『戦争と平和』一二号に発表したもの。

5 「十五年戦争下の博物館の戦争展示」は『文化財と近代日本』に書いたもの。鈴木良氏を中心とする近代文化財の研究会の成果である。戦中の博物館の戦争展示は戦争を賛美し、国民を戦争に動員するものであり、戦後の平和を願っての戦争展示とは異なる。これをあきらかにしたものである。二〇〇二年一二月に刊行された。

6 中国における日本人反戦運動における天皇制認識について書いたもの。立命大学国際平和ミュージアムに提供された鹿地亘資料を使って書いた。『立命館平和研究』一号に二〇〇〇年三月に掲載された。

7 日本政府により弾圧された中国共産党東京支部について書いたもの。井上久士氏との共著である。私は日本の弾圧資料によって書いた。『歴史評論』五六九号、一九九七年九月刊に発表した。

8 戦後日本の市民による戦争展運動について書いたもの。『歴史評論』五五六号、一九九六年九月刊に発表した。博物館の戦争展示の先駆をなすものであるが、博物館の展示について書いたものではないので、三巻に収録した。

9 転向後の戦時下の秋田雨雀の雑司が谷地域における文化活動を紹介したもの。刊行された日記ではなく、日本近代文学館所蔵の日記原本を見て執筆した。10の続編にあたる。豊島区立郷土資料館の研究紀要である『生活と文化』四号、一九九〇年三月刊に掲載。

10 戦間期における、秋田雨雀の雑司が谷地域における文化活動を紹介したもの。これも刊行された日記ではなく、日本近代文学館所蔵の日記原本を見て執筆した。豊島区立郷土資料館の研究紀要である『生活と文化』二号、一九八六年一二月刊に掲載。

◎目　次

1

『ねじ釘　第三号』（二〇〇四年一月　柳瀬正夢研究会）

# 『無産者新聞』時代における柳瀬正夢の政治漫画について

## はじめに

『無産者新聞』時代における柳瀬正夢については、梅田欽治氏が「柳瀬正夢と『無産者新聞』」（『歴史評論』五二〇号、所収）において、包括的に論じられ、基本な点をすでに明らかにされている。しかし、この梅田論文でも『無産者新聞』などに掲載された柳瀬正夢の政治漫画については、その政治的な意味をほとんど分析していない。ここでは、梅田論文をふまえて、この時期の政治漫画の政治的内容を明らかにし、その意義を考えていきたい。当然『無産者新聞』を中心とするが、あわせて『労働新聞』・『労働農民新聞』・『文芸戦線』・『戦旗』・『日本交通労働総連盟機関紙』・『解放』・『日本及日本人』に掲載されたものも取り上げたい。同時にこの漫画のうち、多くは『柳瀬正夢画集』に収録されている。この際当初発表されたものと、『柳瀬正夢画集』に収録されているものとの間には、移動・変化があるが、このことも検討していきたい。

以下具体的に項目を立てて見ていきたい。

## 1　労働運動・農民運動

労働運動に関しては、まず、１（付表の作品番号、以下同じ）、4、5の労働組合法案・争議調停法案反対運動がある。労働組合法案は、若槻礼次郎内閣が第五一議会に提出したものであるが、当初の一九二五年八月の内務省社会局案よりは取締的性格が強まったものであったが、その点をとらえて労働者をいっそう抑圧するものであるとして、争議調停法案とともに反対することを訴えたものである。このように労働組合を公認する改良的な措置に対しても、その不十分さのみをとらえて、真っ向から反対するだけという運動方針を取っている。ただし、25にもブルジョアが労働者を抑圧していることを描いているが、政党内閣に悪法をつくらせているものを、ブルジョアジーとのみとらえていて、天皇制などの専制勢力を見ていないことには、注意しておく必要がある。

21、27、31などで健康保険を取り上げているが、資本家・政府の全額負担を求める健康保険改正運動を提起している。82では、失業手当法・最低賃金法・八時間労働法・健康保険法改正・婦人青少年保護法の五法案獲得運動を取り上げている。政府の労働調査についても、90で取り上げ、労働者の要求をごまかすためのものとのみとらえて批判し、自らの手による労働調査を行うことを、89で提起している。同様に、87では安全週間の欺瞞性を批判している。

争議支援では、116、126、128、131などの野田争議に関するもの、74、77、114のように神戸の川崎造船争議を取り上げたもの、75のように紡績業の女子労働者の闘いを描いたものなどがある。また、123では、解雇反対闘争が取り上げられている。野田争議のように右派の指導する争議でも闘う労働者を支援しようとしていることは見落としてならないことである。

8、47、48、151でメーデーを取り上げているが、職場闘争より街頭へ出ることを重視し、求める運動形態で、8のように、仕事を放り出して、メーデーなどの街頭行動へ行くことをさそうような運動であった。

また、52には下からの統一戦線運動である工場代表者会議運動が取り上げられている。143、145のように、労働組合への加入を求めるもの、特に評議会への参加を求めるものもある。このように、未組織労働者をも組織し、階級的労働運動を築いていこうとしていることは、注目すべきことである。

農民運動については、10、14、96のように、小作料未納を理由に稲の刈り取りをさせないよう、地主が小作人の農地への立ち入りを禁止する措置に対して、小作人が実力で立ち入り、稲刈りをする立毛差押反対運動や、58、60のように工場代表者会議に呼応して、小作人のみでなく広く農民を結集する農民代表者会議・農民大会の運動、153の新潟県中蒲原郡五泉村など五町村の農民の地主に対する運動などを取り上げている。

## 2 政治運動

政治運動に関してはまず、13、28、31、34、35、43、94、97、99、103、111、115、121、125、127、132などの、制限議会を解散して普通選挙の実施を求める議会解散要求請願運動がある。この中で先に見た労働運動の課題や後で見る政治的自由獲得を求める運動などが同時に行われ、無産政党の共同闘争も提起されている。

3、34、41、50、59、69、72、84、102、130、133、140、141、144のように政府や既成のブルジョア政党を批判したものがある。そして、6のように議員らの汚職批判や、37、107のように東京市会汚職批判もある。しかしむしろ右派や中間派の無産政党批判に重点が置かれている。まず、15、16の労働農民党に対して左派排除をやめさせる門戸開放を求める運動があった。門戸開放後、労働農民党から分裂して結成された社会民衆党や日本労農党についての批判は、17、18、19、20、24、28、38、39、63、69、72、80、89、97、142などにある。その際右派が資本家と結びついていることを批判している。もちろん、104のように分裂を克服して、無産政党の合同を求めているが、その際政党や労働組合間での相手の立場を尊重した統一ではなく、49、89、97のように、左派のもとに右派や中間派に組織されている大衆やさらに未組織の大衆を組織していくことが、統一の基本とされていることは忘れてはならない。それは選挙運動でも同様である。68、72では府県会での左派への投票を呼びかけている。府県会選挙に関連して、76では府県民代表者会議を提起している。また同時に、136、139のように投票する権利の保障を求める要求も出している。そこから投票する権利を保障しないような普選に対して、欺瞞であるとする批判が、84、86、138などにある。また、労働組合運動の戦線統一の場合も、無産政党運動と同様であって、109のように組合統一運動も主張しているが、22、33、64のように右派・中間派の批判が中心である。

反戦・反軍運動に関しては、2の陸軍機密費横領事件批判、9の軍人批判、30の入営、46、55、61、81の田中義一の軍閥政治批判、92の田中義一内閣による中国侵略批判などがある。30は、母親が息子の入営を悲しんでいることや軍隊の非情さを描いている。61や81は、田中内閣が武力弾圧を準備し、実際に行っていることを批判したものである。これに関連して、137では建国祭を批判している。ここでも帝国主義戦争反対を訴えているが、建国祭を資本家・地主が行っているとして、天皇制の問題は出していないことを見落としてはならない。

弾圧反対については、45、53の京大事件、146、147、148、152の三・一五事件、149の三・一五事件後の労働農民党・労働組合評議会・無産青年同盟の三団体解散を取り上げ、その反対と犠牲者救援を訴えている。また、67、77、95のように争議への弾圧、65の演説の中止解散、70の『無産者新聞』への検閲、155の『無産者新聞』の発行禁止なども取り上げて批判している。ここでも、70、83、146、147のように言論抑圧や弾圧を、天皇制ではなく、ブルジョアジーによるものとしていることに注意する必要がある。

これらに関連して85、93、94、103、111、115、134などに政治的自由獲得を求める運動も描いている。なお、150では、田中内閣打倒・暴圧反対・言論出版集会結社の自由・労働者農民の政府樹立などの要求を掲げている。ただし、このうち高度な革命的要求である労働者農民の政府樹立については、『無産者新聞』版では掲げているが、『柳瀬正夢画集』版では政府樹立を削り、この要求を下ろしている。

## 3　国際連帯運動

日本の侵略に対する中国の民衆の戦いについては、36、44、54、66、79で取り上げて、連帯を表明している。ただし、「中国」とは表記しないで、「支那」という蔑視した表現を使っている問題点がある。112では広東ソビエト政府を高く評価し、讃えている。また、54、71、113では南京政府・蒋介石を、日本に妥協し、ソビエトに敵対するものとして批判している。51では、蒋介石らと連帯する右派の社会民衆党を批判している。

108では、中国東北地方での、日本帝国主義と張作霖による朝鮮民族の追い出しを取り上げている。しかし、ここでも『柳瀬正夢画集』版では朝鮮民族を削っている。植民地解放を直接言っているわけではないが、この要求も高度と考えられたからと思われる。

国際関係については、40、42、106で、軍縮会議や不戦条約を取り上げているが、これらは帝国主義の軍備拡張や植民地支配を隠蔽するものにすぎないとして、その欺瞞性を指摘し、平和主義を批判している。そしてソビエトが会議で主張した軍備撤廃を支持している。また、29、32で国際労働会議を取り上げているが、労働者の団結の自由の原則を否定し、資本家と右派幹部の妥協の場となったことを批判し、その意義を認めないで、これに国際的な労働者の団結を対置している。98、113、154ではソビエト・ロシアの擁護を言っている。78では、アメリカの労働運動の闘士、サッコとバンセッチの死刑執行に対して、無実の罪による弾圧であるとして抗議している。

## おわりに

このように、この時期の柳瀬正夢の政治漫画は全体として、階級的・戦闘的労働運動を発展させ、労働者階級の国際連帯を目指す運動を描いており、当時の日本共産党指導下の運動の立場から描かれていると見てよい。これは、日本共産党の合法機関紙であった『無産者新聞』や当時の労働農民党や労働組合評議会などの要請にしたがって漫画を描いたわけであり、当然といえる。しかし、これらの立場や思想が、そのまま当時の柳瀬正夢の政治的立場や思想であったと即断することはできない。だが少なくとも、そうした漫画を描くことにより、共産党の立場に立った政治運動を行っていたということはできる。

今後の課題としては、この後の時期の『読売新聞』の政治漫画について同様な分析に取り組みたい。ただし『読売新聞』の時期にも、柳瀬正夢は『第二無産者新聞』では、一九三一年一〇月二四日発行の七四号や一一月七日発行の七六号では、ロシア革命記念日に関連して、「帝国主義戦争反対・資本家地主の政府を倒せ・ソビエト日本の樹立へ」など革命的なものを含む高度な要求を漫画に描いていることは、注目しておく必要がある。

### 付表（次ページから）

『無産者新聞』時代における柳瀬正夢の政治漫画のうち、本稿で検討の素材としたものは、一九二六年三月二〇日から一九二九年二月一日にかけて、『無産者新聞』・『労働新聞』・『労働農民新聞』・『文芸戦線』・『戦旗』・『日本交通労働総連盟機関紙』・『解放』・『日本及日本人』に掲載されたもので、柳瀬正夢が描いたと推定される政治漫画であり、その一覧は、以下のとおりである。

なお『ユウモア』・『東京パック』にもこの時期に漫画を描いているが、これらは別途検討する必要があるので、省いた。一覧の作成にあたって、清水勲「柳瀬正夢　漫画・風刺画年表」（『川崎市市民ミュージアム紀要』第七集、所収）を参考にした。本文では、この作品番号を引用した。

| 番号 | 内　　容 | 掲載紙名 | 号数 | 掲載年月日 | 画集番号 |
|---|---|---|---|---|---|
| 1 | サア兄弟手を握らう（図１省略） | 無産者新聞 | 20 | 1926. 3.20 | 1 |
| 2 | 閥壁のうち（図２省略） | 日本及日本人 | | 1926. 4. 1 | |
| 3 | 暮夜密談　白昼悠々 | 日本及日本人 | | 1926. 4. 1 | |
| 4 | 国法に従ひ労資相和せ | 日本及日本人 | | 1926. 4. 1 | |
| 5 | 暴圧法案（図３省略） | 解放 | 5ノ4 | 1926. 4. 1 | |
| 6 | 臭議院の幕閉ぢ（図４省略） | 無産者新聞 | 22 | 1926. 4. 3 | 2 |
| 7 | 此の巨手を握り固めて！ | 無産者新聞 | 号外 | 1926. 4.23 | |
| 8 | 職場から街頭へ | 無産者新聞 | 25 | 1926. 4.24 | 3 |
| 9 | 昨日の強盗、今日の政治家 | 解放 | 5ノ7 | 1926. 7. 1 | |
| 10 | 農村の暴状（図５省略） | 無産者新聞 | 39 | 1926. 7.24 | 5 |
| 11 | 緑の夏（図６省略） | 解放 | 5ノ8 | 1926. 8. 1 | |
| 12 | 現実主義者 | 無産者新聞 | 41 | 1926. 8. 7 | |
| 13 | ブルジヨア座に現れた怪物 | 無産者新聞 | 45 | 1926. 9. 4 | 6 |
| 14 | あとの祭り | 無産者新聞 | 52 | 1926.10.16 | 7 |
| 15 | 戸を開けろ！（図７省略） | 労働新聞 | 33 | 1926.10.20 | 8 |
| 16 | 大衆の要求 | 無産者新聞 | 54 | 1926.10.30 | |
| 17 | 打ちそこねた芝居 | 労働新聞 | 34 | 1926.11. 5 | 9 |
| 18 | 御主人のお気に召すやう（図８省略） | 無産者新聞 | 56 | 1926.11.13 | 10 |
| 19 | 嶮しい路を恐れて | 無産者新聞 | 58 | 1926.11.27 | 11 |
| 20 | 中々よく踊るぞ（図９省略） | 労働新聞 | 35 | 1926.12. 5 | 12 |
| 21 | 健康保険と労働者 | 労働新聞 | 35 | 1926.12. 5 | |
| 22 | 今日のドン・キホーテ | 無産者新聞 | 61 | 1926.12.18 | 13 |
| 23 | 不景気の内幕 | 無産者新聞 | 62 | 1926.12.25 | 14 |
| 24 | 暴露されたエセ無産政党の仮面 | 無産者新聞 | 63 | 1927. 1. 1 | 15 |
| 25 | 哀しき姿の「人道主義」（図10省略） | 解放 | 6ノ1 | 1927. 1. 1 | |
| 26 | 労働農民党第１回大会開かる!!! | 労働新聞 | 36 | 1927. 1. 5 | 16 |
| 27 | 健康保険と労働者 | 労働新聞 | 36 | 1927. 1. 5 | |
| 28 | 議会解散請願運動 | 無産者新聞 | 64 | 1927. 1. 8 | |
| 29 | 国際労働会議の内幕（図11省略） | 無産者新聞 | 65 | 1927. 1.15 | 18 |
| 30 | 入営 | 無産者新聞 | 65 | 1927. 1.15 | 17 |
| 31 | 支配階級の陰謀に此の一撃!! | 労働新聞 | 37 | 1927. 1.20 | 19 |
| 32 | 国際労働会議 | 労働新聞 | 37 | 1927. 1.20 | |
| 33 | だまされるな！ | 無産者新聞 | 66 | 1927. 1.22 | 20 |
| 34 | 政権争奪に腐敗せる第五十二議会を即時解散せよ | 無産者新聞 | 67 | 1927. 1.29 | 21 |
| 35 | 労働農民党の旗の下に | 労働農民新聞 | 2 | 1927. 2. 1 | 22 |
| 36 | 労働者の国際的団結へ（図12省略） | 無産者新聞 | 68 | 1927. 2. 5 | 23 |
| 37 | この味は忘れられぬ!!（図13省略） | 無産者新聞 | 68 | 1927. 2. 5 | 24 |
| 38 | 日労党馬脚を現はす | 労働新聞 | 38 | 1927. 2. 5 | |

| | | | | | |
|---|---|---|---|---|---|
| 39 | 此の奴隷を見よ | 無産者新聞 | 69 | 1927. 2.12 | 25 |
| 40 | 「世界平和」の仮面にかくれた軍備縮少会議 | 無産者新聞 | 71 | 1927. 2.26 | 26 |
| 41 | 民衆を愚弄して民政党成る（図14省略） | 労働農民新聞 | 5 | 1927. 3.15 | 27 |
| 42 | 後しろの影を見よ、軍縮会議の正体 | 無産者新聞 | 74 | 1927. 3.19 | 28 |
| 43 | 請願示威運動に参加せよ！ | 無産者新聞 | 75 | 1927. 3.26 | 29 |
| 44 | 労働者と農民はいづれを支持するか | 無産者新聞 | 77 | 1927. 4. 9 | 30 |
| 45 | 治安維持法最初の犠牲 | 無産者新聞 | 77 | 1927. 4. 9 | 31 |
| 46 | メーデー近きこの日にあらはれたこの怪物!(図15省略) | 無産者新聞 | 79 | 1927. 4.23 | 32 |
| 47 | 街頭に出よ（図16省略） | 無産者新聞 | 80 | 1927. 4.30 | 33 |
| 48 | 起て！万国の労働者（図17省略） | 労働農民新聞 | 8 | 1927. 5. 1 | 34 |
| 49 | 握手しやう | 無産者新聞 | 82 | 1927. 5.14 | 35 |
| 50 | 臨時議会 | 労働農民新聞 | 9 | 1927. 5.15 | |
| 51 | 裏切り者と結ぶ社民党幹部（図18省略） | 無産者新聞 | 83 | 1927. 5.21 | 36 |
| 52 | 工場から工場へ！（図19省略） | 無産者新聞 | 84 | 1927. 5.28 | 37 |
| 53 | 京都学生事件の正体 | 文芸戦線 | 4ノ6 | 1927. 6. 1 | |
| 54 | 支那プロレタリアートの威力　打倒帝国主義(図20省略) | 文芸戦線 | 4ノ6 | 1927. 6. 1 | 4 |
| 55 | 生めよ殖やせよ　食料か？芋で沢山だ | 労働農民新聞 | 10 | 1927. 6. 1 | |
| 56 | 分裂の魔手を撥ねのけろ | 日本交通労働総連盟機関紙 | 4ノ6 | 1927. 6. 1 | 42 |
| 57 | 田中総理大臣閣下の公平な肥料分配論（図21省略） | 無産者新聞 | 86 | 1927. 6.11 | 41 |
| 58 | 村民大会へ（図22省略） | 無産者新聞 | 86 | 1927. 6.11 | 38 |
| 59 | 民衆の膏血で肥えるものは誰ぞ | 無産者新聞 | 86 | 1927. 6.11 | 39 |
| 60 | 農民大会へ集まれ | 無産者新聞 | 87 | 1927. 6.18 | 40 |
| 61 | 咄！この軍閥政治！ | 無産者新聞 | 88 | 1927. 6.25 | 43 |
| 62 | 今や全民衆の信望全く労農党に集る!!! | 労働農民新聞 | 12 | 1927. 7. 1 | |
| 63 | 日労党の崩壊近づく | 労働農民新聞 | 12 | 1927. 7. 1 | |
| 64 | 組合同盟批判 | 労働新聞 | 42 | 1927. 7. 5 | |
| 65 | 何一つ語らせぬ此の暴圧 | 無産者新聞 | 90 | 1927. 7. 9 | 44 |
| 66 | 支那へ視察団を派遣せよ！ | 無産者新聞 | 90 | 1927. 7. 9 | 45 |
| 67 | 大塚君の評議会葬 | 無産者新聞 | 90 | 1927. 7. 9 | 46 |
| 68 | 府県会を我等の手に!! | 労働農民新聞 | 13 | 1927. 7.10 | |
| 69 | 日労党・社会民衆党・民政党・政友会の批判 | 労働農民新聞 | 13 | 1927. 7.10 | |
| 70 | 民衆より言葉を強奪する奴ら（図23省略） | 無産者新聞 | 91 | 1927. 7.16 | 48 |
| 71 | 新軍閥蒋介石 | 無産者新聞 | 92 | 1927. 7.23 | 49 |
| 72 | 府県会選挙で各政党は何を目指すか（図24省略） | 無産者新聞 | 92 | 1927. 7.23 | 51 |
| 73 | 日刊実現へ！ | 無産者新聞 | 92 | 1927. 7.23 | 50 |
| 74 | 川崎造船の暴力的解雇 | 無産者新聞 | 93 | 1927. 7.30 | 52 |
| 75 | 紡績女工の闘い | 労働農民新聞 | 15 | 1927. 8. 1 | |
| 76 | 府県民代表者会議に集れ | 労働農民新聞 | 15 | 1927. 8. 1 | |
| 77 | 戒厳令下の神戸市 | 無産者新聞 | 94 | 1927. 8. 6 | 53 |

| | | | | | |
|---|---|---|---|---|---|
| 78 | サッコとバンセッチを殺させるな！（図25省略） | 無産者新聞 | 95 | 1927. 8.13 | 54 |
| 79 | 支那労農大衆の戦い | 労働農民新聞 | 17 | 1927. 8.21 | |
| 80 | 人まね、こまね | 無産者新聞 | 97 | 1927. 9. 1 | 55 |
| 81 | 田中軍閥内閣の暴圧準備 | 労働農民新聞 | 18 | 1927. 9. 1 | |
| 82 | 五法案獲得運動（図26省略） | 労働新聞 | 44 | 1927. 9. 5 | |
| 83 | ブルジョアが官憲に金をやり、弾圧を依頼 | 労働新聞 | 44 | 1927. 9. 5 | |
| 84 | 支配階級の魂胆 | 無産者新聞 | 98 | 1927. 9. 5 | |
| 85 | 暴圧の魔手を突破して政治的自由の獲得へ‼ | 労働農民新聞 | 20 | 1927. 9.21 | |
| 86 | 投票紙を数へる資本家の役人 | 無産者新聞 | 102 | 1927. 9.25 | 56 |
| 87 | 安全週間 | 無産者新聞 | 103 | 1927.10. 1 | 57 |
| 88 | 此の暴圧と戦へ！ | 無産者新聞 | 104 | 1927.10. 5 | 58 |
| 89 | 突進しろ！ | 無産者新聞 | 105 | 1927.10.10 | 59 |
| 90 | 俺たちの労働調査に加はれ | 無産者新聞 | 105 | 1927.10.10 | 60 |
| 91 | 政府の労働調査批判 | 労働新聞 | 45 | 1927.10.10 | |
| 92 | 怪物徘徊し天地昏し（図27省略） | 無産者新聞 | 106 | 1927.10.15 | 61 |
| 93 | 全大衆は共同して政治的自由獲得の闘争へ進め | 無産者新聞 | 107 | 1927.10.20 | 62 |
| 94 | 暴圧反対議会解散 | 労働農民新聞 | 23 | 1927.10.23 | |
| 95 | 頻々として抜剣 | 無産者新聞 | 108 | 1927.10.25 | 63 |
| 96 | 地主の来ぬ間に立毛かり取り | 無産者新聞 | 109 | 1927.11. 1 | 64 |
| 97 | 狂暴化する最後の制限議会解散の為に団結せよ! | 労働農民新聞 | 24 | 1927.11. 3 | |
| 98 | サヴェート同盟を守れ！ | 無産者新聞 | 110 | 1927.11. 6 | 65 |
| 99 | 第五十四制限議会を解散せよ！（図28省略） | 無産者新聞 | 111 | 1927.11.10 | 66 |
| 100 | 見よ！この狂暴を | 労働農民新聞 | 25 | 1927.11.13 | |
| 101 | 第２回党大会　党員挙って準備せよ！ | 労働農民新聞 | 25 | 1927.11.13 | |
| 102 | 財政破綻を救ふべく　かくも搾りあげんとす | 無産者新聞 | 112 | 1927.11.15 | 67 |
| 103 | 政治的自由 | 労働農民新聞 | 26 | 1927.11.23 | |
| 104 | 全労農政党は合同せよ！（図29省略） | 無産者新聞 | 116 | 1927.12. 1 | 68 |
| 105 | 労農党第二回大会 | 労働農民新聞 | 27 | 1927.12. 3 | |
| 106 | 帝国主義諸列強は軍備を撤廃せよ | 無産者新聞 | 117 | 1927.12. 5 | 69 |
| 107 | 現東京市会を解散せよ！ | 無産者新聞 | 117 | 1927.12. 5 | 70 |
| 108 | 住むところなし、在満八十万同胞（図30省略） | 無産者新聞 | 118 | 1927.12.10 | 71 |
| 109 | 組合統一運動、共同闘争 | 労働新聞 | 47 | 1927.12.10 | |
| 110 | 同情週間批判 | 労働新聞 | 47 | 1927.12.10 | |
| 111 | 我等の大会を護れ‼ | 労働農民新聞 | 28 | 1927.12.13 | |
| 112 | 広東の労働者農民、赤旗高くサヴェート政府樹立す | 無産者新聞 | 119 | 1927.12.15 | 72 |
| 113 | 帝国主義の番犬南京政府 | 無産者新聞 | 120 | 1927.12.20 | 73 |
| 114 | 此の威力！（図31省略） | 無産者新聞 | 120 | 1927.12.20 | 74 |
| 115 | すべての人民に自由をあたへよ！ | 労働農民新聞 | 29 | 1927.12.23 | |
| 116 | 野田へ！野田へ！ | 無産者新聞 | 121 | 1927.12.25 | 75 |

| | | | | | |
|---|---|---|---|---|---|
| 117 | 無産者新聞 | 無産者新聞 | 122 | 1928. 1. 1 | |
| 118 | 工場労働者の起ちあがり | 無産者新聞 | 122 | 1928. 1. 1 | |
| 119 | 工場の一日 | 無産者新聞 | 122 | 1928. 1. 1 | |
| 120 | 闘士の面影 | 無産者新聞 | 122 | 1928. 1. 1 | 76 |
| 121 | 一九二八年を共同して戦へ！（図32省略） | 労働農民新聞 | 30 | 1928. 1. 1 | 77 |
| 122 | 戦の跡（一九二七年） | 労働農民新聞 | 30 | 1928. 1. 1 | |
| 123 | 造船会社のトラストが進めば此の通り！ | 無産者新聞 | 123 | 1928. 1. 5 | 78 |
| 124 | 羊の皮着た狼のお使ひ | 無産者新聞 | 123 | 1928. 1. 5 | 79 |
| 125 | 議会解散共同委員会を作れ！ | 労働農民新聞 | 31 | 1928. 1. 7 | |
| 126 | 野田兄弟を応援しろ！ | 労働農民新聞 | 31 | 1928. 1. 7 | |
| 127 | 議会を解散しろ！ | 無産者新聞 | 124 | 1928. 1.10 | |
| 128 | 野田争議を勝たせろ（図33省略） | 無産者新聞 | 124 | 1928. 1.10 | 80 |
| 129 | 農地金庫法案 | 労働農民新聞 | 32 | 1928. 1.14 | |
| 130 | 同じ穴のムヂナ | 無産者新聞 | 125 | 1928. 1.15 | 81 |
| 131 | 野田争議団　広援隊 | 労働新聞 | 49 | 1928. 1.15 | |
| 132 | 議会解散民衆大会へ | 無産者新聞 | 126 | 1928. 1.20 | 82 |
| 133 | こんな奴等にだまされるものか | 労働農民新聞 | 34 | 1928. 1.28 | |
| 134 | 労働農民党の旗 | 労働農民新聞 | 35 | 1928. 2. 4 | |
| 135 | ワカッタよお前は泥棒じゃないよ！ | 労働農民新聞 | 35 | 1928. 2. 4 | |
| 136 | 投票日を公休にしろ！ | 無産者新聞 | 130 | 1928. 2. 5 | 83 |
| 137 | 資本家地主の建国祭をぶっつぶせ！ | 無産者新聞 | 132 | 1928. 2.10 | 85 |
| 138 | これでも普選か?! | 無産者新聞 | 132 | 1928. 2.10 | 84 |
| 139 | 投票日を公休にし日当を出せ！ | 無産者新聞 | 133 | 1928. 2.12 | 86 |
| 140 | 2. 20月曜総選挙 | 無産者新聞 | 134 | 1928. 2.15 | |
| 141 | 資本家地主の政党をぶっ倒せ！（図34省略） | 無産者新聞 | 135 | 1928. 2.18 | 87 |
| 142 | ウヂ虫どもを堀りかへせ | 無産者新聞 | 136 | 1928. 2.20 | 88 |
| 143 | 働く者は俺達の評議会へ!労働者に食と仕事を与へろ! | 労働新聞 | 51 | 1928. 2.25 | |
| 144 | 奴等の手にのるな！（図35省略） | 無産者新聞 | 138 | 1928. 3. 1 | 90 |
| 145 | 労働者ハ労働組合ニハイレ！ | 労働新聞 | 52 | 1928. 3.15 | |
| 146 | 暴圧をはね飛ばせ！ | 無産者新聞 | 142 | 1928. 3.23 | 91 |
| 147 | 雑草と思ったは見当ちがひ | 無産者新聞 | 143 | 1928. 3.26 | 92 |
| 148 | 犠牲者を救援しろ | 無産者新聞 | 144 | 1928. 4. 5 | 93 |
| 149 | 三団体解散反対 | 無産者新聞 | 146 | 1928. 4.16 | 94 |
| 150 | 俺たちの要求（図36省略） | 無産者新聞 | 147 | 1928. 4.21 | 95 |
| 151 | メーデーへ | 無産者新聞 | 148 | 1928. 4.25 | 96 |
| 152 | 共産党事件公判 | 無産者新聞 | 181 | 1928.10. 5 | 97 |
| 153 | 新潟三千の農民起つ | 無産者新聞 | 182 | 1928.10.10 | 98 |
| 154 | 労働者農民の国を守れ！ | 戦旗 | 1ノ7 | 1928.11. 1 | 99 |
| 155 | 弾圧に逆襲せよ！ | 無産者新聞 | 204 | 1929. 2. 1 | 100 |

2

# 日本全国における旧陸軍墓地の現状

『旧真田山陸軍墓地を考える』（二〇〇三年一月　旧真田山陸軍墓地とその保存を考える会）

## はじめに

まず、私が何を陸軍墓地と考えているか、から話したいと思います。私は、敗戦前後に陸軍墓地と考えられたものを、具体的には以下の3史料のいずれかに掲載されているものを陸軍墓地としています。

1は、「陸軍墓地一覧」（大阪市公文書「都市公園台帳・真田山公園墓地」の中に綴られている大阪地方世話部「陸軍墓地ニ関スル書類綴」所収）で、これには管轄の陸軍部隊が書いてあり、地名に東京都がでてきますので、一九四三年以降の戦中に作成されたと思われます。

2は、「旧陸軍墓地調査表」（大阪靖国霊場維持会資料、一九四六年五月作成）です。

3は、「旧陸海軍墓地調」（一九四六年六月二九日付、大蔵、内務両次官通牒「旧軍用墓地の処理に関する件」所収、京都府庁文書「施設主要通牒綴」（昭和二六‐五三）のうち、京都府立総合資料館所蔵）です。これは当初横須賀市の公文書から書き写したものを見ていましたが少し間違いがあり、ここの元のコピーが見られなかったものですから、京都府の公文書にあるものからとりました。

もちろん、それぞれのリストにすべての陸軍墓地が載っているわけではありません。1には、大津、八日市、戸坂山、初瀬ヶ原、千代松原、長崎、花岡山の各陸軍墓地が載っていません。2には、函館台町、沼田、習志野、下志津、佐倉、国府台、柏、音羽、東京、雑司ヶ谷、相模原、八日市、信太山、奈良、和歌山、戸坂山、初瀬ヶ原、下関、善通寺、高知、高坊、小倉、大刀洗、那覇の陸軍墓地が載っていません。3には、沼田、下志津、国府台、柏、東京、雑司ヶ谷、相模原、信太山、下関、高知、小倉、大刀洗、那覇の陸軍墓地が載っていません。

3や2の史料には、番宅・道路・附属地が分けて書いてありますが、それらをひとつに数えて、陸軍墓地の数は、合計九二個所になります。これにはもちろんそれ以前にあって統合されたものは含んでいません。これらを網羅的にのせている史料は見つけられていないのです。この九二個所のうち、一地域に二個所以上の陸軍墓地があるとされる場合、一方が、後で見るように法令の規定からすると陸軍墓地と考えにくいものや、陸軍墓地外に建てられた忠霊塔をさすと思われたり、よくわからない場合があります。そこで敗戦前後に陸軍墓地があった地域は八〇地域（都市）になると数えた方がよいように思っています。

では、ここで陸軍墓地関係の法令を見ておきましょう。一八七三年一二月以降埋葬の規則がつくられますが、当初陸軍墓地は埋葬地と呼ばれ、在営中の死者を葬る所でした。そして一八九七年八月一七日に、それまでの陸軍隊附准士官下士卒埋葬規則と戦時陸軍埋葬規則を廃止し、陸軍埋葬規則ができます。これは何回か改定されますが、そこでは死体を埋葬地に葬ること、墓地は将校・准士官・下士・兵卒ごとに区画すること、規定の階級ごとの広さの敷地に、同じく階級ごとの規定の大きさの墓標を建設すること、合葬もでき「陸軍軍人（軍属）合葬之墓」を建てることなどが規定されます。これが、階級別の区画に階級差が明確な大きさの個人墓が並び、合わせて合葬墓碑が建つという陸軍墓地の元もとの形をつくったと言えます。

在営中の死者を葬った墓地とは別に、明治維新の、一八六八年から一八六九年にかけて、幕府と朝廷側との戦争での、朝廷側の死者が、戦没地に埋葬され墳墓がつくられましたが、同時に招魂社が建てられる場合が多かったようです。これらの官軍墓地の墳墓は、一八七四年二月一五日付の内務省達乙第一二号で官費で修繕されることになり、内務省所管の官修墓地となりました。これらは同じ国立墓地で兵士などを葬ったものですが、陸軍墓地・海軍墓地とは区別され、しかも陸軍埋葬地の墓よりも早く建てられています。

その後一八七九年一月の内務省達丙一により、長崎・

福岡・大分・熊本・鹿児島県下にある、西南戦争の戦没軍人軍属の遺骸埋葬地並びに墳墓が、陸軍省から内務省に引継がれました。このように明治維新から西南戦争にかけての内戦の中での、天皇制政府側の死者を葬った陸軍墓地・海軍墓地が、内務省管轄の官修墓地へと切り替えられたものが、この時期やこの地域に限らずあったものと思われます。これらの官修墓地は、戦争末期の一九四二年には、全国で一〇一三個所ありました。

その後、一九三八年五月五日に陸軍埋葬規則が改正され、陸軍墓地規則がつくられ、陸軍埋葬地は陸軍墓地と呼ばれるようになります。陸軍墓地規則では、一戦役・一事変ごとに一基の合葬墓碑などが建てられることになり、一方で従前の規定により建設された墓標は当分の内、存置できるという規定になります。そして一九三九年には、納骨施設を持つ忠霊塔を、各市町村に一基ずつ建てようという運動がおきます。さらに、この運動を受けて、一九四一年七月一九日に陸軍墓地規則が改正され、一戦役・一事変ごとに一基の忠霊塔を建てることに変わりますが、やはり従前の規定により建設された墓標は当分の内、存置できるという規定があります。さらに陸軍墓地忠霊塔を陸軍部隊所在地や近在の市町村の忠霊塔と併合できるとの規定もありました。

この段階で、陸軍墓地は忠霊塔が建っていて、それまであった個人墓は整理し、なくすことが本来の形になり、例外として以前建てられた個人墓などを残すこともできるようになったわけです。こうして個人墓がなく、忠霊塔または忠霊堂・忠霊殿などの納骨堂があるような、新しい陸軍墓地の形ができます。

このように、個人墓をなくして、忠霊塔に切り替えた理由には、陸軍墓地の広さが限られており、戦死者が多くなり、個人の墓が建てられる余地がないという場所の問題があります。しかしそれだけではなく、陸軍墓地の性格が、死んだ個人の兵士を悼み葬る場所から、戦死者を讃え、顕彰する場への変化があったと考えられます。個人墓を整理することが、戦後の反軍的な風潮の下で始まったように思われがちですが、実際には軍が全盛であった戦中に、個人墓の整理が始まっています。このことは軍部が個人をどう考えていたかをよく示していることでもあります。

## 1　設置経緯による陸軍墓地の分類

以上を踏まえて、まず陸軍墓地の設置経緯による分類から見ていきましょう。

陸軍墓地は陸軍が駐屯していた衛戍地に置かれました。古くは鎮台、そして師団や歩兵連隊の衛戍地に、大部分の陸軍墓地はつくられました。しかし歩兵連隊には、あとの時期から新たな地域に置かれたものもあります。また逆に軍縮で廃止または移転してしまって、歩兵連隊がいなくなった地域もあります。このような地域に設置された陸軍墓地としては、浜松・大津・佐賀があります。これらはあとで見るように、よく元の形が残っている所や、まったく痕跡のない所などさまざまです。

鎮台の分遣隊につくられた陸軍墓地は、沖縄だけに残っていました。

歩兵以外では要塞や重砲兵の部隊が置かれていた地域につくられた陸軍墓地には、台町・横須賀・舞鶴・深山・部府前・佐世保・長崎・厳原・鶏知があります。野戦重砲兵の衛戍地の陸軍墓地には下志津・三島がありますす。その他騎兵・工兵などの部隊の衛戍地には盛岡・千葉・習志野・国府台・信太山・高槻があり、これらの地域にも陸軍墓地が置かれました。

陸軍墓地規則により、戦争末期に設置され、忠霊塔のみがある陸軍墓地には、沼田・柏・相模原・八日市・大刀洗があります。このうち、沼田は陸軍部隊所在地や近在の市町村の忠霊塔と併合して建設された忠霊塔であることがわかっています。

陸軍墓地外に建てる忠霊塔の用地を陸軍墓地としたのではないかと思われるものには、東京・下関・小倉があります。

この他、本来は陸軍墓地ではなく官軍墓地と考えた方がよいものとしては、千代松原・花岡山の陸軍墓地があります。これらは、招魂社と一緒にあったものであり、内務省へ移管され、官修墓地となるべきものが、陸軍省に残ったと考えられます。その意味では、函館護国神社・大分県護国神社・長崎の梅ヶ崎招魂社・長崎の佐古招魂社・下関の桜山神社などにある官軍墓地と同様のものであると考えた方がよいように思われます。

特殊なものには、御幸村のロシア人墓地が陸軍墓地に数えられています。ロシア人墓地は大阪府の泉大津にもありますが、これは陸軍墓地には上げられていません。この理由はロシア人墓地の土地が、陸軍の所有地であったかどうかによるものと思われますが、この違いの根拠はよくわかりません。

現段階では、設置経緯が不明な陸軍墓地には、柏野・雑司ヶ谷・戸坂山・初瀬ヶ原・高知・高坊があります。この中には、官軍墓地とか、陸軍墓地や忠霊塔の移転・建設予定地があるかも知れませんが、よくわかりません。

## 2　現状の分類

次に、陸軍墓地の現状を分類して見ていきましょう。

合葬墓碑・忠霊塔のみになる以前の形で、個人墓が残っているものには、台町・横須賀・大津・奈良・深山・岡山・山崎・丸亀・御幸村・長崎・厳原・花岡山・鹿児島があります。

陸軍墓地に忠霊塔または納骨堂などがあるが、個人墓も残るものには、青森・仙台・高崎・金沢・鯖江・静岡・福知山・真田山・篠山・鳥取・浜田・善通寺・松山・朝倉・大村・大分があります。このうち青森・静岡・福知山・鳥取・浜田・善通寺・大分は戦後に塔などが建てられたものです。

個人墓が残る陸軍墓地で、戦後整備したことがわかるものには、高崎・横須賀・静岡・大津・福知山・丸亀などがあります。

このような陸軍墓地に、個人墓が残っていますが、その中で最も墓の数が多く、規模が大きいものが真田山です。しかしひとつひとつの墓の敷地は規定より狭くなっています。その意味では規模は小さいですが、青森・仙台・金沢・篠山・鳥取・丸亀などの方が規定に近い広さの敷地に、個人墓が建っており、より元もとの形を残しているといえます。

合葬墓碑・忠霊塔のみになる以前の原形が残っておらず、個人墓が全くか、ほとんどないものを次に見てみましょう。

合葬墓碑がある陸軍墓地には、岐阜・津・谷があります。このうち谷は忠霊塔建設運動に先立って陸軍墓地を整備し、合葬墓碑を建てた所で、この経験を広める形で、次に見る忠霊塔建設運動が起こされました。

陸軍墓地内に、忠霊塔または納骨堂などを建設することによって、個人墓を整理したと考えられるものには、山形・会津若松・千葉・富山・敦賀・甲府・松本・浜松・和歌山・松江・比治山・徳島・久留米・鶏知・都城があります。

陸軍墓地外に、忠霊塔または納骨堂などを建設することによって、個人墓を整理したと考えられるものには、旭川・弘前・盛岡・宇都宮・高田・新発田・村松・小倉があります。忠霊塔または納骨堂などが陸軍墓地外の護国神社にあるものには、盛岡・水戸・宇都宮・甲府・岐阜・岡山があります。

戦後の整備により個人墓がなくなっているものには、札幌・松江・初瀬ヶ原・部府前・千代松原があります。

戦後移転した陸軍墓地には、名古屋・豊橋があります。

戦後公共墓地になった陸軍墓地には、秋田・水戸・習志野・下志津・佐倉・甲府・京都・舞鶴・姫路・小峰があります。その中で、何も残っていない陸軍墓地には、秋田があります。公共墓地の一角に個人墓が残る陸軍墓地には、水戸・習志野・下志津・甲府・舞鶴があります。姫路は公共墓地の一角に個人墓標を積み上げています。合葬墓碑のみがあるのが京都で、忠霊塔のみがあるのが佐倉で、合葬墓碑と忠霊塔があるのが小峰です。

戦後寺院墓地になった陸軍墓地には、宇都宮・音羽・福山があります。このうち、何も残っていないのが宇都宮・福山で、一角に個人墓や合葬墓碑が残るのが音羽です。

戦後他用途の土地になった陸軍墓地には、旭川・柏野・弘前・盛岡・国府台・高田・新発田・村松・名古屋・豊橋・初瀬ヶ原・部府前・千堂・高坊・千代松原・佐賀があります。

陸軍墓地に記念碑のみが残る所に、三島・千代松原・佐世保・沖縄があります。

合葬墓碑や個人墓石などが陸軍墓地外に移されて残っている所には、弘前・秋田・国府台・和歌山・佐世保があります。

ここで、忠霊塔や納骨堂の形を紹介しますと、忠霊塔建設運動を推進していた大日本忠霊顕彰会が定めた形といえる忠霊塔は、弘前・千葉・相模原・富山・金沢・鯖江・敦賀・八日市・信太山・下関・徳島・高知・小倉・大刀洗・久留米・鶏知の陸軍墓地関係の忠霊塔です。納骨堂では、真田山に建っているような形のものが多いのですが、これには会津若松・甲府・松本・浜松・真田山・篠山・都城の陸軍墓地関係のものがあります。また宇都宮・沼田・高田・新発田・村松の忠霊塔は、名前は忠霊塔となっていますが、真田山などの納骨堂と同じような形です。

陸軍墓地に、忠魂碑が建っている所もありますが、忠魂碑と忠霊塔はともに天皇のために死んだ兵士の施設です。忠霊塔は納骨施設を持っており、慰霊・顕彰のための忠魂碑とは区別されます。忠魂碑は日露戦争後に、在郷軍人会が中心になって、当時の市町村（今の大字にあたります）に一基ずつ建てられ、地域の戦没者を対象とするものが中心です。忠霊塔は最初、日露戦争の戦場となった中国東北地方の各地に建てられ、遺骨を納めていましたが、一九三九年以降大日本忠霊顕彰会がつくられ、陸軍が中心となり、仏教団体などの民間団体も協力して、市町村に一基ずつ、規定の形の忠霊塔をつくる運動がすすめられました。しかし全市町村にできる前に、敗戦を迎え中断しています。このように、忠魂碑と忠霊塔は歴史的にも異なるものです。しかし、実際には、忠魂碑も地域によりさまざまな名前が付けられており、形もさまざまです。また忠霊塔も戦後は慰霊塔などの名前になった所もあり、形もさまざまになります。

## おわりに

陸軍墓地の整理をおこなったのは、その管理者と思われ、戦中は陸軍関係であり、戦後は地方自治体や祭祀を担当している団体や、或いは陸軍墓地の土地の払い下げを受けた団体が実施したと思われます。整理した場合に、戦中は遺骨を忠霊塔または納骨堂や仮納骨堂などに納めていました。戦後は遺骨を遺族に返していますが、引き取り手がない場合は、納骨堂に遺骨を納めたり、そういう人の墓だけ残した所もあります。

陸軍墓地の中には痕跡が残ってない所もあって、そういうところでは陸軍墓地があったこと自体、地域の人たちから忘れられているところもあります。そういう所は当然関係者が参拝することもなくなっています。

なお海軍墓地について参考までに簡単に触れますと、海軍墓地は七個所あります。海軍省が置かれた東京の白金の海軍墓地は明治学院に払い下げられ、一部に納骨堂があるだけです。鎮守府があった横須賀・舞鶴・呉・佐世保の海軍墓地は個人墓が残っていますが、戦後に新たに艦毎の慰霊碑などが建てられ、変貌している所が多くなっています。函館と佐賀関の海軍墓地は、それぞれ明治維新の函館戦争の死者と西南戦争の死者を葬ったものであり、本来は官修墓地となってもよかったものです。

以上陸軍墓地の現状について、お話しましたが、各陸軍墓地の個別の現状は別に付けた「陸軍墓地一覧」を見てください。なお詳しくは『国立歴史民俗博物館研究報告』第一〇二集に「全国陸海軍墓地一覧」が載っていますので、そちらをご覧下さい。

## 参考文献

1 「陸軍墓地一覧」(大阪市公文書)
2 「旧陸軍墓地調査表」(大阪靖国霊場維持会資料)
3 「旧陸海軍墓地調」(京都府庁文書)
4 「旧陸海軍墓地現況表」(靖国偕行文庫所蔵)
　厚生省が各府県よりの報告を整理したもの、一九六二年一一月一日作成
5 原田敬一著『国民軍の神話』(二〇〇一年九月一日、吉川弘文館)

**付記**　これは一月二六日のシンポジウムの報告をもとにして文章化したものですが、それに、当日の質問に対する回答の内容やその後の検討の結果を加筆しています。

# 日本全国における旧陸軍墓地の現状

（2003.1.26　山辺昌彦作成）

以下の３史料に掲載されているもの、敗戦前後に陸軍墓地と考えられたものを対象にしている。

1「陸軍墓地一覧」（大阪市公文書「都市公園台帳・真田山公園墓地」の中に綴られている大阪地方世話部「陸軍墓地ニ関スル書類綴」所収、戦中作成と思われる）
大津、八日市、戸坂山、初瀬ヶ原、千代松原、長崎、花岡山なし

2「旧陸軍墓地調査表」（真田山靖国霊場維持会資料、1946年５月作成）
函館台町、沼田、習志野、下志津、佐倉、国府台、柏、音羽、東京、雑司ヶ谷、相模原、八日市、信太山、奈良、和歌山、戸坂山、初瀬ヶ原、下関、善通寺、高知、高坊、小倉、大刀洗、那覇なし

3「旧陸海軍墓地調」（1946年６月29日付、大蔵、内務両次官通牒「旧軍用墓地の処理に関する件」所収、京都府庁文書「施設主要通牒綴」（昭和26－53）のうち、京都府立総合資料館所蔵）
沼田、下志津、国府台、柏、東京、雑司ヶ谷、相模原、信太山、下関、高知、小倉、大刀洗、那覇なし

## 設置経緯の分類

鎮台・師団・歩兵連隊
　大部分
歩兵連隊（軍縮で廃止・移転）
　浜松・大津・佐賀
重砲兵・要塞
　台町・横須賀・舞鶴・深山・部府前・佐世保・長崎・厳原・鶏知
野戦重砲兵
　下志津・三島
騎兵・工兵など
　盛岡・千葉・習志野・国府台・信太山・高槻
戦争末期設置で忠霊塔のみ
　沼田・柏・相模原・八日市・信太山・大刀洗
ロシア人墓地
　御幸村
　泉大津は上がっていない
分遣隊
　沖縄
官軍墓地
　本来は内務省へ移管　招魂社付属が多い
　　大分県護国神社・長崎佐古招魂社・長崎梅ヶ崎招魂社など
　陸軍省に残ったもの
　　千代松原・花岡山
陸軍墓地外の忠霊塔用地
　東京・下関・小倉

経緯不明
　柏野・雑司ヶ谷・戸坂山・初瀬ヶ原・高知・高坊

## 現状の分類

個人墓が残っているもの
　　台町・横須賀・大津・奈良・深山・岡山・山崎・丸亀・御幸村・長崎・厳原・花岡山・鹿児島
　忠霊塔・納骨堂があるが、個人墓も残るもの
　　青森・高崎・鳥取・善通寺・大分・仙台・金沢・鯖江・静岡・福知山・真田山・篠山・浜田・松山・朝倉・大村
　戦後整備したもの
　　高崎・横須賀・静岡・大津・福知山・丸亀など

原形が残っていないもの
　合葬墓があるもの
　　岐阜・津・谷
　忠霊塔・納骨堂建設によるもの
　　山形・会津若松・千葉・富山・敦賀・甲府・松本・浜松・和歌山・松江・比治山・徳島・久留米・鶏知・都城
　陸軍墓地外に納骨堂・忠霊塔
　　旭川・弘前・盛岡・宇都宮・高田・新発田・村松・小倉
　陸軍墓地外の護国神社に納骨堂・忠霊塔
　　盛岡・水戸・宇都宮・甲府・岐阜・岡山
　戦後の整備により個人墓がないもの
　　札幌・松江・初瀬ヶ原・部府前・千代松原
　戦後の移転
　　名古屋・豊橋
　戦後公共墓地に　　秋田・水戸・習志野・下志津・佐倉・甲府・京都・舞鶴・姫路・小峰
　　　何もない　　　　　　秋田
　　　一角に個人墓が残る　水戸・習志野・下志津・甲府・舞鶴
　　　個人墓標の積み上げ　姫路
　　　合葬碑がある　　　　京都
　　　忠霊塔がある　　　　佐倉
　　　合葬墓・忠霊塔がある　小峰
　戦後寺院墓地に　　宇都宮・音羽・福山
　　　何もない　宇都宮・福山
　　　一角に残る　音羽
　戦後他用途
　　旭川・柏野・弘前・盛岡・国府台・高田・新発田・村松・名古屋・豊橋・初瀬ヶ原・部府前・千堂・高坊・千代松原・佐賀
　記念碑が残る
　　三島・千代松原・佐世保・沖縄
　合葬墓・個人墓石などの移転
　　弘前・秋田・国府台・和歌山・佐世保

## 戦中と思われる「陸軍墓地一覧」

| 管轄軍師団 | 墓地名 | 所在地 | 管理担任部隊 |
|---|---|---|---|
| 北部軍司令部<br>(札幌市) | 札幌陸軍墓地<br>函館柏野〃<br>函館台町〃 | 北海道札幌郡豊平町<br>北海道函館市湯ノ川町<br>北海道函館市台町 | 市月寒 |
| 旭川師団 | 旭川陸軍墓地<br>樺太希望者ハ旭川墓地ヲ利用ノ事 | 旭川市 | |
| 弘前師団 | 弘前陸軍墓地<br>秋田〃<br>山形〃 | 弘前市<br>秋田市<br>山形市 | 北部第十六部隊<br>〃　十七部隊<br>〃　十八部隊 |
| 東部軍司令部<br>(東京都) | 国府台陸軍墓地<br>習志野〃<br>横須賀〃<br>沼田〃<br>相模原〃<br>村松〃<br>青森〃<br>盛岡〃 | 千葉県市川市国分<br>千葉県千葉郡二宮町字習志野<br>神奈川県横須賀市平作町<br>群馬県沼田町<br><br>新潟県中蒲原郡村松村<br>青森市<br>盛岡市上田 | 東部第七十一部隊<br>東部軍教育隊<br>東京湾要塞司令部<br>東部第四一部隊<br><br>村松陸軍病院 |
| 東京師団 | 東京陸軍墓地<br>雑司ヶ谷〃<br>下志津〃<br>千葉〃<br>音羽〃<br>甲府〃<br>佐倉〃<br>柏〃 | 東京都<br>東京都雑司ヶ谷<br>千葉県印旛郡千代田村<br>千葉県千葉市中島<br>東京都小石川区大塚坂下町<br>山梨県甲府市岩窪町<br>千葉県印旛郡佐倉町<br>千葉県東葛飾郡富勢村 | <br><br><br><br>忠霊塔建設計画中<br>〃 |
| 仙台師団 | 仙台陸軍墓地<br>若松〃<br>新発田〃<br>高田〃 | 仙台市原町<br>福島県北会津郡<br>新潟県北蒲原郡<br>新潟県中頸城郡 | |
| 宇都宮師団 | 水戸陸軍墓地<br>宇都宮〃<br>高崎〃 | 茨城県東茨城郡渡里村<br>栃木県河内郡城山村<br>高崎市若松町 | 水戸連隊区<br>宇都宮〃<br>前橋　〃 |
| 金沢師団 | 金沢陸軍墓地<br>富山〃<br>松本〃 | 石川県金沢市<br>富山県富山市<br>長野県松本市 | 金沢師団司令部<br>東部第四八部隊<br>東部第五十部隊 |
| 中部軍司令部 | 鯖江陸軍墓地<br>福知山〃<br>舞鶴〃<br>深山〃 | 福井県今立郡神明村<br>京都府福知山市<br>京都府舞鶴市<br>和歌山県海草郡加太町字深山 | 中部第八十部隊<br>中部軍教育隊<br>中部第七一部隊<br>中部第七一部隊 |
| 名古屋師団 | 名古屋陸軍墓地<br>岐阜〃<br>豊橋〃<br>浜松〃<br>静岡〃<br>三島〃 | 名古屋市<br>岐阜市<br>豊橋市<br>浜松市<br>静岡市<br>静岡県田方郡三島町 | 中部第二部隊<br>中部第四部隊<br>中部第十一部隊<br>名古屋師団司令部<br>中部第三部隊<br>中部第七部隊 |
| 京都師団 | 京都陸軍墓地<br>津〃<br>敦賀〃 | 京都市<br>三重県津市<br>福井県敦賀市 | 京都師団司令部<br>中部第三八部隊<br>中部第三六部隊 |
| 大阪師団 | 奈良陸軍墓地<br>真田山〃 | 奈良市<br>大阪市 | 奈良連隊区司令部<br>中部第二十二、二十三部隊 |

| | | | |
|---|---|---|---|
| | 和歌山〃 | 和歌山市 | 中部第二四部隊 |
| | 信太山〃 | 泉北郡福泉町 | 中部第二七部隊 |
| | 高槻〃 | 大阪府高槻市 | 中部第二九部隊 |
| | 篠山〃 | 兵庫県多紀郡城北村 | 中部第一一〇部隊 |
| 姫路師団 | 姫路陸軍墓地 | 兵庫県姫路市山形新田 | 姫路師団司令部 |
| | 岡山〃 | 岡山県御津郡横井村字中原字新田ノ上 | 中部第四八部隊 |
| | 鳥取〃 | 鳥取県岩美郡宇倍野村大字町屋村 | 中部第四七部隊 |
| 西部軍司令部（福岡市） | 御幸村陸軍墓地 | 松山市御幸町 | |
| | 千堂〃 | 小倉市 | |
| | 高坊〃 | 〃 | |
| | 部府前〃 | 下関市 | 西部第七四部隊 |
| | 厳原〃 | 長崎県下県郡厳原町 | 対馬要塞司令部 |
| | 鶏知〃 | 〃　鶏知町 | 〃 |
| | 佐世保〃 | 佐世保市 | 西部第七五部隊 |
| | 小倉〃 | 小倉市 | 西部第七三部隊 |
| | 下関〃 | 下関市 | 西部第七四部隊 |
| 広島師団 | 比治山陸軍墓地 | 広島市 | |
| | 山崎（山口）〃 | 山口市 | |
| | 浜田〃 | 浜田市 | |
| | 松江〃 | 松江市西津田 | |
| | 福山〃 | 福山市草戸町 | |
| 善通寺師団 | 丸亀陸軍墓地 | 香川県綾歌郡土器村 | |
| | 善通寺〃 | 香川県仲多度郡善通寺町 | |
| | 徳島〃 | 徳島市蔵本町 | |
| | 高知〃 | | |
| | 朝倉村〃 | 高知県土佐郡朝倉村 | |
| | 松山〃 | | |
| 熊本師団 | 熊本陸軍墓地 | 熊本市 | 熊本師団司令部 |
| | 鹿児島〃 | 鹿児島市 | 西部第十八部隊 |
| | 都城〃 | 都城市 | 西部第十七部隊 |
| | 大分〃 | 大分市 | 大分連隊区司令部 |
| | 那覇〃 | 沖縄県島尻郡真和志村安里 | |
| 久留米師団 | 久留米陸軍墓地 | 福岡県久留米市 | 久留米師団司令部 |
| | 福岡〃 | 福岡県福岡市 | 西部第四六部隊 |
| | 大村〃 | 長崎県大村市 | 西部第四七部隊 |
| | 佐賀〃 | 佐賀市 | 西部第一〇〇部隊 |
| | 大刀洗 | 福岡県 | |
| 朝鮮軍司令部 | 烏山陸軍墓地 | 烏山府月影淵洞 | 朝鮮第七二部隊 |
| 平壌師団 | 平壌陸軍墓地 | 平安南道平壌府 | 平壌師団司令部 |
| | 咸興〃 | 咸鏡南道咸興府駆馬町 | 朝鮮第四三部隊 |
| 羅南師団 | 羅南陸軍墓地 | 羅南邑　1 | 朝鮮第四三部隊 |
| | 咸興〃 | 咸興府 | |
| | 会寧〃 | 会寧邑　2 | 1、2ハ羅南師団ニテ管理ス |
| 京城師団 | 竜山陸軍墓地 | 京城府竜山区梨恭院町 | 京城師団経理部 |
| | 京城（太邸） | 慶尚南道達城郡寿城面 | 朝鮮第二四部隊 |
| 台湾軍司令部 | 台北陸軍墓地 | 台北市円山町 | |
| | 台中〃 | 台中市旭町 | |
| | 台南〃 | 台南市同鄭子寮 | |
| | 澎湖島〃 | 澎湖島庁文漁 | |
| | 嘉義〃 | 嘉義市山子頂 | |

## 日本国内の陸軍墓地一覧

敗戦前後の一覧に陸軍墓地として出ているもの

1　**旭川陸軍墓地**
元　旭川市近文　不明　　移転先　旭川市花咲町２丁目　近文公園内　　納骨堂

2　**札幌陸軍墓地**
札幌市豊平区月寒西２条７丁目　平和公園　　忠魂納骨塔　個人墓なし
戦後整理　２列20基あった

3　**函館　柏野陸軍墓地**
函館市広野町６番の陸上自衛隊函館駐屯地付近の学校用地に　痕跡なし

4　**函館　台町陸軍墓地**
函館市船見町25番　　個人墓38基

5　**弘前陸軍墓地**
元　原ヶ丘　弘前大学付属千年農場に　移転先　弘前市西茂森１丁目23番　長勝寺境内
忠霊塔　合葬墓・日露４基　個人墓６基と破片　内ロシア１基

6　**青森　幸畑陸軍墓地**
青森市幸畑　阿部野163番地　殉国英霊之塔・戦後建　合葬墓・日露４基
個人墓　一般約95基　八甲田山遭難者墓地199基

7　**盛岡陸軍墓地**
元　盛岡市上田　不明　移転先　盛岡市八幡町13番２号　護国神社境内
納骨堂・平和塔奉安殿

8　**仙台陸軍墓地**
仙台市青葉区小松島２丁目５番１号　常盤台霊苑　納骨堂　合葬墓７基・旧墓地・日清・日露
個人墓371基　内ロシア１基

9　**秋田陸軍墓地**
元　秋田市泉　平和公園　　秋田市泉三嶽根10－１　天徳院境内に墓を移す
合葬墓５基　個人墓72基

10　**山形陸軍墓地**
山形市あこや町１丁目13番29号　千歳山霊苑
納骨堂・靖霊塔・戦後建　合葬墓５基・日露・満州　個人墓１基

11　**会津若松陸軍墓地**
会津若松市花見ヶ丘１丁目９番　小田山忠霊堂　納骨堂・忠霊堂　合祀碑・日露　個人墓なし

12　**水戸陸軍墓地**
水戸市堀町2085番地　水戸市堀町公園墓地　一部個人墓・98基
納骨堂・顕勲の塔・戦後建　　　移転先　水戸市見川１丁目２番１号の護国神社となり

13　**宇都宮陸軍墓地**
元　宇都宮市鶴田町　東妙寺墓地　痕跡なし
移転先　宇都宮市陽西町１番　護国神社境内　　納骨堂・忠霊塔　個人墓が倒れている

14　**高崎陸軍墓地**
元　竜広寺に隣接してあった　戦後　竜広寺に払い下げ　その後整備
高崎市若松町49番地　竜広寺墓地　合葬碑３基・日清日露・満州事変・大東亜
個人墓259基　内ロシア３基　納骨塔・戦後建

15　**沼田陸軍墓地**
沼田市高橋場町1995番地　十王公園　　忠霊塔・戦中建のみ

16　**千葉陸軍墓地**
千葉市中央区弁天３丁目16番１号　　忠霊塔・戦後完成　個人墓なし

17　**習志野陸軍墓地**
船橋市習志野２丁目５番　習志野霊園　奥の方の一角に三国軍人墓地
碑３基・日本人・ソ連人・ドイツ人　個人墓59基

18　**佐倉陸軍墓地**
佐倉市海隣寺町　佐倉霊園　市営墓地　　忠霊塔・戦後建のみ

19　**下志津陸軍墓地**
四街道市栗山　半台1074番地　栗山半台児童遊園奥の墓地
墓地の奥の真中の一角に残る　　個人墓８基
20　**国府台陸軍墓地**
市川市北国分１丁目４番　戦後、改葬　農園化　現在は宅地に　痕跡なし
移転　市川市国分５丁目15番２号の竺園寺
国府台陸軍墓地改葬記念合葬碑　合祀碑１基　個人墓９基
21　**柏陸軍墓地**
柏市柏531番地　柏公園　　忠霊塔・戦中建・戦後忠霊之碑として再建　のみ
22　**音羽陸軍墓地**
文京区大塚５丁目40番１号　護国寺墓地内
納骨堂・英霊塔・戦後建　合葬墓２基・日露・満州　個人墓40基
23　**東京陸軍墓地**
東京都戦没者霊苑　推定　　文京区春日１丁目14番４号　東京市忠霊塔建設予定地跡
24　**雑司ヶ谷陸軍墓地**
不明
25　**横須賀　平作陸軍墓地**
横須賀市平作７丁目５　　戦没者招魂碑・戦後建　個人墓23基
26　**相模原陸軍墓地**
相模原市東大沼１丁目17番　慰霊塔公園　　忠霊塔・戦中建・戦後慰霊塔に改称　のみ
27　**高田陸軍墓地**
元　金谷村　不明　　移転先　上越市本城町８番　高田公園
納骨堂・忠霊塔・戦中建　個人墓なし
28　**新発田陸軍墓地**
元　五十公野山　不明　　移転先　新発田市西園町３丁目14番　西公園
納骨堂・忠霊塔・戦中建　個人墓なし
29　**村松陸軍墓地**
元　河内　不明　　移転先　村松町愛宕原　村松公園　納骨堂・忠霊塔・戦中建　個人墓なし
30　**富山　長岡陸軍墓地**
富山市長岡新　長岡墓地の一角　忠霊塔・戦中建
合葬碑３基・旧陸軍墓地の改葬・上海・満州　個人墓なし
31　**金沢陸軍墓地**
金沢市野田町　石川県戦没者墓地　　忠霊塔・戦中建
合葬碑７基・北越・西南・日清・日露・上海・満州　　個人墓402基　内ロシア10基
32　**鯖江陸軍墓地**
鯖江市水落町１丁目８番　嶺北忠霊場　西山公園
忠霊塔・戦中建　合葬碑６基・日露・上海・満州　個人墓65基
33　**敦賀陸軍墓地**
敦賀市岡山町１丁目　中郷小学校隣公園
忠霊塔　合葬碑４基・日露・上海・満州　個人墓なし
34　**甲府陸軍墓地**
甲府市岩窪町　つつじが崎霊園　　個人墓３基　　納骨堂・戦後完成　陸軍墓地から移転
移転先　甲府市岩窪町の護国神社境内
35　**松本陸軍墓地**
松本市岡田松岡　美須々公園　護国神社裏　　納骨堂　合葬碑１基　個人墓なし
36　**岐阜陸軍墓地**
各務原市那加桐野町１丁目　　合葬碑２基・満州　個人墓２基
岐阜県の慰霊塔　岐阜市御手洗の岐阜護国神社境内
37　**浜松陸軍墓地**
浜松市住吉１丁目11番　　納骨堂・忠霊殿　個人墓なし
38　**静岡陸軍墓地**
静岡市沓谷２丁目７番　　忠霊塔・戦後建　合葬碑８基・日露・第一次大戦・済南・満州
個人墓56基　内ドイツ１基

39　**三島陸軍墓地**
三島市加茂川町７番　　記念碑・戦後建のみ　個人墓なし
40　**名古屋陸軍墓地**
元　東区出来町３丁目16番　新出来公園周辺　痕跡なし
移転先　千種区平和公園３丁目501　　国英霊塔　合葬墓碑14基・日清・日露・シベリア
個人墓約700基　内ドイツ12基・ロシア15基
41　**豊橋陸軍墓地**
元　東田町字東前山（臨済山）1982年隣接地の現在地に移転
移転先　豊橋市東田町字西前山１－１　桜ヶ丘公園
合葬墓碑12基・日清・日露・済南・満州　個人墓85基　内清国１基
42　**津陸軍墓地**
久居市野村町　野田池の東　　合葬碑２基・満州　個人墓なし
43　**大津　山上陸軍墓地**
大津市皇子が丘１丁目１番　合葬碑４基・日露・第一次大戦　個人墓559基　一部戦後改葬
44　**八日市忠霊塔**
八日市市建部上中町604番地　　八日市陸軍墓地の関連か　戦後直後建
45　**京都　伏見陸軍墓地**
京都市伏見区深草石峰寺山町　深草霊園　　合葬碑６基・日露・満州事変　個人墓なし
46　**福知山陸軍墓地**
福知山市南本堀　平和墓地　　忠霊塔・戦後建　個人墓67基　内ロシア１基
47　**舞鶴陸軍墓地**
舞鶴市福来　一般の共同墓地に　　個人墓９基
48　**大阪　真田山陸軍墓地**
49　**高槻陸軍墓地**
高槻市天神町２丁目６番　　旧陸軍工兵之墓・戦後建　個人墓14基
50　**信太山陸軍墓地**
和泉市黒鳥町４丁目６番　黒鳥山公園　　忠霊塔・戦中建のみ
51　**篠山陸軍墓地**
篠山市沢田　王地山麓　　納骨堂・忠霊殿・戦中建・戦後遺芳殿に改称　個人墓28基
52　**姫路　栗林山陸軍墓地**
姫路市名古山町14番１号　名古山霊園　　納骨堂・戦後建
個人墓約761基　日露と満州の２つのピラミッド状に　別にドイツ３墓
53　**奈良陸軍墓地**
奈良市古市町　　合葬碑２基・旧京都陸軍墓地・満州　個人墓34基ほとんどシベリア
54　**和歌山陸軍墓地**
和歌山市掘止西２丁目13番　　忠霊塔・戦中建　合葬碑１基
個人墓101基は万性寺に移転
55　**深山陸軍墓地**
和歌山市加太　深山　　合葬碑４基・日露　個人墓52基
56　**鳥取陸軍墓地**
国府町大字町屋字向土井533番地１　慰霊塔・戦後建　合葬碑４基・日露　個人墓129基
57　**浜田　長沢陸軍墓地**
浜田市長沢町　長沢公園　　慰霊塔・戦後建　合葬碑１基・日清日露　個人墓239基
58　**松江陸軍墓地**
松江市古志原西津田９丁目10番　緑山公園　公園墓地・緑山苑
慰霊塔・戦後建　壊れた個人墓倒れている
59　**岡山陸軍墓地**
岡山市津高　半田山　　碑４基・満州　個人墓約517基・満州事変・日中戦争期
岡山県の忠霊塔　岡山県奥市３番21号　護国神社境内
60　**広島　比治山陸軍墓地**
広島市南区比治山公園６番　比治山公園　戦中から戦後にかけて改修
合葬墓６基・日清　中国人の合同墓碑も別に
個人墓3395基・10段に　ドイツ１基・フランス７基

61　**広島　戸坂山陸軍墓地**
広島市東区戸坂　不明　土地のみの確保でつくられなかった可能性がある
62　**福山陸軍墓地**
福山市草戸町　明王院墓地　痕跡なし
63　**山口　山崎陸軍墓地**
山口市宮野下　　合葬碑１基　個人墓336基
64　**山口　初瀬ヶ原陸軍墓地**
山口市八幡馬場町　　1962年の調査では個人墓66基　現在不明
移転先　山口市宮野下　江良　陸軍墓地や護国神社の西
防長英霊塔・戦後建　旧陸軍墓地の遺骨入れる
65　**下関　部府前陸軍墓地**
1962年の調査では合葬墓３基　個人墓21基　現在個人墓、合葬墓は整理してなし
66　**下関陸軍墓地**
戦場ヶ原忠霊塔・戦中建　推定
下関市後田町５丁目34番　戦場ヶ原公園　墓地近くの丘の上
67　**徳島　蔵本陸軍墓地**
徳島市加茂名町　西部公園　　忠霊塔・戦中建　日本人個人墓と合葬墓なし　ドイツ２基
68　**丸亀陸軍墓地**
丸亀市土器町東６丁目　戦後一部移動
合葬墓５基・満州　個人墓約200基　内ドイツ１基・ロシア１基
69　**善通寺陸軍墓地**
善通寺市生野町　　合葬墓５基・日露・満州事変　個人墓37基
70　**松山　丸山（円山）陸軍墓地**
松山市北斎院町25番地外　　慰霊塔・戦後完成　合葬墓１基・満州　個人墓42か43基
71　**ロシア人墓地**
松山市　御幸１丁目531の２　来迎寺墓地内　　ロシア98基・ドイツ１基・アメリカ１基
72　**高知　朝倉陸軍墓地**
高知市朝倉丁　　忠霊塔　合葬墓２基・日露・満州　個人墓64基
73　**高知陸軍墓地**
何を指すか不明
74　**小倉　千堂陸軍墓地**
北九州市小倉北区新高田１丁目１番１号　小倉南小学校　痕跡なし
75　**小倉　高坊陸軍墓地**
北九州市小倉北区高坊１丁目７番　市営住宅用地　痕跡なし
76　**小倉陸軍墓地**
小倉忠霊塔・戦中建　推定　　小倉市小倉北区黒原１丁目５番　足立森林公園
77　**福岡　谷陸軍墓地**
福岡市中央区谷２丁目11番　谷公園　戦中墓地整備
合葬墓６基・殉職・日清・日露・第一次大戦・満州上海・支那　個人墓・11基
78　**福岡　千代松原陸軍墓地**
福岡市博多区東公園７番　東公園
招魂社の付属墓地　戦後整備　谷陸軍墓地に改葬　案内板のみ
79　**久留米陸軍墓地**
久留米市野中町１－８　競輪場隣
忠霊塔・戦中建　日本人個人墓と合葬墓なし　参道にドイツ１基
80　**大刀洗陸軍墓地**
甘木市大字菩提寺379番地　甘木公園　　忠霊塔・戦中建のみ
81　**佐賀陸軍墓地**
佐賀市旧金立村　不明
82　**大村陸軍墓地**
大村市三城町　三城跡　　忠霊塔・戦中建　合同碑１基　個人墓14基

83　**佐世保　峰坂陸軍墓地**
元　佐世保市峰坂町３番　峰坂児童公園　移転を示す石柱のみ
東山海軍墓地の中に移転　　忠魂碑１基　個人墓３基

84　**長崎陸軍墓地**
長崎市坂本町２丁目１番15号　県営墓地の内　　個人墓11基

85　**厳原陸軍墓地**
長崎県下県郡厳原町厳原東里　遠見崎　　個人墓約90基

86　**鶏知陸軍墓地**
長崎県下県郡美津島町鶏知　　忠霊塔・戦中建のみ

87　**熊本　小峰陸軍墓地**
熊本市黒髪４丁目10番　市営墓地　　忠霊塔・戦後建　碑２基・済南・満州　個人墓なし

88　**熊本　花岡山陸軍墓地**
熊本市横手２丁目13番　花岡山官軍墓地
合葬墓１基　個人墓あり　神風連の乱戦没者116人

89　**大分　志手ヶ丘陸軍墓地**
大分市志手５組　桜ヶ丘聖地　　納骨塔・戦後建　合祀碑３基・旧衛戍地埋葬者・済南・満州
個人墓298基　ほとんどシベリア一部満州　内ドイツ２基

90　**都城陸軍墓地**
都城市都島町３　都島公園
納骨堂・戦中建　合祀碑３基・旧衛戍地埋葬者・済南・満州　個人墓なし

91　**鹿児島　永吉陸軍墓地**
鹿児島市永吉３丁目11番　永吉公園　　合祀碑２基・済南・満州　個人墓約590基

92　**那覇陸軍墓地**
那覇市大道129　旧島尻郡真和志村安里　　熊本から派遣された分遣隊の陸軍墓地
由緒を書いた記念碑は現在不明　陸軍墓地慰霊塔・戦後建のみ

参考

日本国内の海軍墓地

| | |
|---|---|
| 函館海軍葬儀場 | 函館市船見町６番 |
| 白金海軍葬儀場 | 港区白金台１丁目２番 |
| 横須賀　馬門山海軍葬儀場 | 横須賀市根岸町１丁目27番１号 |
| 舞鶴　中舞鶴海軍葬儀場 | 舞鶴市余部下 |
| 呉　和庄町海軍葬儀場 | 呉市上長迫町７番　長迫公園 |
| 佐世保　福石海軍葬儀場 | 佐世保市東山町180番地　東公園 |
| 佐賀関海軍葬儀場 | 佐賀関町　関　須賀　　　　移転後 |

植民地の陸軍墓地
朝鮮　烏山、平壌、咸興、羅南、会寧、竜山、京城（太邸）
台湾　台北、台中、台南、澎湖島、嘉義

植民地の海軍墓地
旅順の三里橋海軍葬儀場
朝鮮の鎮海海軍墓地（元山・仁川・釜山の３個所の海軍墓地をまとめたもの）

「旧陸軍墓地調査表　昭21. 5」と「旧陸海軍墓地調　昭21. 6. 29」

元陸軍省所管の分

| 番号〔墓地調〕 | 都道府県名 | 墓地数 | 墓地名 | 面積（坪）〔墓地調〕 | 面積（坪）〔調査表〕 | 所在地 | 番号〔調査表〕 | 備考 相違点（旧陸軍墓地調査表の方） |
|---|---|---|---|---|---|---|---|---|
| 36 | 北海道 | 4 | 札幌 | 六七八七 | 9109 | 北海道札幌郡豊平町 | 1 | |
| 35 | | | 旭川 | 四一一一 | 4111 | 上川郡東鷹栖村 | 2 | |
| 37 | | | 函館柏野 | 五〇〇 | 500 | 函館市亀田郡湯川村 | 3 | |
| 38 | | | 台町 | 一〇〇 | | 函館市台町 | | |
| 39 | 青森県 | 2 | 弘前 | 三三〇〇 | 3300 | 青森県中津軽郡千年村 | 4 | |
| 41 | | | 青森 | 四二七〇 | 4270 | 青森県東津軽郡筒井村 | 5 | |
| 42 | 岩手県 | 1 | 盛岡 | 一六〇七 | 1528 | 盛岡市上田 | 6 | 岩手郡滝沢村 |
| 6 | 宮城県 | 1 | 仙台 | 三一六九 | 3169 | 仙台市小田原 | 7 | |
| 40 | 秋田県 | 1 | 秋田 | 一六二三 | 1623 | 秋田県南秋田郡旭川村 | 8 | |
| 43 | 山形県 | 1 | 山形 | 一五三六 | 1536 | 山形県南村山郡滝山村 | 9 | |
| 7 | 福島県 | 1 | 若松 | 一五〇〇 | 1500 | 福島県北会津郡東山村 | 10 | |
| 72 | 茨城県 | 1 | 水戸 | 一九三六 | 1936 | 茨城県東茨城郡渡里村 | 11 | |
| 71 | 栃木県 | 1 | 宇都宮 | 四一二七 | 4127 | 栃木県河内郡姿川村 | 12 | |
| 73 | 群馬県 | 1 | 高崎 | 九五一 | 951 | 高崎市若松町 | 13 | |
| | 埼玉県 | 0 | | | | | | |
| 1 | 千葉県 | 3 | 千葉 | 一三九六 | 1396 | 千葉市中島 | 14 | |
| 2 | | | 習志野 | 一五六四 | | 千葉県千葉郡二宮町習志野 | | |
| 3 | | | 佐倉 | 一七六三 | | 印旛郡佐倉町 | | |
| 5 | 東京都 | 1 | 音羽 | 四二三七 | | 東京都小石川区大塚坂下町 | | |
| 24 | 神奈川県 | 1 | 横須賀 | 一三七四 | 1374 | 横須賀市平作町 | 15 | |
| 4 | 山梨県 | 1 | 甲府 | 一二二六 | 1226 | 甲府市岩窪町 | 16 | |
| 8 | 新潟県 | 3 | 高田 | 三七七一 | 3771 | 新潟県中頸城郡金谷村 | 17 | |
| 9 | | | 新発田 | 五四二九 | 1000 | 北蒲原郡五十公野村 | 18 | |
| 10 | | | 村松 | 一八五七 | 1857 | 中蒲原郡村松町 | 19 | |
| 74 | 長野県 | 1 | 松本 | 二九〇六 | 1233 | 長野県東筑摩郡岡田村 | 20 | |
| 14 | 静岡県 | 3 | 浜松 | 四一八三 | 1483 | 浜松市高林町 | 21 | |
| 15 | | | 静岡 | 一七三二 | 1385 | 静岡県安倍郡千代田村 | 22 | |
| 16 | | | 三島 | 一五八八 | 992 | 田方郡三島町 | 23 | |
| 11 | 愛知県 | 2 | 名古屋 | 二八六〇 | 2860 | 名古屋市東区新出来町 | 24 | |
| 13 | | | 豊橋 | 三四八一 | 3481 | 豊橋市東田町 | 25 | |
| 12 | 岐阜県 | 1 | 岐阜 | 一四九三 | 1493 | 岐阜県稲葉郡那加村 | 26 | |
| 80 | 三重県 | 1 | 津 | 五〇五四 | 1989 | 三重県一志郡久居町 | 27 | |
| 46 | 富山県 | 1 | 富山 | 一四四五 | 1445 | 富山県婦負郡長岡村 | 28 | |
| 44 | 石川県 | 1 | 金沢 | 三八三二 | 3165 | 金沢市野田町 | 29 | |
| 45 | 福井県 | 2 | 鯖江 | 七一七九 | 6140 | 福井県今立郡神明村 | 30 | |
| 47 | | | 敦賀 | 二三二四 | 2324 | 福井県敦賀郡粟野村 | 31 | |
| 77 | 滋賀県 | 3 | 大津山上（字武士ヶ谷） | 四四 | 44 | 大津市山上町（字武士ヶ谷） | 32 | |
| 78 | | | （字部屋ヶ谷） | 一九三七 | 1937 | （字部屋ヶ谷） | 33 | |
| 79 | | | 八日市 | 五二四 | | 滋賀県神崎郡建部村 | | |
| 75 | 京都府 | 4 | 京都 | 四八四四 | 4927 | 京都市伏見区深草 | 34 | |
| 76 | | | 道路 | 八三（含道路） | | | | |
| 81 | | | 福知山 | 二七二七 | 1224 | 福知山市堀 | 35 | |
| 82 | | | 舞鶴 | 一七二六 | 1726 | 舞鶴市福来 | 36 | |
| 17 | 大阪府 | 2 | 真田山 | 五二五二 | 5252 | 大阪市東区寒桐山町 | 37 | |
| 21 | | | 高槻 | 八六五 | 865 | 大阪府三島郡高槻町 | 38 | |
| 20 | 兵庫県 | 3 | 篠山 | 一二四六 | 1246 | 兵庫県多紀郡城北村 | 39 | |
| 48 | | | 栗林山 | 一九六一一 | 19675 | 姫路市山畑新田 | 40 | |
| 49 | | | 附属地 | 六四（含附属地） | | | | |

| | | | | | | | | |
|---|---|---|---|---|---|---|---|---|
| 83 | 奈良県 | 1 | 奈良 | 一六七五 | | 奈良県添上郡東山村 | | |
| 18 | 和歌山県 | 2 | 和歌山 | 二二四八 | | 和歌山市今福 | | |
| 19 | | | 深山 | 一四三二 | 1432 | 和歌山県海草郡加太町 | 41 | |
| 50 | 鳥取県 | 1 | 鳥取 並道路 | 二八五六 | 2856 | 鳥取県岩美郡宇倍野村 | 42 | |
| 29 | 島根県 | 2 | 浜田 | 一九三五 | 1935 | 島根県那賀郡岩見村 | 43 | |
| 52 | | | 松江 | 三八三八 | 1613 | 松江市西津田 | 44 | |
| 51 | 岡山県 | 1 | 岡山 | 四一一二 | 3370 | 岡山県御津郡横井村 | 45 | |
| 22 | 広島県 | 3 | 比治山 | 一六八七五 | 16875 | 広島市比治山公園 | 46 | |
| 23 | | | 戸坂山 | 四〇二七 | | 広島県安芸郡戸坂村 | | |
| 28 | | | 福山 | 二〇四〇 | 2040 | 福山市草戸町 | 47 | |
| 25 | 山口県 | 4 | 山崎 | 一〇六九 | 1069 | 山口県吉敷郡宮野村 | 48 | |
| 26 | | | 番宅 | 一〇二 | 102 | | 49 | |
| 27 | | | 初瀬ヶ原 | 二〇一 | | 山口市八幡馬場 | | |
| 64 | | | 部府前 | 一〇一二 | 1012 | 下関市後田 | 50 | |
| 55 | 徳島県 | 1 | 徳島 | 三〇六七 | 2363 | 徳島市庄町 | 51 | |
| 53 | 香川県 | 2 | 丸亀 | 一八二〇 | 1820 | 香川県綾歌郡土器村 | 52 | |
| 54 | | | 善通寺 | 三〇一二 | | 香川県仲多度郡善通寺町 | | |
| 57 | 愛媛県 | 2 | 村山 | 二七四七 | | 松山市北済院 | 53 | 味生村 |
| 58 | | | 御幸村<br>（露国俘虜） | 二〇一 | 201 | 愛媛県温泉郡御幸村 | 54 | |
| 56 | 高知県 | 1 | 高知 | 一二九四 | 1080 | 高知県土佐郡朝倉村 | 55 | |
| 59 | 福岡県 | 5 | 千堂 | 三八五二 | 3852 | 小倉市篠崎 | 56 | |
| 60 | | | 高坊 | 三一三六 | | 小倉市城野 | | |
| 61 | | | 谷 | 二一七〇 | 2040 | 福岡市浪人谷町 | 57 | |
| 62 | | | 千代松原 | 六一八 | 618 | 千代町 | 58 | |
| 63 | | | 久留米 | 三六四二 | 3642 | 福岡県三井郡山川村 | 59 | |
| 67 | 佐賀県 | 1 | 佐賀 | 一五六〇 | 1560 | 佐賀県佐賀郡金立村 | 60 | |
| 68 | 長崎県 | 5 | 大村 | 二一二四 | 2124 | 長崎県東彼杵郡大村町 | 61 | |
| 69 | | | 佐世保 | 三七一 | 371 | 佐世保市小佐世保 | 62 | |
| 70 | | | 長崎 | 三四二 | 342 | 長崎市浦上町 | 63 | |
| 65 | | | 厳原 | 二二九 | 229 | 長崎県下県郡厳原町 | 64 | |
| 66 | | | 鶏知 | 八一七 | 817 | 鶏知町 | 65 | |
| 30 | 熊本県 | 2 | 小峰 | 三五七七 | 3577 | 熊本市黒髪町 | 66 | |
| 31 | | | 花岡山 | 四七六 | 476 | 横手町 | 67 | |
| 34 | 大分県 | 1 | 大分 | 二〇八〇 | 2080 | 大分市駄原 | 68 | |
| 33 | 宮崎県 | 1 | 都城 | 二六九三 | 2693 | 都城市五十市町 | 69 | |
| 32 | 鹿児島県 | 1 | 鹿児島 | 一〇五一 | 1051 | 鹿児島県鹿児島郡伊敷村 | 70 | |
| 計 | 八三ヶ所 | | | 二一九四三五 | 179157 | | 70ヶ所 | |

## 元海軍省所管の分

| | 名　称 | 数量（坪） | 所在地 |
|---|---|---|---|
| 1 | 白金 | 二六九五 | 東京都芝区白金今里町 |
| 2 | 馬門山 | 七四二〇 | 神奈川県三浦郡浦賀町大津 |
| 3 | 函館 | | 函館市船見町 |
| 4 | 和庄町 | 八五七〇 | 呉市 |
| 5 | 佐賀関 | 一四 | 大分県北海部郡佐賀関町 |
| 6 | 福石 | 八七六三 | 佐世保市 |
| 7 | 中舞鶴 | 二五七四 | 舞鶴市 |
| 計　七ヶ所 | | 三〇一六一 | |
| 合計　九〇ヶ所 | | 二四九五九六 | |

## 日本国内の陸軍墓地一覧付属写真

| No. | 墓　地 | 撮影年月日 | No. | 墓　地 | 撮影年月日 |
|---|---|---|---|---|---|
| 1 | 旭川　全北海道戦没者慰霊塔 | 2001.7.25 | 45 | 京都　伏見陸軍墓地 | 1997.4.30 |
| 2 | 札幌陸軍墓地 | 2001.7.24 | 46 | 福知山陸軍墓地 | 2001.10.16 |
| 4 | 函館　台町陸軍墓地 | 2000.5.3 | 47 | 舞鶴陸軍墓地 | 1999.4.26 |
| 5 | 弘前　仏舎利塔 | 2000.5.3 | 49 | 高槻陸軍墓地 | 1999.7.13 |
| 6 | 青森　幸畑陸軍墓地 | 2000.5.2 | 50 | 信太山陸軍墓地 | 2002.2.21 |
| 7 | 盛岡　平和塔奉安殿 | 2000.5.2 | 51 | 篠山陸軍墓地 | 2000.1.11 |
| 8 | 仙台陸軍墓地 | 2001.10.21 | 52 | 姫路　栗林山陸軍墓地 | 1998.10.6 |
| 9 | 秋田　天徳院　墓 | 2003.1.12 | 53 | 奈良陸軍墓地 | 1998.12.26 |
| 10 | 山形陸軍墓地 | 1999.8.28 | 54 | 和歌山　万性寺　墓 | 1997.5.22 |
| 11 | 会津若松陸軍墓地 | 1999.8.29 | 55 | 深山陸軍墓地 | 2000.12.18 |
| 12 | 水戸陸軍墓地 | 1999.8.30 | 56 | 鳥取陸軍墓地 | 1999.10.23 |
| 13 | 宇都宮　忠霊塔 | 1999.9.20 | 57 | 浜田　長沢陸軍墓地 | 2000.6.12 |
| 14 | 高崎陸軍墓地 | 1999.9.27 | 58 | 松江陸軍墓地 | 1999.5.3 |
| 15 | 沼田陸軍墓地 | 2002.8.4 | 59 | 岡山陸軍墓地 | 1999.1.12 |
| 16 | 千葉陸軍墓地 | 1999.8.1 | 60 | 広島　比治山陸軍墓地 | 2001.12.23 |
| 17 | 習志野陸軍墓地 | 2000.8.24 | 62 | 福山　明王院 | 2001.5.2 |
| 18 | 佐倉陸軍墓地 | 2000.5.5 | 63 | 山口　山崎陸軍墓地 | 2000.6.13 |
| 19 | 下志津陸軍墓地 | 2000.8.24 | 66 | 下関　忠霊塔 | 2000.6.1 |
| 20 | 国府台　竺園寺　墓 | 2002.2.6 | 67 | 徳島　蔵本陸軍墓地 | 1999.10.19 |
| 21 | 柏陸軍墓地 | 2001.12.26 | 68 | 丸亀陸軍墓地 | 1999.10.18 |
| 22 | 音羽陸軍墓地 | 1998.11.15 | 69 | 善通寺陸軍墓地 | 1999.10.18 |
| 25 | 横須賀　平作陸軍墓地 | 1999.1.5 | 70 | 松山　丸山陸軍墓地 | 2000.4.25 |
| 26 | 相模原陸軍墓地 | 2002.6.24 | 71 | 松山　御幸村陸軍墓地 | 2000.4.25 |
| 27 | 高田　忠霊塔 | 2000.7.11 | 72 | 高知　朝倉陸軍墓地 | 2000.4.24 |
| 28 | 新発田　忠霊塔 | 2000.7.10 | 74 | 小倉　千堂陸軍墓地跡 | 2001.5.1 |
| 29 | 村松　忠霊塔 | 2000.7.10 | 75 | 小倉　高坊陸軍墓地跡 | 2001.5.1 |
| 30 | 富山　長岡陸軍墓地 | 1999.7.5 | 76 | 小倉　忠霊塔 | 1999.8.17 |
| 31 | 金沢陸軍墓地 | 1999.7.3 | 77 | 福岡　谷陸軍墓地 | 1999.8.21 |
| 32 | 鯖江陸軍墓地 | 1999.7.3 | 78 | 福岡　千代松原陸軍墓地跡 | 2001.4.30 |
| 33 | 敦賀陸軍墓地 | 1999.10.4 | 79 | 久留米陸軍墓地 | 1999.8.17 |
| 34 | 甲府　護国神社　納骨堂 | 1999.9.21 | 80 | 大刀洗陸軍墓地 | 2002.12.15 |
| 35 | 松本陸軍墓地 | 1997.9.7 | 82 | 大村陸軍墓地 | 1999.8.21 |
| 36 | 岐阜陸軍墓地 | 1998.10.19 | 83 | 佐世保陸軍墓地跡 | 1999.8.21 |
| 37 | 浜松陸軍墓地 | 1998.12.29 | 84 | 長崎陸軍墓地 | 2001.4.29 |
| 38 | 静岡陸軍墓地 | 2001.10.23 | 85 | 厳原陸軍墓地 | 2001.5.1 |
| 39 | 三島陸軍墓地 | 2000.7.29 | 86 | 鶏知陸軍墓地 | 2001.5.1 |
| 40 | 名古屋陸軍墓地 | 1998.3.23 | 87 | 熊本　小峰陸軍墓地 | 1999.8.17 |
| 41 | 豊橋陸軍墓地 | 1998.8.26 | 88 | 熊本　花岡山陸軍墓地 | 1999.8.17 |
| 42 | 津陸軍墓地 | 1998.12.23 | 89 | 大分　志手ヶ丘陸軍墓地 | 2000.7.17 |
| 43 | 大津　山上陸軍墓地 | 1998.11.13 | 90 | 都城陸軍墓地 | 1999.8.18 |
| 44 | 八日市　忠霊塔 | 2000.9.18 | 91 | 鹿児島　永吉陸軍墓地 | 1999.8.19 |

## 3

『国立歴史民俗博物館研究報告　第一〇一集』（二〇〇三年三月）

# 軍事郵便に見る兵士と戦場論


[論文要旨]

この論考は、高橋峯次郎あて軍事郵便の分析の一環として、中国との戦争に参加した兵士が戦場で何をしたか、また戦争をどう考えていたかを、軍事郵便から明らかにすることが課題である。従来の高橋峯次郎あて軍事郵便の研究は、農民兵士の視点から戦場の中国農民の生活をどう見ていたかに重点が置かれていた。そのため日本の中国との戦争の遂行を担った兵士としての側面を明らかにすることが残されてきた。

従来、軍事郵便は検閲のために真実を書けないと考えられてきたが、最近、軍事郵便から侵略戦争の加害の事実を明らかにする、静岡県浅羽町の軍事郵便を使った小池善之氏の研究がでている。この成果をより豊かにすることもこの論文の課題である。

論文では、高橋徳松・千葉徳右衛門・菊池清右衛門・石川庄七・高橋千太郎・高橋徳兵衛・菊池八兵衛・加藤清逸の軍事郵便に書かれた戦場の様子を紹介している。

戦闘の様子では、日本兵が女性・子供を含む中国住民や捕虜・敗残兵を殺し、住民の家を焼き、その財産を略奪していることが見られる。一方で蔑視していた中国軍が住民との結びつきを強め、強固に抵抗していることも見られる。また、日本軍の攻撃・爆撃により廃墟になり死体が放置されている都市の様子、日本軍が軍事力で占

領地支配を維持しており、日本軍のいいなりになる政権をつくり、植民地と同様に日本化している様子も見られる。さらに毒ガス戦の準備の様子も見られる。このように、農民兵士の軍事郵便からも、日本の中国への戦争が侵略戦争であり、それが中国の人びとに多大な災難、損害と苦痛を与えており、戦争犯罪もあったことがわかる。

農民兵士は日本軍の戦争を正当化するイデオロギーを疑うことなく受け入れており、中国兵の殺戮などを面白がっており、中国人を悲惨と思い、日本人に生まれたことを喜び、戦争に負けてはいけないという考えを持っていることも、軍事郵便から読み取れる。

# 1　はじめに

## 1　課題の意義

この論考の課題は、高橋峯次郎あて軍事郵便を通して、日本の中国との戦争に参加した兵士が戦場で何をしたか、何を見たかを明らかにしようとすることにある。それは、従来の菊池敬一著『七〇〇〇通の軍事郵便―高橋峯次郎と農民兵士たち』、岩手・和我のペン編『農民兵士の声がきこえる―七〇〇〇通の軍事郵便から』などの、高橋峯次郎あて軍事郵便の研究が、農民兵士という視点から、農民として戦場となった中国の農民の生活をどう見ていたかに重点が置かれていた。その意味では日本の戦争の遂行を担った兵士としての側面を明らかにすることがあまりなされていないので、課題として残されている。このことはとりわけ、日中戦争において、日本軍は中国の人びとに何を与えたか、そのことを農民兵士はどう考えていたか、を軍事郵便から読みとることである。

従来軍事郵便は、手記や日記などに比べても、検閲があるため、真実を伝えられないと考えられてきた。しかし、最近の研究では、軍事郵便にも侵略戦争の加害の事実が書かれていることが明らかになってきている。その代表的な研究は『浅羽町史』であり、その資料編三には、小池善之氏の解説により軍事郵便が収録され、『静岡県近代史研究』第二四号には小池善之著「南京事件を追う―軍事郵便の中の日中戦争」が掲載されている。ここでは、その内容を先行研究として紹介し、確認しておきたい。

まず第三師団第二陸上輸卒隊の兵士の一連の手紙が紹介されている。天津からの手紙では「毎日便衣隊が我々の手に取らはれるのですが、道路上で皆銃殺志て終ます。[1]」、一九三七年一〇月の保定の手紙では「残兵狩に出て居ます。……毎日五人や十人くらい殺して帰ます。中にわ良人も殺ますが、何分気が立っているので居る者は皆殺ます。哀れな者さ支那人なんて。全く虫だね。[2]」、南京占領後の手紙では「去年の三十一日まで支那兵の捕のお、毎日揚子江で二百人づつ殺したよ。川に手おしばって落して置いて上から銃で打ったり、刀で首お切ったりして殺すが、亡国の民は実に哀れだね。まるでにわ鳥でも殺す用な気がするよ。十二月二十七日の夜は、兵站部に食糧お盗に来たので、七人捕て銃倹で突殺したが面白い物だったよ。[3]」「平和になった南京市には毎日市民が続々帰って来るよ。来ても□ね。夜が来ても寝る所も無し。此の寒さにふるえて死んで行く者も一日に何百人ですよ。哀れな支那人ですね。敵国人で有りながら哀れだね。町の実況や市民の哀な姿など内地の人々に見せてやって、□戦敗したる国人の哀さお見せ、日本国土お強くせたいと思ふ。[4]」「もふ支那兵の死人が温になってくさるので、悪匂が鼻お切る様ににおって来るよ。全く戦地だね。揚子江のくろには死人の山で□のごとくだよ。一寸内地の人々が見たら驚くね。くさってどろどろになって居るよ。[5]」、安慶に行く途中の手紙では「爆弾が爆発して命中して支那の兵がコロコロと死んで行く様は全く面白く、人間の様では有ませんでした。見事な物だったよ。[6]」とある。別の兵士の南京からの手紙から「当地方は戦略上土民も一人残らず銃殺した関係上、見渡す限りの沃野もあたら雑草の広野原と化し、見るも無惨な状態と化しています。[7]」と紹介している。また別の兵士の手紙から「毒瓦斯の研究をやってゐる為、学課等も多い。毒瓦斯は秘密中の秘密になってゐる為ここに書くことを許されません[8]」と紹介している。さらに別の兵士の手紙から「戦場でなくては味ふことの出来ない事も数多く有ります。先づ強行軍を終へて夕方宿営地につくと徴発です。(もっとも隊長殿の許可がなくては徴発はできませんが)徴発と云っても鍬とか品物では有りません。之等は土民達がにげる時に持って行って何も有りません。食物(さい)です。大きな三十貫も有る様な豚をかづいて来る者も有るかと思へば、おいしそうによくこえたにわとりをさげて来る者も有る。これをたちどころに料理して夕食のさいにする。[9]」と紹介している。

これらを小池氏は「毎日殺していくなかで、それに慣れていってしまう状況が、ここに示されている。[10]」「中国人を人間として見ない、見ようとしない日本兵の姿がここにある。[11]」「戦場に行った兵士たちが『殺人』をためらいもなく行うこと、その背景に中国人蔑視があることを示している。[12]」「『南京大虐殺』に郷土出身の兵が参加していたことを示す。毎日揚子江で二百人ずつ殺したという記述には戦慄を覚える。[13]」「寝る所もないのは、日本軍によって家が破壊・放火されたからである。また厳しい食糧難も続いていた。[14]」「猛烈な死臭と腐乱した死体の様子が、短い文のなかに凝縮されている。[15]」「中国軍兵士が『コロコロと死んで行く様』を『面白い』と記す兵士。これが戦争だというのであろうか。[16]」「農民出身らしく荒れ果てた農地を気遣う。しかしその原因は『土民』を一人残らず銃殺した結果であった。[17]」「日本軍兵士による徴発……が記されている。[18]」と解説している。

このうえで、小池氏は「検閲が厳しいといわれる軍事郵便に、戦地の具体的な状況を書き、かつ送ることがなぜできたのか。[19]」という課題に対して「家族や役場には、おそらく自らの『殺人体験』は記さないだろう。ここで取り上げた兵士の手紙は、郷里の仲の良い先輩に宛てたものである。だから赤裸々に書いたし、それは確実に配達されたのである。[20]」「ではなぜ検閲を通ったのだろうか。……戦時下、中国人に対する強い蔑視により、中国人を殺すことに日本人は何の痛痒も感じないようになっていた。中国大陸で中国人を殺害することが当然視されていた時、手紙にそのようなことが書かれていてもチェックされることはなかったのではないか。[21]」と答えている。中国人を殺害することが当然視されていたことが、検閲でチェックされなかった理由であるということはその通りであると、私も考える。しかし、もう一点の、宛先により可能であったということについては、後でみるように小学校や青年学校の教師を務め、在郷軍人会の責任者であった高橋峯次郎あての軍事郵便にも、戦地の具体的な内容が書かれており、単に仲の良い先輩のみでなく、半ば公的な所にあてた軍事郵便でも、それが可能であったと広げて考える必要がある。

## 2　取り上げる軍事郵便の限定

以下、高橋峯次郎あて軍事郵便に書かれた戦場の様子を紹介していくが、ここでは高橋あてに多数の軍事郵便を出した兵士にしぼり、その中で実際に戦場の様子を書いているものを見ていくこととしたい。それは具体的には、以下の人たちである。

高橋徳松は、一九三一年一一月から満州派遣軍歩兵第三一連隊の機関銃中隊に属し、中国東北地方で戦闘や警備にあたっていた。一九三四年に現地除隊し、熱河線凌源満鉄自警隊本部に務めている。

千葉徳右衛門は一九三二年一月に入営し、一九三二年四月に中国東北地方へ渡り、満州派遣軍歩兵第三一連隊第六中隊に属し、義州の警備につき、一九三三年二月には連山に移り、さらに一九三三年一〇月一三日には古北口に移った。その間、討伐、掃討戦に参加している。古北口では毒ガスの専習員になって訓練を受けている。一九三四年四月に凱旋兵として除隊している。

菊池清右衛門は一九三七年度現役兵であり、中国東北地方に行き、一九四一年に帰郷している。

石川庄七は、一九三三年に召集され、弘前の歩兵第三一連隊に属して毒ガスの教育を受けているが、戦地には出ていない。その後再び、日中戦争勃発直後の一九三七年八月三一日に充員召集を受け、第一〇八師団に属し北平（現、北京）を経て、中国本土の北部に入り、太原作戦、河北戡定作戦、占領地の粛正作戦などに参加していた。一九三九年二月一日に帰郷した。

高橋千太郎も、一九三七年八月三一日に出発し、中国本土の北部で第一〇八師団に属して、太原作戦、河北戡定作戦、占領地の粛正作戦などに参加していた。一九三九年二月一日に帰郷した。

高橋徳兵衛も、一九三七年八月に出征し、中国本土の北部で第一〇八師団に属して、太原作戦、河北戡定作戦、占領地の粛正作戦などに参加していた。一九三九年一一月に帰郷した。

菊池八兵衛は一九三八年八月から中国本土北部の戦場で第一〇八師団に属して粛正作戦に参加し、敗残兵・匪賊の討伐をしている。

加藤清逸は、一九三七年七月三一日出発し、九月三日に天津に上陸し、北平へ行ったあと、中国本土北部の戦闘に参加した。一一日には北平を出発し、保定会戦、石家荘作戦、太原作戦、河北戡定作戦、占領地の粛正作戦などに参加した。当初は第二〇師団に属していたが、一九三八年四月に第一〇九師団に配属になっている。その後中国本土の中部、南昌攻略作戦に参加し、入城後残敵の掃討をし、貴陽方面の討伐をしている。さらに中国本土の南部の南寧攻略作戦に参加し、占領後宣撫活動をおこなっている。

## 2　軍事郵便に書かれた戦場

### 1　戦闘の様子

ここから、軍事郵便の実際の内容をテーマに分けて見ていくことにしたい。まず最初は特徴的な戦闘の様子から見ていこう。

中国東北地方の戦闘については、高橋徳松と千葉徳右衛門が軍事郵便に書いている。高橋徳松は、一九三一年一二月二一日付の葉書では「馬賊のチャンコロさんが出没する。……偉大な機関銃で射撃すれば忽ち死の巷と化す。死んでも誰もかまつてくれぬ。支那主義。敵と言へ共哀れなものさ。[22]」と書いている。一九三一年一二月二三日付の書簡では「四方の敵兵もバタ〴〵と死体を重ねるのではあった。[23]」と書いている。

千葉徳右衛門は、一九三二年九月二二日付の書簡では「南方に討伐に出かけました。……片端しから掃蕩始め、八時頃迄掛り七八の馬賊を生捕りして……両三の調査の結果確実なる馬賊なので此の時射殺してしまいました。[24]」と書いている。また一〇月一三日付の書簡で、「十月八日に又歩三一の主力が出動し討伐がありました。……劉竜台の部落……学良系のバシータとかと云ふ者の引いた義勇軍が居ったのです。……其の山陰に又三ぼう営子と云ふ処が有りまして軍旗を守れる処の三大隊は汽車で朝陽寺迄進出し、敵の背面に宇（迂）回したのです。片端から掃討を始め小銃や槍などを押収し九時頃に全く終りました。帰りがけに火を放つて帰途に就きました。……痛快でした。[25]」と書いている。さらに、一〇月二二日付の書簡では「去る十月十八日午後五時頃義勇軍の朱斎青の率い居る二千数百名が義州部隊を攻撃し来たりとの密偵の報告ありて、……敵に肉迫せしに、敵は総崩れとなり逃げ始めました。其の後は追撃に追撃、停車場より二里程も進出致しました。其の間ばたり〴〵と倒れる有様の小気味よさ。[26]」と書いている。

このように中国東北地方の掃討において、激しい攻撃をかけているが、そこでは中国人を蔑視しており、中国人が撃たれてばたばた倒れることを小気味よいと書いており、戦闘後に放火しているがこれも痛快と書いている。さらに捕虜も馬賊だという理由だけで殺害している。

つぎに、中国本土北部での戦闘では、石川庄七は、一九三七年一一月二一日付の書簡では「今度一一月九日の午後二時より河北省の任県及南和間に戦闘開始されましたが、愈々参加致しました。何んだか実戦の気持ちはしませんでした。演習の様な気分で発列する弾を見て喜んで居る様な訳でしたが、だん〴〵と戦も烈しくなつて負傷者や死者が出来る様になて来ましたら、始めて恐しくなた様でした。内地で聞いて居った様に支那兵は速ぐ逃げません。仲々強固で吾軍をなやせました[27]。」と書き、一九三八年二月七日付と思われる葉書では「警備と匪賊討伐に多忙を極めて居りますが、大した事もなくどん〴〵三百、五百、千と帰順します。一番頑強なる敵は山西方面から集た共産軍の敗残らしいのです。けれ共何千居つても恐ろしい気持はなくどん〴〵攻撃します。……一人余さず殺ける事は出来ない様に思われます[28]。」と書き、一九三八年五月七日付書簡では「今度の山西方面。戦闘は仲々の戦闘で、吾々老取兵としては出来過ぎた様でした。……突撃するものなく、逃げる支那兵此の時は五十米百米の間射撃、又突撃いや、十五六人やつけました[29]。」と書き、一九三八年一一月一四日付書簡では「山西の南部、黄河に近き山に居って警備致し居りますから、御安心下さい。此の山には敗残の巣で相も敵はあちこちに集団致して居ります。九月以来大きな討伐も二三回ありましたが[30]。」と書いている。

高橋千太郎は、一九三七年一〇月二四日付書簡では「敗残兵の討伐は十月初旬一回やりました[31]。」と書き、一九三八年一月付書簡では「十月三十一日に行動を開始致したので御座います。先づ山西省大原方面の戦闘に参加すべく……任県城を占領日章旗を樹てた……附近に散在しある部落を掃蕩しつ、前進[32]」と書き、一九三八年三月一五日付の書簡では「第二期作戦の基に二月九日を期し北支西方なる山西省に在る有力なる支那第八路軍抗日共産軍膺懲撃滅の命を受け当師団は出動を開始しました[33]。」と書き、一九三八年五月一五日付書簡では「山西省に入ってからの共産軍との対戦山岳戦[34]」と書き、一九三八年六月八日付の葉書で「敵も去るものであります[35]。」と書き、一九三八年一〇月二四日付書簡では「だが何しろ当山西省に入ってからは敵はがん強なもんです[36]。」と書いている。

高橋徳兵衛は、一九三八年五月六日付書簡で「同蒲線は毎日の様に鉄道破壊でわづか一ヶ大隊の兵力輸送に二十日間もかかつた。支那軍は白昼鉄道警備隊を襲撃して来る。今では京漢線の方も、やられる様になつた[37]。」と書き、一九三八年五月一一日付書簡で「来る途中、敵は部落に潜伏し居て大部隊の通過後、後方の車輌を襲撃し監視兵となって居る我が第二中隊で死者一名重傷一名出した。九日目的地に着し、警備して居る。是れから討伐に出るでせう。前の守備隊は附近の討伐に出て民家を焼払って来たので、其の人民は支那軍隊と連絡を取り毎夜やって来ます。戦には負けられませんね。支那人の食物は絶へ木の葉をこき取り、亦青麦の穂をもぎ取って手でもみ、のぎを落して食べて居ます。見るも悲惨なるものがあります[38]。」と書き、一九三八年六月と推定される書簡では「山西は軍民一致、抗日は徹底して居りまして、部落民は居りません[39]。」と書き、一九三八年一一月一八日付書簡では、「薪もありませんで、一里も二里も離れた部落に行き、支那家屋をこわして、運搬します[40]。」と書き、一九三九年六月と推定される書簡では「私達の居るところは敵の真中でありまして、部落には人一人居りません。……支那軍隊は毎日の様にやって来るので、亦我軍も之に応戦し、正規軍であらうと、敗残兵であらうと、地方民であらうと皆射撃をするのであるから困るでせう。先日も中隊は攻撃前進の際、散開して前進したところは、畑で働いて居る地方民は逃場を失って麦畑に、すくたまって、ぶる〲して居った。女も居れば子供もある。でも、兵隊は気は張って居るので罪のない女子供も殺して前進する。悲惨なものですね[41]。」と書いている。

菊池八兵衛は一九三八年一月一六日付葉書で「只今は敗残兵匪賊の討伐をやて居りまして[42]」と書き、一九三九年二月二日付書簡では「一月十日の大討伐に依り敵の戦死者の死体を見るに十五才位の若い方が沢山有りました。其時から敵は兵器を持つた者も半数にて、残りは手榴弾を持つて居り、[43]」と書き、一九三九年五月三日付書簡では「丁度一ヶ月以前の討伐には夜襲を以て敵を包囲致し戦闘を開始致しました。敵の狼狽此の上も無く逃げまどう処を重機軽機の掃射にて将棋倒しにバタ〲と倒れる、此の面白き事例へる物は有りません。此の時の捕虜約弐十名（十五才の者弐名、十七才の者弐名）居りました。其の外有力者も多数有りました[44]。」と書いている。

つぎに、加藤清逸は、最初は中国本土北部におり、一九三八年三月一七日付書簡では「霊石などは字の如く険しい山岳地帯で敵は其の頂上に強固なる陣地を築き、我が軍をつるべ射に仕様とがんばり居りました。……鉄道道路は殆んど破壊され、交通は遮断され、手紙どころか、糧秣も十分でないのだ[45]。」と書き、一九三八年四月一七日付書簡では「何せ毎日の戦闘行軍で…… 汾陽《ママ》と言ふ所に着きました。茲に一泊すぐ又行軍にて討伐に出発しました。何れ此の山西は山国でどこへ行つても山ばかり水なく薪木なく非常に難儀しました。又所々に共産軍、敗残兵など居り、数回の襲撃を受けました。[46]」と書き、一九三八年六月二十九日付書簡では「汾陽《ママ》にて……私等の茲に来た時は敵もたくさん……したが、今は殆んど平穏ですが、まだ……離石と言ふ所に討伐に出てゐます。……時々便衣隊のため破壊されます[47]」と書いている。

その後中国本土中部に移動した後では、一九三九年四月一六日付の葉書に「三月二十七日南昌入城致しました。此の攻撃も攻撃も相当の激戦にて、殊に敵前渡河は多数の死傷者を出しました。あの暗夜に敵弾雨の如く飛び来る中を小舟にて渡河の時は全く生きたる気持はありませんでした。南昌には……部隊に配属になり、一番乗りでした。入城当時は残敵多く二十七八九日は残敵掃討致し。……新聞雑誌には戦闘一段落などあるが、一線はどこに行つても敵だらけです。[48]」と書き、一九三九年六月三日付葉書では「私等は三月以降今まで貴陽方面の大討伐に出てゐました。……今は漢口西北方約百里○○城内の警備をしてゐます。茲は敵前二千米の地点で毎日銃声は絶えません。附近には密偵などもうるさく警備と言ふても戦地と同じであります。[49]」と書き、一九三九年八月二五日付書簡では「討伐に出ました。……敵は相当多く仲々の苦戦でした。……或る時は敵に包囲され相当死傷者を出しました。……今の敵は敗残兵ですが、山の中では実に強く突撃せぬ内は逃げません。日本兵も強いが、支那兵も相当がんばります。……あれ位の討伐では敵もびくともしない。……毎日の様に敵が出て鉄道道路など破壊され、汽車も時々通行出来ず、糧秣も続かぬ事があるそうです。何れまた近い内に大討伐ある事でしよう。[50]」と書いている。

このように、日本兵が女性・子供を含む中国住民を殺害したり、住民の家を焼き払ったり、住民の財産を略奪するとともに、敗残兵を討伐し、逃げる中国兵を射撃・突撃していることも見られる。このような日本軍の行為が中国軍と住民の結びつきを強めていることも見られる。そして、日本兵が先入観を持って蔑視していた中国人の軍隊が、八路軍をはじめ日本軍に対して強固に抵抗している様子も見られる。八路軍などの抵抗が強く、日本軍がおさえている鉄道などを破壊し、日本軍の補給がままならないことも見て取れる。また、警備や敗残兵の討伐といっても本格的な戦闘となっていることがわかる。さらに、日本の農民兵には、重機軽機の掃射で中国人がバタバタ倒れることを、例えるものがないほど面白いと思っている者もいることがわかる。また中国人の悲惨な様子を見て、戦には負けられないという考えを持っていることも見て取れる。

## 2　廃墟になった都市

つぎに日本軍によって爆撃や攻撃された都市などの様子をあげてみよう。

加藤清逸は一九三七年九月五日の葉書に「天津に着いたは九月三日午後なり、当市大分大きい所なりしも、大なる建物は爆撃の為焼け残り、惨たるものなり。……途中列車橋など爆撃され、焼残れるあり。列車は九月四日当豊台駅に着いた。茲もそうとうやられたる跡とあり。[51]」と書き、一九三九年一二月二一日付書簡には「南寧……入城当時は住民も一人もなく、あちこちに支那兵の死体にて、まるで死の都なりし、[52]」と書いている。

高橋千太郎は一九三七年一〇月二四日付書簡で「北支到着最初戦場を通過　聞きしに勝る戦場の跡、殊に人馬の死体など臭気にむせびつ[53]」と書き、一九三八年三月一五日付の書簡では「戦乱に化した北支の状態などは実に悲惨の極度に達せるものが有ります。幾何万の人口に対する大都市も一人の住民の影もなく、犬子一匹もさへ居らざる所一二個所ではありません。我が皇軍のために主なる建物は破壊され、子は親と離れ、妻は夫を失い、財は其の儘放棄し、死体は山を築き臭気ハナを突く感が有ります。……家屋は申すまでもなく諸道具までも焼き盡され、鍋釜かめの類などは打破され見る惨々たるものであります。[54]」と書いている。

このように天皇の軍隊・皇軍である日本軍の攻撃・爆撃により、中国の都市や鉄道沿線などが、死の町のように建物や道具が破壊されたり、焼かれたりして廃墟となり、中国人の死体が放置されており、中国人の住民の生活が破壊されている様子が書かれている。

## 3　日本軍の占領地支配

ここで、日本軍の中国占領地支配について書かれたものを見ていこう。

千葉徳右衛門は、一九三二年九月二二日付の書簡では「……去る十八日は事変突発第一週年記念日……日の丸と満州国の五色の旗と二つを持つた支那人行列が在りました。彼等顔には酷使される軍閥より免れ、権利義務の平等を得たる喜の色が漲ぎつて居りました。[55]」と書いている。

菊池清右衛門は一九四〇年四月一三日付葉書で「当地に住める満人も大分日本人化して殆んど異国に在るの感ありません。[56]」と書いている。

石川庄七は一九三七年一〇月四日付書簡で「北平市民は非常に皇軍を歓迎して呉れます。……建国の時期近し[57]」と書き、一九三七年一一月二一日付の書簡で「早く殺っけて決着を見たいのが吾々です。北支独立を早からん事を期待して居ります。[58]」と書き、一九三七年一二月二八日付書簡で「北支も今は楽土に近く、逃げて居ない土民も日本軍の情を知り、八九分通りも帰つて来て居ります。[59]」と書き、一九三八年二月七日付と推定される葉書では「今は北支も日一日と五色の旗は各戸口に輝いて平和を物語って居ります。又皇軍は喰べる事の出来ない困る者を集め援助する事になって場所も出来て居ります。[60]」と書いている。

高橋千太郎は年月日不明の書簡で「鮮人の多くは我が軍に依りて辛じて生活の姿を得るもの多く[61]」と書き、一九三八年五月二八日付書簡では「今や当北支方面の戦闘は一段落とは申しながら、敗残兵や便衣隊或は不良支那人の横行止まず、私共警戒線の鉄道破壊は夕べもありました。……新政府の巡捕と協力して楽土北支の建設に鉄槌を打ちおろして居ります。[62]」と書いている。

菊池八兵衛は一九三九年五月三日付書簡で「皇軍の宣撫に依り王道楽土化し土民は皇軍に感謝しつ、帰来、生業にいそんで居ります。今じや土民も敵兵（敗残兵）現れば我軍に報導（道）し、我軍の討伐を待つ様に成りました。[63]」と書いている。

加藤清逸は一九三八年一月七日付書簡で「今は支那人も我々日本□□対し厚意を持つて来ました。又我々も支那良民に対し□□皆愛護しています。……当北支には今は新政府治安維持会など設立し、……今は新年とて各門毎に国旗門松など立てられ内地と殆ど変りなく異国とは思われぬ程です。[64]」と書き、一九三八年六月二九日付書簡では「日本軍を頼みとし、敗残兵便衣隊……軍に報告してくれます。こんな様ですから、支那農工商民共心から信頼し尊敬してゐます。我々入城当時は住民一人も居なかった汾陽城内も今はとても賑かです。時々内地や支那人の慰問団が来て活動、芝居、踊、万才などを催してくれます。……石家荘など殆んと日本町と変りありません。日本人は半分位入り、商店を開いてゐます。……どこの村に行つても日本軍の居ない村はありません。[65]」と書き、一九三九年一二月二一日付書簡では「南寧……我が軍の為宣撫が行われ町も清掃されたし、住民も毎日群をなして帰宅して居り、今日は約一万人以上も居るそうです。我々も今は討伐もなく、毎日道路修理、飛行場の工事等、今は殆んど宣撫、建設に従事してゐます。今の戦争は占領するとすぐ宣撫班が入り、特務機関が入り、建設運動と実にうるさくなりました。其れがため、徴発も禁じられるし、糧秣も続かぬ。今は南京米に塩汁です。[66]」と書いている。

このように、日本の中国占領地支配が当初は破壊と略奪であったこと、そしてその後の支配は日本軍の軍事力で維持されていること、日本軍のいいなりになる「満州国」、華北の政権や治安維持会などをつくる形で支配しており、占領地が日本の植民地のように日本化させられていること、そしてそのような性格の「復旧」がなされていることを読みとれる。

## 4　毒ガス戦の準備

ここでは、毒ガス戦そのものを実施している記述はないが、そのための訓練や教育をしていることを見ていこう。

石川庄七は一九三三年三月一一日付消印の葉書で「吾等十五日間召集兵は瓦斯中隊で毒瓦斯教育で、主として学科半分位、防毒面装脱等の演習、分隊小隊の行進中の諸動作ばかりで、現役当時の練習は少も致しません。瓦斯を使用し、それを防毒面で除くか、消毒剤に依つて防護するか等[67]」と書き、一九三三年八月六日付消印の葉書では「今般の召集人員百十二名、主として毒ガスの研究で学科七分の様子に御座候[68]」と書いている。

千葉徳右衛門は一〇月一六日付書簡で「去る十月十三日よりは両が古北口に参りまして、目下八釜敷叫ばれる化学兵器たる『ガス』専習員を命ぜられまして修業致し居ります。余りに複雑なこと計りで、浅学なる千葉には無理過る程です。……防毒用具としては九一式防毒面及防毒衣袴。これには手袋靴まであります。何れも『ゴム』製です。未だ公表許され無い処の最新式で列国に比しても誇るとも劣らぬ物と聞いて居ります。『ガス』にも直接障りもし、催涙性の如きは目より涙が出、又咽喉を刺戟するのです。仲々偉いものです。その反面には秘密の保持上専習員さへにも筆記を許さない処もあります。期間は十五日間です。来るべき戦場に化学の力を利用し、『ガス』兵として先輩の残せる三十余年昔の誉ある歴史を偲び、今次の予想敵国も又国土を同じうする彼等と両度の決戦を試みん日が待遠しい思すら致します。……千葉は第二回目の修業兵であります。[69]」と書いている。

このように日本軍が国際法違反を知りながら、密かに毒ガス戦をおこなうことを考え、そのための実際的な開発・訓練・教育をおこなっていたことがわかるし、農民兵士が毒ガス戦をしたいと意思表示をしていることも読みとれる。

## 3　おわりに──軍事郵便に見られる農民兵士の考え

ここでは、日本の戦争目的などについてどう書いていているか見ていこう。

高橋徳松は一九三四年一月一七日付書簡で「王道楽土の満州帝国は今や世界に誇り得る権利と帝国布設に達し、益々暁光に辿り一点の雲だになき晴天の大満州帝国とはなり、それに住む我々邦人の喜悦なる事よ。[70]」と書いている。

千葉徳右衛門は一九三三年一月一〇日付書簡で「たかゞ知れたチヤンコロ如き、我れに正義の利剣と九千万同胞の厚き信頼を負へるなり。身はたとへ満蒙曠野の野露と消ゆる共、国護る心は更に変るまじ覚悟なのです。[71]」と書いている。

高橋千太郎は一九三八年三月一五日付の書簡で、「戦争中逃げ後れた支那兵の婦女子は土穴にかくれ、吾等皇軍を見る如く、土に伏して手を合せお許し下されよと言ふが如く、泣いて〳〵拝んで居る有様は、我々も同じ人間であり、若しや当支那国に生を受けたなら斯様な悲惨極るところのうき目に合ふも免れ得ないのである。我々は幸ひにして皆様と生を大日本帝国に生れ合はし、世界各国に比なき国体を有しつ、がなく暮し居る幸福さよ。[72]」と書いている。

菊池八兵衛は一九三八年八月二三日付書簡で「昨夏出動以来茲に一年の戦場往来を顧みて感慨無量のもの有之候。東亜永遠の平和確立の為には此際徹底的に彼等の迷夢を打破する事肝要にて[73]」と書いている。

このように農民兵士たちは、日本軍がおこなう戦争を正当化するイデオロギーをそのまま受け入れて、疑うことなく、そのまま書いていることがわかる。また、先に見たように日本軍の中国人殺戮などを「小気味よい」「痛快」「面白い」と書き表しており、日本軍により被害を受けた中国人を見ても、中国人を蔑視し、中国人は哀れだと書くだけで、日本人として天皇制国家・大日本帝国に生まれたことを喜んでいる。そこから、戦争に負けると悲惨であり、戦争に負けてはいけないという考えを表明している。もちろんここに見る農民兵士の意識が、すべての兵士のものであったとは言えないが、さきに紹介した先行研究も踏まえて考えると、普遍性を持ったものであったとは言うことが出来る。(74)

最後にまとめると、農民兵士の軍事郵便からも、日本の中国への戦争が侵略戦争であり、それによって、中国の人びとに多大な災難、損害と苦痛を与えたものであり、また戦争犯罪もあったことがわかると言える。さらにその侵略戦争を農民兵士が遂行にあたっており、その正当化を疑うことなく、受け入れたことも見ることができる。

（1）『静岡県近代史研究』第二四号（以下『研究』と略す）一二三ページ。
（2）『研究』一二三〜四ページと『浅羽町史』資料編三近現代（以下『資料』と略す）四五五ページ。
（3）『研究』一一四ページと『資料』四五六ページ。
（4）『研究』一一五ページと『資料』四五九ページ。
（5）『研究』一一六ページと『資料』四六〇ページ。
（6）『研究』一一七ページ。
（7）『資料』四五七ページ。
（8）『資料』四六三ページ。
（9）『資料』四六五ページ。
（10）『研究』一二三ページ。
（11）『研究』一二四ページ。
（12）『資料』六一一ページ。
（13）『資料』六一一ページ。
（14）『研究』一一五ページ。
（15）『研究』一一六ページ。
（16）『研究』一一七ページ。
（17）『資料』六一一ページ。
（18）『資料』六一一ページ。
（19）『研究』一二四ページ。
（20）『研究』一二四ページ。
（21）『研究』一二四〜五ページ。
（22）一九三一年一二月二一日付、満州派遣軍第八師団歩兵三一連隊第二機関銃中隊高橋徳松、高橋峯次郎宛葉書、『農民兵士の声がきこえる』二五〜二六ページに翻刻、しかし「チャンコロ」「支那」などは省略されている。
（23）一九三一年一二月二三日付、満州派遣軍第八師団歩兵三一連隊第二機関銃中隊高橋徳松、在郷軍人分会内高橋峯次郎宛書簡、『農民兵士の声がきこえる』二六〜三〇ページに翻刻。

(24) 一九三二年九月二二日付、満州派遣軍第八師団歩兵第三一連隊第六中隊千葉徳右衛門、高橋峯次郎宛書簡。
(25) 一九三二年一〇月一三日付、満州派遣軍第八師団歩兵第三一連隊第六中隊千葉徳右衛門、高橋峯次郎宛書簡。
(26) 一九三二年一〇月二三日付、満州派遣軍第八師団歩兵第三一連隊第六中隊千葉徳右衛門、高橋峯次郎宛書簡。
(27) 一九三七年一一月二一日付、北支派遣軍下元部隊中村静部隊岩淵隊石川庄七、高橋峯次郎先生宛書簡。
(28) 一九三八年二月七日付(推定)、北支派遣軍下元部隊中村静部隊岩淵隊石川庄七、高橋峯次郎先生宛葉書。
(29) 一九三八年五月七日付、北支派遣軍下元部隊中村静部隊岩淵隊石川庄七、高橋峯次郎先生宛書簡。
(30) 一九三八年一一月一四日付、北支派遣軍谷口部隊米岡部隊岩淵隊石川庄七、高橋峯次郎宛書簡。
(31) 一九三七年一〇月二四日付、北支派遣軍下元部隊中村静部隊中村覚隊佐藤佐隊高橋千太郎、高橋峯次郎宛書簡。
(32) 一九三八年一月付、北支派遣軍下元部隊中村静部隊中村覚隊佐藤佐隊高橋千太郎、高橋峯次郎外学生御一同宛書簡。
(33) 一九三八年三月一五日付、北支派遣軍下元部隊中村静部隊中村覚隊佐藤佐隊高橋千太郎、後藤尋常小学校生徒諸君宛書簡。
(34) 一九三八年五月一五日付、北支派遣軍下元部隊中村静部隊中村覚隊佐藤佐隊高橋千太郎、高橋峯次郎宛書簡。
(35) 一九三八年六月八日付、北支派遣軍谷口部隊中村静部隊中村覚隊佐藤佐隊高橋千太郎、高橋峯次郎宛葉書。
(36) 一九三八年一〇月二四日付、北支派遣軍谷口部隊中村静部隊中村覚隊佐藤佐隊高橋千太郎、高橋峯次郎宛書簡。
(37) 一九三八年五月六日付、北支派遣軍下元部隊中村静部隊井村隊川原田隊高橋徳兵衛、高橋峯次郎宛書簡、『農民兵士の声がきこえる』五六ページに翻刻。
(38) 一九三八年五月一一日付、北支派遣軍下元部隊中村部隊川原田隊高橋徳兵衛、高橋峯次郎宛書簡、『農民兵士の声がきこえる』五六〜五七ページに翻刻。
(39) 一九三八年六月付(推定)、北支派遣軍谷口部隊中村静部隊井村隊川原田隊高橋徳兵衛、高橋峯次郎宛書簡。
(40) 一九三八年一一月一八日付、北支派遣軍谷口部隊米岡部隊川原田隊高橋徳兵衛、高橋峯次郎宛書簡。
(41) 一九三九年六月付(推定)、北支派遣軍谷口部隊米岡部隊川原田隊高橋徳兵衛、高橋峯次郎宛書簡、『農民兵士の声がきこえる』六二〜六三ページに翻刻、しかし「でも、兵隊は気は張って居るので罪のない女子供も殺して前進する。」の部分は省略されている。
(42) 一九三八年一月一六日付、北支派遣軍下元部隊中村部隊中村覚隊本部菊池八兵衛、高橋先生宛葉書。
(43) 一九三九年二月二日付、北支派遣軍谷口部隊米岡部隊中村覚隊本部菊池八兵衛、高橋峯次郎宛書簡、『真友』一九三九年三月号で紹介。

(44)一九三九年五月三日付、北支派遣軍谷口部隊井上部隊清水部隊本部菊池八兵衛、高橋峯次郎宛書簡。
(45)一九三八年三月一七日付、北支派遣軍山岡部隊気付赤間部隊深谷隊第二小隊加藤清逸、高橋峯次郎宛書簡。
(46)一九三八年四月一七日付、北支派遣軍山岡部隊気付赤間部隊深谷隊第二小隊加藤清逸、高橋峯次郎宛書簡。
(47)一九三八年六月二九日付、北支派遣軍山岡部隊気付赤間部隊深谷隊第二小隊加藤清逸、高橋峯次郎宛書簡。
(48)一九三九年四月一六日付、中支派遣軍岡村部隊気付赤間部隊東畑隊加藤清逸、高橋峯次郎宛葉書。
(49)一九三九年六月三日付、中支派遣軍岡村部隊気付赤間部隊東畑隊加藤清逸、高橋峯次郎宛葉書。
(50)一九三九年八月二五日付、中支派遣軍岡村部隊気付赤間部隊東畑隊加藤清逸、高橋峯次郎宛書簡。
(51)一九三七年九月五日付、北支派遣軍迫撃第三大隊第一中隊第二小隊加藤清逸、高橋峯次郎宛葉書。
(52)一九三九年一二月二一日付、南支派遣軍今村(均)部隊気付赤間部隊東畑隊加藤清逸、高橋峯次郎宛書簡。
(53)一九三七年一〇月二四日付、北支派遣軍下元部隊中村静部隊中村覚隊佐藤佐隊高橋千太郎、高橋峯次郎宛書簡。
(54)一九三八年三月一五日付、北支派遣軍下元部隊中村静部隊中村覚隊佐藤佐隊高橋千太郎、後藤尋常小学校生徒諸君宛書簡。
(55)一九三一年九月二二日付、満州派遣軍第八師団歩兵第三一連隊第六中隊千葉徳右衛門、高橋峯次郎宛書簡。
(56)一九四〇年四月一三日付、北満阿部部隊菊池清右衛門、高橋峯次郎宛書簡。
(57)一九三七年一〇月四日付、北支派遣軍下元部隊中村静部隊岩淵隊石川庄七、高橋峯次郎先生宛書簡。
(58)一九三七年一一月二一日付、北支派遣軍下元部隊中村静部隊岩淵隊石川庄七、高橋峯次郎先生宛書簡。
(59)一九三七年一二月二八日付、北支派遣軍下元部隊中村静部隊岩淵隊石川庄七、高橋峯次郎先生宛書簡。
(60)一九三八年二月七日付(推定)、北支派遣軍下元部隊中村静部隊岩淵隊石川庄七、高橋峯次郎先生宛葉書。
(61)年月日不明、高橋千太郎、高橋峯次郎宛書簡。
(62)一九三八年五月二八日付、北支派遣軍下元部隊中村静部隊中村覚隊佐藤佐隊高橋千太郎、高橋峯次郎宛書簡。
(63)一九三九年五月三日付、北支派遣軍谷口部隊井上部隊清水部隊本部菊池八兵衛、高橋峯次郎宛書簡。
(64)一九三八年一月七日付、北支派遣軍川岸部隊気付赤間部隊深谷隊第二小隊加藤清逸、高橋峯次郎宛書簡。
(65)一九三八年六月二九日付、北支派遣軍山岡部隊気付赤間部隊深谷隊第二小隊加藤清逸、高橋峯次郎宛書簡。
(66)一九三九年一二月二一日付、南支派遣軍今村(均)部隊気付赤間部隊東畑隊加藤清逸、高橋峯次郎宛書簡。
(67)一九三三年三月一一日消印、弘前歩兵第三一連隊後備兵第一中隊石川庄七、高橋峯次郎・及川長太郎宛葉書。
(68)一九三三年八月六日消印、弘前歩兵第三一連隊後備兵第一中隊三班石川庄七、高橋峯次郎宛葉書。

(69) 一〇月一六日付、満州派遣軍第八師団歩兵第三一連隊第六中隊千葉徳右衛門、高橋先生宛書簡。

(70) 一九三四年一月一七日付、満州派遣軍第八師団歩兵第三一連隊乗馬隊高橋徳松、在郷軍人分会高橋峯次郎宛書簡。

(71) 一九三三年一月一〇日付、満州派遣軍第八師団歩兵第三一連隊第六中隊千葉徳右衛門、高橋峯次郎宛書簡。

(72) 一九三八年三月一五日付、北支派遣軍下元部隊中村静部隊中村覚隊佐藤佐隊高橋千太郎、後藤尋常小学校生徒諸君宛書簡。

(73) 一九三八年八月二三日付、北支派遣軍谷口部隊中村部隊中村覚隊本部菊池八兵衛、高橋先生宛葉書。

(74) 岩崎稔著『或る戦いの軌跡—岩崎昌治陣中書簡より』(一九九五年六月九日、近代文芸社刊)にも、南京事件前後の日本軍の行為を書いた軍事郵便が収録されている。そこでも、日本軍兵士が敗残兵や、女性・子どもを含む中国住民を殺害し、住民の家が焼かれていることが書かれており、兵士が敗戦国民を哀れんでいることも書いている。

(立命館大学国際平和ミュージアム、国立歴史民俗博物館共同研究員)

4

『戦争と平和 '03 Vol.12』（二〇〇三年三月　大阪国際平和研究所）

# 大阪地域における一五年戦争期の戦意高揚展示会

## はじめに

本稿では、一五年戦争下での博覧会や展覧会など展示会のうち、軍事色が強く戦意高揚を企図したものが、どのように開催され、その内容はどのようなものであったかを、大阪とその周辺地域に絞って見ていくことを課題としたい。

この分野の研究では、博覧会の研究のなかで、戦時下の展覧会についても紹介・研究がなされており[1]、また新聞社主催の展示会についてもメディア・イベントの研究の中で、どのようなものが開かれたかが紹介されている[2]。また紀元二千六百年の奉祝行事の研究の中で、展示会についても取り上げられている[3]。しかし、博物館・図書館の展示会についてはまだほとんど研究されてないといってよい。このような状況で、さまざまな場所で、さまざまな主催により開催された戦意高揚展示会を通覧してみることは意義あることであるが、全国の状況を一遍に明らかにすることは無理なので、大阪のその周辺地域にまず限って見ていきたい。

大阪は、全国紙の朝日新聞や毎日新聞の発祥の地で、本社がおかれており、新聞社主催による展示会が多く開催された。また、民営鉄道が発達していて、球場や遊園地を経営しており、ここを会場に博覧会が開催された。そ

の意味で、大阪周辺地域としてこれら大阪郊外の鉄道沿線も合わせて考察することが必要となる。そこから、京都・神戸・姫路・奈良・和歌山などは、今回の対象から外してよいと考えられる。さらに大阪は、東京で開催されたり企画された展示会の多くが巡回してきて開催されている。したがって、大阪地域は、さまざまな展示会を総合して見ることのできる地域であり、この時期の戦意高揚展示会の実態をよく考察することのできる地域であるといえよう。

以下本論では、1．博覧会やそれに類する郊外の球場や遊園地で開催された展示会、2．戦争博物館での常設展示や博物館での企画展や巡回展、3．美術館での美術展、4．図書館での展示会、5．新聞社の会館での展示会、6．デパートなどで開催された展示会、に分けて、戦争関係の展示会を紹介したい。ただし、すべての展示会を紹介することは無理なので、特徴的なものを重点的に紹介していきたい。とりわけ、百貨店については、分量的な関係でごく一部のみを取り上げることにして、後日の課題として残したい。

## 1　球場や遊園地で開催された展示会

まず、球場や遊園地などで開催された博覧会をはじめとする大規模な展示会を会場毎に見ていこう。

○阪急西宮でおこなわれた博覧会などから見ていく。

「大毎フェアランド　日独防共協定記念博覧会」[4]が、大阪毎日新聞社の主催で、阪急西宮北口を会場に、一九三七年三月二五日～五月二三日の会期で開催された。中心は日独防共協定記念館であり、ヒットラー・ユーゲントの活動などのジオラマがつくられ、ナチス突撃隊員、親衛隊員、青年勤労隊員などの服装の人形がおかれ、ナチスドイツの参考品やポスター・写真などが多数出品された。入口にはヒットラーの胸像がおかれた。ほかに、おとぎの国、演芸館、ニュース館、野外演芸場、ドッグレースがあった。

「支那事変聖戦博覧会」[5]は大阪朝日新聞社の主催、陸軍省・海軍省の後援により、関係官庁や在中国機関などの協力を得て、阪急西宮球場および外園を会場に、一九三八年四月一日～六月一四日の会期で開催された。外園には、皇軍万歳塔、北京正陽門模型、北京正陽橋模型、南京市政府門模型、軍艦出雲艦首模型、演芸映画館、野外演芸場、子供用の降下練習台や旋回飛行塔が建てられた。中国国民政府の地下大本営、地下無線本部、防空監視所、防空壕、トーチカなどが設置された模擬野戦陣地がつくられた。球場のスタンドには中国大陸鳥瞰の戦場パノラマがつくられ、その上には編隊飛行の模型がつくられた。本館内には、愛国行進曲のジオラマや盧溝橋畔の激戦、太原攻略、南京占領、徐州陥落などの戦況巡覧パノラマがつくられた。戦死者の遺品や偵察機・魚雷・戦車・トラック・迫撃砲・機関銃などの戦利品、戦闘機・爆撃機・偵察機・戦車・高射機関砲・無線通信機などの現代兵器が展示された。軍需産業会社からの出品、展示もあった。日本精神総動員の展示は、聖徳太子・後醍醐天皇・楠正成・豊臣秀吉・山田長政・孝明天皇・井伊直弼・吉田松陰・明治天皇・乃木将軍・東郷元帥らの関係資料や、神話・神社・陵墓・伝統芸能・国民精神総動員運動・国旗・愛国貯蓄・軍事郵便などの関係資料が展示された。資源回収・代用資源活用などや家庭報国に関する展示もあった。これらを通じて、皇軍の奮闘のあとを偲び、英霊に感謝するとともに、重大時局の認識を深め、挙国一致、目的達成に邁進する銃後の精神作興に貢献することがねらいであった。入場者は一五〇万人余であった。

「大東亜建設博覧会」[6]は、大阪朝日新聞社の主催、陸軍省・海軍省の後援により、阪急西宮大運動場を会場に、一九三九年四月一日～六月二〇日の会期で開催された。国民に「日満支」三国が一体となって進める新東亜建設の国策を認識せしめ、精神高揚に貢献するために開催された。西宮球場の中には、武漢攻略のパノラマがつくられた。また本館には、戦死者の遺品を陳列する武勲室や蒙彊館・満州館・北支館・中支館・朝鮮館・防共館などもつくられた。外園には、大場鎮の表忠塔、新東亜めぐりの模型、開拓館、南支戦況館もつくられ、戦車や押収した戦闘機・野砲などが陳列された。来観者は一三〇万人余であった。

「近代機械兵器野外大展覧」[7]は、朝日新聞社の主催で、西宮球場および外園を会場に、一九四〇年四月六日～五月一二日の会期で開催された。

「国防科学大博覧会」[8]は、科学動員協会と日刊工業新聞社の主催、陸軍省・海軍省・商工省・文部省・逓信省・鉄道省・大蔵省・厚生省・農林省・企画院・軍事保護院・大阪府・兵庫県・大阪市・京都商工会議所・大阪

商工会議所・神戸商工会議所の後援により、西宮球場および外園と宝塚新温泉・遊園を会場に、一九四一年四月一日～五月三一日の会期で開催された。目的は高度国防国家建設の主軸である生産拡充のため、国民に科学知識を普及向上させることにあった。これには、野砲・対戦車砲・高射砲・機関銃・火炎発射器・砲弾などの新鋭兵器を展示する陸軍兵器館、潜水艦関係展示の海軍兵器館、ロンドン空襲・家庭防空のジオラマ、国土防空大系のパノラマ中心の防空館、三国同盟の意義を示す独伊館などがつくられた。また、軍需関係の会社が分野毎の特設館を設置し、製品を出品した。館外には、戦車・爆撃機・戦闘機・砲車陣、一〇〇メートルの潜水艦模型、一〇〇トン戦車模型が展示された。宝塚には第二会場として「婦人と子供の科学道場」が開設され、少年航空館もつくられた。入場者は一〇三万六五二八人であった。

「大東亜戦争戦利品大展覧」[9]は、朝日新聞社の主催で、西宮球場および外園を会場に、一九四二年七月五日～八月一〇日の会期で開催された。「決戦防空博覧会」[10]は、中部軍司令部・大阪府・兵庫県の主催、毎日新聞社の後援で、西宮球場および外園を会場に、一九四三年四月一五日～五月三一日の会期で開催された。入口がヒューム管簡易防空壕になっており、それをくぐって入場するようになっていた。工場防空、家庭防空の知識普及が目的であった。「学徒大空へ出陣大展覧会」[11]は、朝日新聞社と大日本航空協会の主催で、西宮球場を会場に、一九四三年九月二〇日～一〇月三一日の会期で開催されている。

○阪急の宝塚新温泉では以下の博覧会が開かれた。

「婦人子供博覧会」[12]は、阪急の主催、大阪毎日新聞社の後援により、一九三二年一〇月一日～一一月三〇日の会期で開催され、陸海軍館などが設けられた。「宝塚少国民博覧会」[13]は、皇太子の誕生を記念して、阪急の主催、大阪毎日新聞社の後援により、一九三四年三月二〇日～五月一九日の会期で開催され、満州建国館などがつくられた。「宝塚皇国海軍博覧会」[14]は、日本海海戦満三〇年を記念して、阪急の主催、海軍協会大阪兵庫支部・陸軍省・海軍省・大阪毎日新聞社の後援により、一九三五年三月二五日～五月二八日の会期で開催された。

また、紀元二千六百年記念事業として、「保育総動員展覧会」[15]が、大阪毎日新聞社事業団・大日本国防婦人会関西地方本部・大阪乳幼児保護協会の主催で、宝塚の文芸図書館・昆虫館・劇場別館を会場に、一九四〇年五月二六日～六月二四日の会期で開催された。八紘一宇や育児報国のパノラマがつくられ、外国のものも含めてポスター・文献や子どもの作品が展示された。来観者は約七万五〇〇〇人であった。

○阪神甲子園で開催された博覧会を見ていこう。

「輝く日本大博覧会」(16)は、大阪毎日新聞社の主催で、阪神浜甲子園を会場に、一九三六年四月一〇日〜五月三一日の会期で開催された。国産館、汎太平洋館、科学館、機械館、文化館、スポーツ館、満州館、砂糖館、朝鮮館などと並んで皇軍館がつくられた。皇軍館の海軍部には、海軍の艦上攻撃機が魚雷を投下するパノラマ、軍艦で使う糧食でつくった軍艦の模型、模型潜水艦があった。陸軍部は陸海空の三態を総合した現代戦のパノラマがつくられた。入場者は約一五〇万人であった。

「戦車大展覧会」(17)は、朝日新聞社の主催、陸軍省の後援で、阪神甲子園球場を会場に、一九三九年二月五日〜一三日の会期で開催された。日本軍の各種重軽戦車、鹵獲《ろかく》戦車、外国製戦車など六五台を展示し、一五〇万人を超える参観者があった。一三日は大阪市内で戦車行進がおこなわれ、市民の異常な興奮と感激をもたらしたという。

紀元二千六百年記念事業として、「銃後ニ輝ク大日本国防婦人会展覧会」(18)は、大日本国防婦人会関西地方本部・大阪時事新報社の主催で、甲子園阪神パークを会場に、一九四〇年九月一五日〜一〇月二〇日の会期で開催された。内容はパノラマとジオラマによる国防婦人会の紹介と実物による資源愛護運動の紹介であり、展示資料は約三万点であった。参加者は約二五万人であった。

○あやめが池遊園での展覧会には、「航空日本大展覧」(19)があった。

これは、大阪朝日新聞社・大日本飛行協会の主催、陸軍省・海軍省・逓信省・文部省の後援により、あやめが池遊園地と生駒山上を会場に、一九四〇年九月二八日〜一一月一五日の会期で開催された。これは航空思想普及を目的にしていたが、戦争色が強かった。会場入口には軽爆撃機が乗せられた荒鷲の門がつくられた。航空広場には、陸軍・海軍の戦闘機・爆撃機・偵察機が陳列された。丘の上の野戦場では、立体攻防模擬戦を演じるパノラマがつくられた。池の中には、魚雷発射もできる戦艦出雲の模型がつくられたが、これを海軍館とし、内部に海軍のジオラマがおかれた。少年航空館には少年航空兵のジオラマがつくられた。参観者は二五〇万人にのぼった。

その後、あやめが池遊園には一九四三年春に、常設の展示場として海軍省の指導により「海軍館」[20]がつくられた。これはパノラマやジオラマではなく、絵画・写真・グラフィックによる展示であった。

○枚方遊園では一九三八年から一九四〇年にかけて、毎年春に博覧会が開かれた。

一九三八年四月一日~六月六日に「躍進日本航空大博覧会」[21]が、帝国飛行協会の主催、陸軍省・海軍省・逓信省・文部省・大阪朝日新聞の後援で開催された。ここでは重爆撃機が公開された。入場者は二七万〇七四三人であった。「輝く郷土部隊武勲博覧会」[22]は京阪の主催、陸軍省情報部・中部防衛司令部・第四師団・第一六師団・大阪地方海軍人事部の後援により、一九三九年四月一日~五月三一日の会期で開催された。軍事映画館もつくられた。入場者は一二万二三九六人である。紀元二千六百年記念事業として、「肇国聖地日向博覧会」[23]が紀元二千六百年宮崎県奉祝会の主催、大阪毎日新聞社の後援により、一九四〇年三月二一日~五月三一日の会期で開催された。入場者は、一五万四六六八人であった。

その後、春には「花人形」[24]が開催されているが、これも戦時色を帯びていた。一方、秋の菊人形[25]は、一九三七年から軍事色をもっていたが、その中で展示会が開催されることもあった。

○その他の会場による博覧会などを次に見ていこう。

「満蒙大博覧会」[26]は、夕刊大阪新聞社の主催で、大阪城前広場を会場に、一九三二年三月一〇日~五月三一日の会期で開催された。満州事変のパノラマがつくられ、陸軍館、海軍館も設けられた。「非常時日本博覧会」[27]は、夕刊大阪新聞社の主催、海軍省・第四師団・大阪府・大阪市・大阪商工会議所の後援により、南海難波駅前を会場に、一九三三年七月一日~九月三〇日の会期で開催された。「航空総力大展覧会」[28]は、大阪朝日新聞社の主催、陸軍省・海軍省・逓信省・文部省の後援で、大阪第二飛行場を会場に、一九三九年一〇月一日~三一日の会期で開催され、一二九万人の入場者があった。

以上見てきたように、遊園地などで開催された博覧会は、日中戦争期を中心に、本物や模型の兵器や戦場の大パノラマなどを大規模に展示し、多くの参観者を集めて開かれており、戦争への関心を高め、戦争協力の動員に大きな役割を果たしていた。その中で特に、子どもを戦争に駆り立てることを狙った展示もつくられていた。

## 2　博物館

○大阪城天守閣での軍事的な展覧会から見ていこう。

「陸軍特別大演習記念特別展観」[29]は、大阪市の主催で、一九三二年一一月一七日～三〇日の会期で開催され、吉野朝廷や楠家関係資料、豊臣秀吉関係資料を展示した。「兵制六十周年記念特別展観」[30]は、大阪市の主催で、一九三二年一二月一〇日～一九三三年一月二〇日の会期で、明治天皇・皇族・三条実美・岩倉具視・山県有朋・西郷従道・西郷隆盛・大村益次郎関係資料、会津戦争・西南戦争の資料、徴兵関係資料、教練書、軍隊の服装、軍艦の写真など、陸軍省・海軍省・遊就館・靖国神社・帝室博物館・偕行社や個人の出展による日本軍隊の初期の資料を展示した。「東郷元帥記念展覧会」[31]は、大阪毎日新聞社の主催で、一九三四年九月五日～二五日の会期で開催された。これは東京から巡回した展覧会で、武人の典型として東郷の生涯を写真や遺品で示したものであった。「児童教化資料展覧会」[32]は、大阪市の主催、文部省・大阪朝日新聞社の後援により、一九三五年一月一日～二月二八日の会期で開催されたが、これは東京でも開催された展示会である。展示品は、大正天皇が子どもの時に使ったもの、山県有朋・乃木希典・東郷平八郎の記念品、東郷・荒木貞夫・林銑十郎の書、天孫降臨・神武東遷などの絵、日清戦争当時の錦絵と銅版画、日露戦争当時の銅版画、昔の子ども絵、子どもの遊戯・童謡・悪戯を描いた絵や双六、明治時代・江戸時代・安土桃山時代・室町時代・南北朝時代・鎌倉時代・平安時代の児童教化資料、世界各国の子どもの絵と絵本などであった。「日清戦争回顧展覧会」[33]は、大阪市の主催、第四師団・大阪地方海軍人事部の後援により、一九三七年一一月一日～一二月一〇日の会期で開催された。展示品は、戦利品、記念品、戦死者遺品、感謝状、錦絵、油絵、写真集、軍服、砲・銃・剣・弾などの兵器、条約や議定書の写真、陣中日誌、歌集・軍歌集、画報、新聞、戦記などであった。日清戦争とともに北清事変の関係資料も展示した。「乃木大将遺品展覧会」[34]は大阪市の主催、文部省・中部防衛司令部・国民精神総動員中央連盟の後援により、一九三八年九月一〇日～一〇月二〇日の会期で、九月一三日の乃木希典大将の二七回目の命日に因んで開催されたものである。目的は、時局下の国民精神振興に資することにあった。展示資料は、玉木正之が所蔵する千点余の資料の一部であるが、玉木は乃木大将の甥であり、その遺品を整理し保管している人物であった。展示品は、乃木の遺言状、辞世和歌、殉死当夜使用品、日露戦争の功労の下賜金時計と下賜金目録、乃木自身の書や乃木に贈られた書・画、乃木の書簡、乃木の銅像や乃木を描いた絵、乃木の写真、乃木が使った軍刀や衣類・食器・日用品・道具・蔵書などであった。

「大阪二千六百年史展覧会」[35]は、大阪市と大阪毎日新聞社の主催で、一九四〇年四月三日~五月一二日の会期で開催された。これは大阪市立美術館を会場に開催された二千六百年歴史展覧会と同じ主催者であり、同じ会期であった。しかし、両者は単一の展示会の二会場ではなく、それぞれ独立の展示会であった。「大阪二千六百年史展」の方は、大阪の通史を展示したものであるが、天皇を中心に神話・南朝・豊臣秀吉などを強調して、大阪独自の文化や寺も交えて構成していた。明治以後では、明治天皇関係の展示が主である。

さらに、これ以外にも、建武中興・名刀武器・勤王志士・元寇・天誅組・伊勢参宮などのように、日本精神を強調するような特別展や、豊臣秀吉を大東亜への侵略と絡めて取り上げた特別展もあった。大阪城天守閣は、郷土博物館であり、東京の遊就館、国防館、そして後に見る大阪国防館とは違って戦争博物館ではなく、郷土博物館・歴史博物館であった。しかし特別展では、以上見たように、戦争・軍隊・軍人を扱ったものを継続して開催していた。また子どもを対象とした特別展も戦争色が強いものであった。

○大阪国防館は、紀元二千六百年にあたる一九四〇年三月一〇日の陸軍記念日に、大阪城天守閣北裏に開設された[36]。殉国の勇士を偲ぶことと国防思想の普及が展示の趣旨であった。忠霊顕彰の資料、日本の科学兵器、戦利品などを展示していた。戦車や爆撃機に乗り、機関銃や爆弾投下装置を操作して、近代戦が体験できるようになっていた。

大阪国防館は、一九四三年三月一〇日に、難波にあった高島屋大阪店七階に移転した[37]。これは、百貨店の売場を軍関係に供出することの一環であった。高島屋大阪店には、同時に大阪市戦時市民館が開設されている。この移転を機会に、大阪国防館は、光学、電気兵器の展示が強化された。なおこの移転に先だって、大阪国防館主催により「殊勲に輝く感状部隊展」が、一九四三年二月一〇日から二八日の会期で、同じ高島屋大阪店において開催された。

ついで大阪国防館は、枚方遊園の土地と施設の使用を要請し、京阪側も受け入れることになり、提携することになった[38]。一九四三年の菊人形は、大阪国防館の主催で「戦力増強決戦菊人形」として、一〇月一日～一一月三〇日の会期で開催された。入場者は六六万九五七二人であった。菊人形の一五段返しには「七生報国大楠公」を上演し、楠精神を強調する形で戦争動員に向けた取組になっていった。一〇月一五日には、大阪国防館と枚方遊園の事業を運営する京阪興業との間で、枚方遊園地を「大阪国防館枚方錬成場」として使用する契約を結んだ。これを受けて、菊人形が終わってすぐに、忠霊顕彰館・軍事普及館・国土防衛館・機械化兵器講堂などの工事にかかったが、戦局の悪化を理由に、一九四四年二月に工事中止となった。また菊人形も一九四三年限りで中断となった。
○遊就館は、陸軍当局の指導により、国防思想の普及向上を図ることを目的に、満州事変・上海事変の戦利品や日本軍将兵の記念品を展示する巡回展を開催した[39]。巡回展は、帝国在郷軍人会各地支部などの主催、遊就館後援により、一九三二年八月一四日から一九三四年三月二三日にかけて、一八次にわたり合計四〇五日間、学校・公会堂・デパートなどを会場にして、国内と台湾の主要都市を回った。参観者は全体で三四五万一三八九人に達した。大阪市では、第三次のなかで、三越の主催で三越呉服店を会場に、一九三二年一一月一二日～一六日の会期で開催され、入場者は二六万三八二九人にのぼった。
満州事変期の取組に引き継いで、日中戦争期にも遊就館は巡回展を開催した[40]。遊就館は、日中戦争の戦利品や戦死者遺品を中心とする特別展覧会を、一九三八年一月三日から一九三九年一〇月一八日にかけて一一回にわたって開催した。これは軍事思想を普及し、日中戦争に対する認識を教化して、銃後における覚悟をもたせることがねらいであった。大阪市では、高島屋大阪店を会場に、一九三八年一月三日～一六日の会期で開催された。

これ以外にも遊就館は多くの展示会に出品していたが、大阪地域では、一九三二年度から一九四一年度の間だけで、二五回にも上っている[41]。
○「興農二千六百年展覧会」[42]は、大阪府高石町にあった富民協会が製作した紀元二千六百年を記念する巡回展である。皇国の二千六百年は興国興農の歴史であったとして、尊農精神の振作に寄与することを期したものであった。皇国農業興隆のあとを偲ぶ絵画・写真・図表などを展示した。天祖の神話から始まり、明治維新の謳歌など、天皇の強調と、屯田兵、精兵と豊富な糧食、欧州大戦諸国の食糧飢饉などと、最後の方では、農村更正、満州建国と分村移民、満蒙開拓青少年義勇軍、「農村は国家の人的資源供給源」、農業報国、「忠良の農民は強兵」などがあって、戦争や侵略を直接になう農村・農民を描いている。巡回展全体では五四万人が参観しているが、大阪市では、高島屋大阪店を会場に、一九四〇年四月九日〜一四日の会期で開催した。

## 3 美術館

まず紹介しよう。○大阪市立美術館の特別展のうちの戦争色の強いものを

「明治英雄名蹟展」[43]は、一九三八年七月二〇日〜三一日の会期で開催された。これは、三尾邦三所蔵の、伊藤博文・東郷平八郎・乃木希典・木戸孝允・山県有朋関係資料や、東条鉦太郎筆の日本海海戦図に東郷が賛を書いたものなどを展示していた。「二千六百年歴史展覧会」[44]は、大阪市と大阪毎日新聞社の主催で、一九四〇年四月三日〜五月一二日の会期で開催された。古代から現代までの通史的な展示で、天皇と国防・海外侵出が強調されていた。そして、第二一室は明治維新であり、第二二室は、明治・大正・昭和を扱い、新日本の建設と題した写真構成となっていた。第二パノラマ室には、八紘一宇のパノラマと吉田初三郎筆「南京城攻略戦跡図屏風」が展示されていた。入場者は三〇万人を超えた。「紀元二千六百年奉祝綜合美術展覧会」[45]は、一九四〇年一二月一日〜一五日の会期で開催された。「第二回大東亜戦争美術展」[46]は、大阪市と朝日新聞社の主催で、一九四四年一月二三日〜二月一七日の会期で開催されたが、これは東京から巡回したものである。「陸軍美術展」[47]は、大阪市と朝日新聞社の主催により、一九四四年四月一四日〜五月一五日の会期で開催されたが、これも東京から巡回したものである。

特別展以外で、大阪市立美術館南館の貸し会場で開かれた展示会の中で、戦争色の強いものには、以下のようなものがあった。

「大独逸国展覧会」[48]は、大阪毎日新聞社の主催、ドイツ大使館の共催により、一九三八年一一月二〇日〜一二月一一日の会期で開催されたが、東京から巡回したものであり、入場者は五万五七三二人であった。「日独伊児童

親善図画展」[49]は、一九三九年二月三日～八日の会期で開催され、入場者は一一万九九九五人であった。「ファシストイタリー展覧会」[50]は、大阪毎日新聞社の主催、イタリア大使館の共催により、一九三九年五月二一日～六月一一日の会期で開催されたが、これも東京から巡回したものであり、入場者は五万一四九四人であった。「軍艦伊吹展」[51]は、荒井画伯の絵を展示したものであり、一九三九年六月一六日～一八日の会期で開催され、入場者は一三三五人であった。「聖戦美術展覧会」[52]は、大阪朝日新聞社の主催、陸軍美術協会の共催により、国民精神高揚と軍事美術の奨励のために、一九三九年一〇月一日～一七日の会期で開催されたが、東京から巡回したものであり、入場者は五万六七四四人であった。「興亜書道展」[53]は、一九三九年一一月一九日～二六日の会期で開催され、入場者は九七三八人であった。「戦線報告丹心画展」[54]は、花岡万舟画伯の絵を展示したもので、一九四〇年二月六日～二五日の会期で開催され、入場者は四四〇〇人であった。「第二回聖戦美術展覧会」[55]は、朝日新聞社の主催、陸軍美術協会の共催により、一九四一年九月二〇日～一〇月五日の会期で開催された。これも東京から巡回したものであるが、今回は陸軍作戦記録画が中心であった。入場者は五万四一九二人であった。「大東亜戦争美術展覧会」[56]は、朝日新聞社の主催で、一九四三年一月一五日～二月一一日の会期で開催された。これも東京からの巡回であった。入場者は二六万三〇八五人であった。

このように、大阪市立美術館では、「二千六百年歴史展覧会」など独自の展示会も開催されたが、多くは東京で開催された戦争画の展覧会やファッショ諸国紹介の展示会などであった。大阪でも主な戦争画の展覧会は見ることができたわけである。

## 4 図書館

図書館については、大阪市立図書館の場合、一九三〇年一〇月二八日～三〇日の会期で、「教育勅語関係書目展観」を清水谷図書館で開催しているが、一五年戦争期にはこのような直接戦意高揚に繋がるような展示会は開催していない[57]。

大阪府立中之島図書館では、以下のような戦争関連の展覧会が開かれていた。

「代用品資源ニ関スル外国特許文献展覧会」[58]は、本館南三階普通閲覧室で、一九三八年一一月二五日～二七日の会期で開催されたが、産業界の人が観覧した。「皇紀二千六百年記念国史善本展覧会」[59]は、本館南三階普通閲覧室で、一九四〇年一月一九日〜二一日の会期で開催され、古事記・日本書紀・栄花物語・大鏡・神皇正統記・太平記・律・令義解・延喜式・明月記など古代・中世の書籍を展示した。「新兵器工業外国特許文献展覧会」[60]は、本館南三階普通閲覧室で、一九四〇年九月二七日〜二九日の会期で開催され、軍部・軍需工業関係者など一二七〇人余が来館した。「敵国人所有日本特許権文献展覧会」[61]は、本館南三階普通閲覧室で、一九四二年三月二七日〜二九日の会期で開催され、軍部・軍需工業関係者ら三三七人が来館した。「南方渡海古文献展覧会」[62]は、本館南三階普通閲覧室で一九四二年一〇月一二日〜一四日の会期で開催された。これは、大東亜共栄圏の建設に際し南方地域において活躍した日本民族の偉績を回顧するため、御朱印船関係文献六〇点余を展示したもので、約五〇〇人が来観した。「航空発明文献展覧会」[63]は、本館南三階普通閲覧室で、一九四三年一一月五日〜七日の会期で、苛烈な戦局に対処するために開催されたものである。「潜水艦外国発明文献展覧会」[64]は、一九四四年五月に開催された。「航空機外国特許文献展覧会」[65]は、一九四四年九月二七日〜二九日の会期で開催された。

このように、中之島図書館の場合は、兵器に関する外国特許文献などを紹介する展示会を開催しているが、これは一般市民を対象とするものというより、軍部や軍需工業関係者を対象とするものであり、参観者は少なかったけれども、大きな役割を果たしていた。それ以外には、東南アジア侵略や紀元二千六百年事業などに呼応するような図書の展示会を開催している。以上見たように、図書館の場合は、展示会も開催していたが、戦時意識高揚に図書館の果たした主要な事業は、むしろ戦意高揚図書を集めた国民精神総動員文庫を作り、これを使った巡回文庫の事業であったといえよう。

## 5 新聞社の会館

ここでは新聞社の会館での展示会として、大阪朝日新聞社の展覧会を見ていこう。

「事変写真展」[66]は、大阪朝日新聞社の主催により、大阪朝日会館をはじめ関西各地八三か所で、一九三一年一〇月一日〜一二月五日の間に開催された。人びとの関心と興味を喚起し、観衆が殺到し喝采を博したという。「時局ポスター展」[67]は、大阪朝日新聞社と大阪商工会議所との共同主催により、大阪朝日新聞本社楼上大広間を会場に、一九三一年一一月一五日～一九日の会期で開催された。排日ポスターや、新聞、雑誌、教科書などの刊行物数百点を展示したものであった。「新満蒙展覧会」[68]は、満蒙の認識を国民に与えて、啓発指導するために、大阪朝日新聞社と大阪商工会議所との共同主催により、関東軍、関東庁、満鉄の賛助を得て、大阪朝日会館を会場に、一九三二年二月一五日～三月五日の会期で開催された。事変前後から、当時までの満蒙の現況を各種資料により示したものである。「満蒙事変記念品展覧会」[69]は、大阪朝日新聞社の主催で、大阪朝日新聞社を会場に、一九三二年四月一日～二五日の会期で開かれた。「満州事変一周年記念展覧会」[70]は、大阪朝日新聞社の主催、第四師団の後援により、大阪朝日会館を会場に、一九三二年九月一一日～二〇日の会期で開催された。「防空科学展覧会」[71]は、近畿防空演習を記念して、防空知識普及に資するために、大阪朝日新聞社の主催で、大阪朝日会館を会場に、一九三四年七月八日～一七日の会期で開催された。「大楠公展覧会」[72]は、大楠公六百年祭を記念して、大阪朝日新聞社の主催で、大阪朝日会館を会場に、一九三五年四月四日～一八日の会期で開催された。文部省宗教局、関係府県、神社、寺院の協力により一九七点を展示したが、楠など南朝の忠士を偲ばさせて、熾烈な国家意識の涵養に資することを意図したものであった。「支那事変展覧会」[73]は、非常時局の認識をもたせるために、大阪朝日新聞社の主催で、大阪朝日会館を会場に、一九三七年一〇月一五日～一一月六日の会期で開催された。

「二千六百年史展覧会」[74]は、大阪朝日新聞社主催により、大阪朝日会館を会場に、一九四〇年三月一日～四月三日の会期でおこなわれた。目的は、国体の尊厳と国民の忠誠を国史の上に顧みて確認し、これを興亜の大業成就に役立てようというものであった。八部門に分かれて展示された。一は天皇の肖像や文書を展示していた。二以下は、文化・思想や国民の忠誠や海外侵出を中心にした肇国から明治までの通史展示であった。その中で、八は、明治維新と世界的飛躍として、明治天皇や維新関係者の資料とともに、特に軍人勅諭、日清戦争スケッチ、日清・日露凱旋、乃木・東郷関係の史料も展示していた。参観者は七万五〇〇〇人であった。

大阪朝日会館での展示会は、大規模ではないが、戦争関係の展示会を機敏に開催していた。一方で日本精神や国家意識を養うような展示会も開催していた。

## 6 百貨店の国策展覧会

百貨店の国策展覧会は、日中戦争になってからは、日本軍の戦果を讃えるものがまず多く取り上げられた。同時に、大東亜の様子を伝えるものも開催された。次には国民生活が取り上げられ、貯蓄奨励・国債消化・代用品奨励・廃品更正などが扱われた。さらに精神運動・文化運動のテーマもおこなわれるようになったという[75]。このうちここでは、分量の関係で特徴的なものとして、「思想戦展覧会」「国威宣揚展覧会」のみを紹介する。

「思想戦展覧会」[76]は、内閣情報部主催で、大阪難波高島屋を会場に、一九三八年三月八日〜一六日の会期で開催された。これは、東京・大阪・京都・福岡・佐世保・佐賀・熊本・大分・札幌・京城と巡回した展覧会である。目的は、国内外の思想戦の全貌を周知せしめて、戦争において重要な役割を果たすことを認識せしめ、日本精神の高揚につとめ外来危険思想に乗ぜられないように国民思想を健全にし、国家の隆盛を図ることにあった。主な展示内容は以下のようであった。まず第一は「日本精神」の紹介であり、横山大観・竹内栖鳳の国民精神総動員のポスターの原画が掲げられ、古事記・明治天皇の和歌などが並べられ、天孫降臨・敬神・忠・孝・尽忠報国のジオラマがあった。第二は「思想戦とは何か」の説明で、思想戦の発達を図案化した場面で示していた。第三は「欧州大戦と宣伝戦」で、パノラマで各国の宣伝の様子を示していた。第四は「スペイン動乱における左右両極の思想宣伝」で、放送戦を立体図表化して示していた。第五は「東亜を襲う世界思想の諸勢力」で、左翼運動の非合法出版物・転向者の手記・遺品を展示し、保護観察所の事業をパノラマで示していた。第六は「中国の抗日資料」で、ポスター・ビラ・雑誌・教科書・パンフレット・写真画報・漫画集を展示し、パノラマには抗日教育、塹壕での宣伝戦、宣撫があった。第七は「コミンテルン」で、ソ連・中国共産党・アメリカ共産党のポスター・パンフレット・新聞・文化雑誌を展示していた。第八は「日本の宣伝・宣撫」で、ポスター・ビラ・パンフレット・旗を展示し、ムッソリーニの手紙も陳列していた。第九は「中国側のデマの正体」であった。第十は「ニュース特派員」で、戦没記者の遺品を展示し、南京戦での新聞記者・写真班員の活動を示すパノラマがあった。第十一は

「ニュース宣伝の様相と電波通信の様相」で、通信網の図表の展示とともに、電波通信装置・印刷電信装置・磁気録音装置・光線電話装置・方向探知機が置かれ、実演がなされた。第十二は「スパイ戦」で、五場面のジオラマがあった。第十三は「国民精神総動員運動」で、運動の資料を展示していた。

「第二回思想戦展覧会」[77]は、内閣情報部主催で、大阪高島屋を会場に、一九四〇年三月一二日〜一九日の会期でおこなわれた。これも最初に東京で開催されたものの巡回展であった。第二回では、中国との戦争に加えて、ノモンハン事件や第二次欧州大戦での思想戦関係資料も展示した。ビラ・通信器具などの実物資料の展示とともに、パノラマや幻灯なども取り入れていた。

「国威宣揚展覧会」[78]は、大阪府の紀元二千六百年記念行事であって、主催は紀元節奉祝会、後援は中部防衛司令部・熊谷部隊本部・大阪地方海軍人事部・大阪府・大阪市・大阪商工会議所・大阪朝日新聞社・大阪毎日新聞社である。会場は阪急百貨店で、会期は一九四〇年二月六日〜一八日であった。展示資料は、聖徳太子、元寇の戦、豊臣秀吉、南蛮貿易、幕末攘夷関係史料とともに、東郷元帥らの日清・日露戦争、山県有朋、舞鶴鎮守府、歩兵第八連隊、歩兵第三七連隊などの関係史料が展示された。パノラマでは、天の岩戸・天孫降臨・神武天皇即位・聖徳太子・元寇の戦・豊臣秀吉などとともに、馬関談判・日本海海戦・奉天入城・日韓併合・南洋統治・満州開拓・国際連盟脱退・長期建設・航空日本・皇威八紘に輝くなどもつくられた。このように、神功皇后などの神話、元寇、近世初頭の南進を、八紘一宇につながる日本精神のあらわれとして紹介している。愛国の情みなぎる資料を展観し、殉国精神の振興に寄与することが目的であった。入場者は一四万三〇〇一人であった。

## おわりに

戦意高揚のために開かれた主な展示会をみてきたが、さまざまな場所や形態で、戦争へ国民動員するための展示会がなされたことがわかる。直接、日本軍の戦果や日本軍の武器の優秀さを伝えようとするものもあった。また、日本の歴史・文化・精神の特質を伝えることで、日本国家の遂行する戦争への支持・協力を引き出すような展示会も見られた。その中で、特に子どもに戦争と軍隊への興味をもたせるような展示がなされたことに注意する必要がある。戦時期の戦意高揚展示会の内容を明らかにすることの意味は、戦争の悲惨さを伝え、平和の尊さを考える平和博物館にとって、あってはならない戦争展示とはどのようなものであるか明確にすることである。その意味で、この解明は、自らの戦争展示を考える上で、不可欠の課題であるといえよう。

（1）門上光夫「大阪府立図書館所蔵資料にみる『大阪の博覧会』」『大阪府立図書館紀要』三四号　一九九八年、難波功士『撃ちてし止まむ』講談社　一九九八年
（2）津金沢聡広・有山輝雄編『戦時期日本のメディア・イベント』世界思想社　一九九八年
（3）古川隆久『皇紀・万博・オリンピック』中央公論社　一九九八年、金子淳『博物館の政治学』青弓社　二〇〇一年
（4）中川童二『ランカイ屋一代』講談社　一九六九年、京阪神急行電鉄株式会社編・刊『京阪神急行電鉄五十年史』一九五九年、毎日新聞百年史刊行委員会編『毎日新聞百年史』毎日新聞社　一九七二年
（5）朝日新聞社編・刊『支那事変聖戦博覧会大観』一九三九年、前掲『ランカイ屋一代』、前掲『京阪神急行電鉄五十年史』
（6）朝日新聞社編・刊『大東亜建設博覧会大観』一九四〇年、前掲『ランカイ屋一代』、前掲『京阪神急行電鉄五十年史』
（7）前掲『京阪神急行電鉄五十年史』
（8）日刊工業新聞社編・刊『国防科学大博覧会会誌』一九四一年、前掲『ランカイ屋一代』、前掲『京阪神急行電鉄五十年史』
（9）前掲『京阪神急行電鉄五十年史』
（10）前掲『ランカイ屋一代』、前掲『京阪神急行電鉄五十年史』
（11）前掲『京阪神急行電鉄五十年史』
（12）前掲『京阪神急行電鉄五十年史』
（13）前掲『京阪神急行電鉄五十年史』
（14）前掲『京阪神急行電鉄五十年史』
（15）『紀元二千六百年祝典記録』
（16）大阪毎日新聞社編・刊『輝く日本大博覧会記念帖』一九三六年、前掲『ランカイ屋一代』、前掲『毎日新聞百年史』
（17）『日本新聞年鑑』一九四〇年版
（18）前掲『紀元二千六百年祝典記録』
（19）朝日新聞社編・刊『航空日本大展観』一九四〇年、『近畿日本鉄道八〇年のあゆみ』近畿日本鉄道株式会社　一九九〇年、前掲『ランカイ屋一代』
（20）乃村工芸社社史編纂室編『ディスプレイ一〇〇年の旅』乃村工芸社　一九九三年

(21)史料編纂委員会編『鉄路五十年』京阪電気鉄道株式会社　一九六〇年
(22)前掲『鉄路五十年』
(23)前掲『鉄路五十年』
(24)前掲『鉄路五十年』
(25)前掲『鉄路五十年』
(26)『日本新聞年鑑』一九三三年版、乃村工芸社社史編纂委員会編『七〇万時間の旅―Ⅱ』乃村工芸社　一九七五年
(27)『新聞総覧』一九三四年版
(28)朝日新聞百年史編修委員会編『朝日新聞社史　資料編』朝日新聞社　一九九五年
(29)『陸軍特別大演習記念特別展観目録』大阪市役所　一九三二年、大阪城天守閣復興三十周年記念行事実行委員会編・刊『大阪城天守閣復興三十年史』一九六一年
(30)『兵制六十周年記念特別展観目録』大阪市役所　一九三二年
(31)東京日日新聞社編・刊『東郷元帥写真帖　本社主催展覧会記念』一九三四年、『新聞総覧』一九三五年版
(32)『児童教化資料展覧会目録』一九三五年
(33)『日清戦争回顧展覧会目録』一九三七年
(34)『乃木大将遺品展覧会目録』大阪市役所　一九三八年
(35)『大阪二千六百年史展覧会目録』一九四〇年、大阪市役所編・刊『大阪二千六百年史展観図録』一九四〇年
(36)「大阪国防館」『写真週報』一一六号　一九四〇年
(37)「大阪国防館の新施設」『博物館研究』一七巻五号　一九四四年、高島屋一三五年史編集委員会編『高島屋一三五年史』株式会社高島屋　一九六八年
(38)前掲『鉄路五十年』
(39)『昭和七年度年報』遊就館　一九三三年
(40)『昭和十二年度遊就館年報』遊就館　一九三八年
(41)一九三二年度から一九四一年度の遊就館の年報による。
(42)『興農二千六百年画帖』財団法人富民協会　一九四〇年、前掲『紀元二千六百年祝典記録』、前掲『高島屋一三五年史』
(43)『大阪市立美術館年報　第三　昭和十三年度』大阪市立美術館　一九三九年
(44)大阪毎日新聞社編・刊『二千六百年歴史展覧会目録』一九四〇年、大阪毎日新聞社編・刊『二千六百年歴史展覧会図録』一九四〇年、『大阪市立美術館年報　第五　昭和十五年度』大阪市立美術館　一九四一年、『新聞総覧』一九四一年版、前掲『紀元二千六百年祝典記録』
(45)前掲『大阪市立美術館年報　第五　昭和十五年度』
(46)朝日新聞社編・刊『戦争美術展画集』一九四四年、朝日新聞社編『大東亜戦美術第二輯』美術書院　一九四五年、大阪市立美術館編・刊『大阪市立美術館五〇年史』一九八六年
(47)前掲『大阪市立美術館五〇年史』
(48)前掲『大阪市立美術館年報　第三　昭和十三年度』、『新聞総覧』一九三九年版

(49) 前掲『大阪市立美術館年報　第三　昭和十三年度』
(50)『大阪市立美術館年報　第四　昭和十四年度』大阪市立美術館　一九四〇年、『新聞総覧』一九四〇年版
(51) 前掲『大阪市立美術館年報　第四　昭和十四年度』
(52) 朝日新聞社編・刊『聖戦美術展集』一九三九年、陸軍美術協会編・刊『聖戦美術』一九三九年、前掲『大阪市立美術館年報　第四　昭和十四年度』
(53) 前掲『大阪市立美術館年報　第四　昭和十四年度』
(54) 前掲『大阪市立美術館年報　第四　昭和十四年度』
(55) 朝日新聞社編・刊『第二回聖戦美術展覧会目録』一九四一年、朝日新聞社編・刊『第二回聖戦美術展集』一九四一年、陸軍美術協会編・刊『聖戦美術』二輯　一九四二年、『大阪市立美術館年報　第六　昭和十六年度』大阪市立美術館　一九四二年
(56) 朝日新聞社編・刊『大東亜戦争美術展集』一九四二年、朝日新聞社編・刊『大東亜戦美術』一九四三年、『大阪市立美術館年報　第七　昭和十七年度』大阪市立美術館　一九四三年
(57) 大阪市立中央図書館編『大阪市立図書館五〇年史』大阪市立中央図書館　一九七二年
(58)『大阪府立図書館第三十五年報』大阪府立図書館　一九三九年
(59) 大阪府立図書館編『皇紀二千六百年記念国史善本集影』小林写真製版所出版部　一九四〇年、大阪府立図書館編・刊『皇紀二千六百年記念　国史善本展覧会目録』一九四〇年
(60)『大阪府立図書館第三十七年報』大阪府立図書館　一九四一年
(61)『大阪府立図書館第三十八年報』大阪府立図書館　一九四二年
(62) 大阪府立図書館編『南方渡海古文献図録』小林写真製版所出版部　一九四三年、『大阪府立図書館第三十九年報』大阪府立図書館　一九四三年
(63)『大阪府立図書館第四十年報』大阪府立図書館　一九四四年
(64) 多治比郁夫「大阪府立図書館の展覧会」『大阪府立図書館紀要』三号　一九六七年
(65) 前掲「大阪府立図書館の展覧会」
(66)『日本新聞年鑑』一九三三年版
(67)『日本新聞年鑑』一九三三年版
(68)『日本新聞年鑑』一九三三年版
(69) 前掲『昭和七年度年報』
(70) 前掲『朝日新聞社史　資料編』
(71)『新聞総覧』一九三五年版
(72) 大阪朝日新聞社編『大楠公展覧会大観』大阪朝日新聞社　一九三五年、『日本新聞年鑑』一九三六年版
(73)『日本新聞年鑑』一九三九年版
(74) 朝日新聞社編・刊『二千六百年史展覧会目録』一九四〇年、朝日新聞社編・刊『二千六百年史展覧会図録』一九四〇年、朝日新聞社編・刊『二千六百年史展覧会図

録解説』一九四〇年
(75) 百貨店の国策展示会についての研究には、難波功士「百貨店の国策展覧会をめぐって」『関西学院大学社会学部紀要』八一号　一九九八年がある。この中で「東京朝日新聞掲載の百貨店広告にみる国策イベント」のリストが掲載されている。大阪については朝日新聞と毎日新聞から、斉藤寛信氏が「アジア太平洋戦争期の百貨店での国策展覧会開催一覧」を作成している。
(76) 内閣情報部著・刊『思想戦展覧会記録図鑑』一九三八年
(77)「第二回思想戦展覧会開催のおしらせ」『写真週報』一〇二号　一九四〇年、「第二回思想戦展覧会誌上展」『写真週報』一〇四号　一九四〇年、前掲『高島屋一三五年史』
(78)『紀元節奉祝会創立十年誌』紀元節奉祝会　一九四〇年

5

# 一五年戦争下の博物館の戦争展示

『文化財と近代日本』（二〇〇二年一二月　山川出版社）

## はじめに――文化財と歴史博物館

ここでは、一五年戦争下の戦争博物館や歴史博物館などの戦争展示がどのようなものであったかを考えていきたい。博物館はもともと文化財を収集し展示するものである。しかしここで扱う戦争資料を文化財と考えるには説明がいる。戦争資料を文化財と考えるようになったことは新しい。それは戦後、文化財の概念が一応確立したあとで、民俗文化財の概念ができ、文化財の概念が拡大される。その後、歴史資料の概念が確立し、さらに文化財の概念が拡大される。その歴史資料の一部として戦争資料が位置づけられる。戦争資料が文化財として指定されるのは、沖縄県南風原町や宇佐市が早いが、全国的に確立されたのは、広島の原爆ドームを世界遺産に登録する前提として国の史跡に指定されてからである。これらに先行する形で、地域歴史博物館の戦争展示は、一九八五（昭和六〇）年頃から本格的に始まっている。しかしこのように平和を願って、戦争の悲惨さを伝えるために、戦争資料を博物館で展示したり、文化財に指定・登録するのは、戦後のことに属する。

　これとは別に戦中では、明治天皇関係の史跡を指定する動きがあった。これに関連して、戦争を賛美し、国民を戦争に動員する目的で、博物館でも戦争関係の展示が行われた。これがどのようなものであったかを考えることが本稿の課題である。その意味で、ここでは戦争博物館を主として取り上げるが、あわせて、美術館とは区別される、歴史資料を展示する歴史博物館をも対象としたい。この歴史資料には、もちろん当時歴史博物館に多かった歴史画や歴史の場面のジオラマを含めることとする。ただし戦争画の展示会などは除外する。また歴史博物館などの戦争関係の特別展を取り上げるが、文化財・博物館からの考察であるので、新聞社などの主催により、デパートや遊園地などで行われた戦争関係の博覧会や展示会も除外する。このようにすでに研究がある分野を除き、博物館の戦争展示に限定することによって、戦時下における文化の戦争動員をより具体的に明らかにすることになるであろう。さらに、従来の近代日本の博物館史研究が美術館・科学教育博物館が中心であり、そこへ近年、博物館の教育活動を重視する研究が出てきている状況から、博物館が日本近代史の最大の問題である戦争をどう取り上げていたかを明らかにすることは、また別の視角から日本の博物館の歴史を見直すことになるであろう。

ここでは、戦争関係の展示をした戦争博物館などを概観し、その上で個別の博物館について少し詳しく紹介し、その意味を考えていきたい。

## 1　戦争博物館と地域歴史博物館の戦争展示

ここでは戦争展示をした博物館について概観[1]していくが、まず戦争博物館についてみていきたい。中央における戦争博物館としては、靖国神社付属遊就館がある。これは戦没者を祀った靖国神社に付属するものであり、戦没者の遺品を展示するという性格をもつが、それだけではなく、武器・兵器の歴史を展示することも中心であった。特に遊就館付属の国防館は歴史的な展示ではなく、近代兵器の体験的な展示を主とする戦争博物館であった。遊就館は軍隊に関連する博物館であったが、陸軍の比重が大きかった。そこから、海軍の中央の博物館として、海軍参考館がつくられ、これが関東大震災で焼失後、海軍館がつくられている。また海軍兵学校教育参考館が、海軍の学校付属の博物館として設置され、広島地域にあるものであったが、学校の性格からして、全国的な性格をもつものであった。

以上の中央的な博物館に対して地域的な戦争博物館もあった。大阪国防館がつくられ、東京の国防館と似た性格をもっていた。植民地の朝鮮には、大邱府立昭忠館があった。陸軍の師団や連隊の附属博物館としては、旭川の第七師団の北鎮兵事記念館、高崎の歩兵第一五連隊の連隊記念館があった。海軍の地域的な博物館としては、鎮守府が置かれた、横須賀の記念館三笠、呉の海光館、舞鶴の海軍記念館とその後身の海軍館があった。それ以外の地域の海軍博物館には、島根県美保関町の海軍参考館、山口県麻里布町の第六号潜水艇記念館があった。地域の戦争博物館には、日清戦争や日露戦争を記念して設置されたものが多い。これには、松本の明治三七、八年戦役記念館、松山市武器陳列場、松江城、北海道豊平町の日露戦役記念館、京都府の亀岡小学校の日露戦役記念学校博物館、長野県の青具尋常高等小学校の戦役記念館などがあった。先にあげた記念館三笠も日露戦争関係である。関連するものには、長野県の豊科小学校の韓国併合記念館や山口県の日清講和談判記念館があった。植民地などでは、関東州の旅順に旅順要塞戦利記念品陳列場があった。このほか地域の小学校や神社で日露戦争などの戦利品を展示しているところは数多くあった。日露戦争を記念するものには、乃木希典や東郷平八郎関係の博物館もあった。山口県長府町の乃木記念館や乃木神社宝物館、京都市の乃木神社宝庫、福岡県津屋崎町の日本海海戦記念館や東郷館、久留米市の東郷元帥旧書斎がそれである。乃木や東郷関係の博物館は、各地につくられた乃木神社や東郷神社に関連するものが多かった。このように戦争博物館は、天皇・乃木・東郷や戦没者を祭神とする神社に関連するものが多い。

つぎに関連して郷土博物館や地域歴史博物館などでの戦争展示についてみていこう。一連の歴史画の展示によって歴史展示を行っている博物館があった。その例として東京府養正館や聖徳記念絵画館などがある。東京府養正館は青少年の精神修養道場の展示場であり、聖徳記念絵画館は明治天皇の一生を絵画で後づけたものであり、歴史博物館ではなく美術館であるが、いずれの展示も歴史展示としての意味をもっており、しかもその中で近代の戦争の比重が高く、戦争展示として位置づけるべきものである。そして、海軍館、舞鶴海軍館での絵画展示と共通する性格をもっていたといえる。また国史館の展示の構想でも、聖徳記念絵画館を参考にしていたこともあった。大和国史館の場合は、絵画でなく、ジオラマであったが、同じように近代の戦争の比重が高い歴史展示であった。さらに植民地台湾に設置された歴史博物館である、台南市歴史館は、台湾での日本の戦争や植民地支配の展示も行っていた。

また、常設展ではないが、企画展などで戦争関係の展示を行っている博物館もあった。遊就館などの戦争博物館でも、満州事変・日中戦争や日清戦争・日露戦争などの企画展を開催していた。地域歴史博物館でも、市立長崎博物館・斎藤報恩会博物館・下郷共済会鐘秀館・大阪市立美術館などで、戦争関係の企画展を行っていた。逆に遊就館・海軍館・海軍兵学校教育参考館では、地方公共団体・学校・公益団体などの展示会に対して、満州事変・日中戦争の戦利品・記念品などの資料の貸出を行っていた。(2)

## 2　戦争博物館の展示など

**①遊就館**　遊就館(3)は、東京市麹町区富士見町三の一の靖国神社境内にあって、靖国神社付属の博物館であった。はじめは、靖国神社付属掲額及武器陳列所として一八八一(明治一四)年五月四日に建物が落成し、ついで陳列の作業をして、一八八二年二月二五日に開館した。その後、日清・日露戦争と北清事変の戦利品を陳列するために増築し、一九〇八(明治四一)年九月二五日に落成した。そして一九二三(大正一二)年の関東大震災で建物が大破損を受けて、仮館で展示していた。復旧建築工事は一九三一(昭和六)年一〇月二〇日に落成し、翌二一日に仮開館し、一九三二年五月七日に開館記念式典を行った。遊就館は陸軍省が管理し、重要事項は海軍省と合議することになっていた。趣旨は戦争などに関する記念品及び武器の沿革を知る物を収集保存して、軍事上の参考に供するとともに、国防精神の作興及び軍事知識の増進のために一般公開することにあった。展示は歴史的武器の展示が主であるが、中には、天皇・皇族・乃木・東郷・大山巌などの遺品や戦争・事変の戦利品・記念品などもある。その数は一九三〇年で約一万点であり、その後一九三〇年代後半から一九四〇年頃は約二万点であった。

一九三一年九月の満州事変勃発以降、満州事変・日中戦争の記念品を展示したり、日清戦争・日露戦争を回顧するような企画展を、年に二～五回ほど館内で開催している。また、満州事変の戦利品や日本軍将兵の記念品を展示する巡回展を、帝国在郷軍人会各地支部の主催、遊就館の後援により、一九三二年八月一四日から一九三四年三月二三日にかけて一八次にわたり合計四〇五日間、学校・公会堂・デパートなどを会場にして、一都市一〜五日間で国内と台湾の主要都市を回り開催したが、参観者は三四五万一三八九人に達した。日中戦争の戦利品や戦死者遺品を中心とする遊就館特別展覧会を、一九三八年一月三日から一九三九年一〇月一八日にかけて一一回にわたって、大阪・福岡・佐世保・福井・川崎・姫路・長岡・新潟・金沢・高田のデパートなどを会場に開催した。さらに満州事変・日中戦争の記念品など資料を、各地の展覧会に貸出している。これら館内の展示会、巡回展、資料の貸出は、軍事思想の普及、戦争認識の強化がねらいであった。

**②国防館**　国防館[4]は遊就館の付属であり、その隣にあった。一九三四(昭和九)年四月一一日に落成し、二二日に開館式を行い、二三日から一般公開した。国防館は中国との戦争などにおける銃後の取り組みを示す資料を展示するとともに、毒ガス・タンク・高射砲などの日本陸軍の最新兵器を動的に展示し、現代戦や空襲に対する都市防衛などのジオラマを取り入れ、重爆撃機の旋回式機関銃の射撃、飛行機からの投下爆弾の破壊能力、防毒面のガス防止効力、軍用銃及び模型電気銃による室内射撃、自動貨車及び側車付自動二輪車の機関運転、無線電話、音源標定、光線電話、模型戦車の無線操縦、飛行機用発動機の運転、飛行機用機関銃の射撃、光学兵器による距離測量や方向探知などの実験も取り入れて、参観者が体験的に武器の性能などを理解しやすくするような仕掛けをしていた。

国防館は一九三九年度にジオラマを改造し、模型を新設した。さらに一九四四年には、全面的な陳列替えを行い、航空決戦に伴う知識を啓発するため、全館を航空関係の展示に変更した。航空決戦のジオラマ・絵画・写真、九七式重爆撃機頭胴体の一部、搭載兵器、爆弾投下装置、少年飛行兵の訓練状況のジオラマ、飛行基地のジオラマ、戦闘機鍾馗、飛行機模型、空中海上輸送のジオラマ、増産紙芝居、盲爆に対する都市の変遷のジオラマ、航空服装、航空要塞模型などを展示した。

遊就館は軍事に関する歴史的な展示という性格が強かったが、国防館は現代の武器の体験的展示で、子どもに戦争へのあこがれをもたせ、自発的に積極的に軍隊や戦争に参加させる教育的効果をねらったことが特色であった。

**③海軍館**　海軍館[5]は、東郷神社建設地の隣の東京市渋谷区原宿三丁目二六六番地に、一九三七(昭和一二)年

四月三〇日に竣工し、海軍記念日の五月二七日から一般公開された。前身の海軍参考館は、日露戦争記念として、一九〇八（明治四一）年四月に落成し、五月二七日に開館したもので、京橋区築地四丁目の海軍大学校内にあって、海軍大学校の付属であり、その所管であった。海軍軍事教育の参考のために、砲銃・弾薬・水雷・航海測器・医療や模型・絵画など約四〇〇〇点を展示していたが、関東大震災で消失した。

海軍館の展示室は、パノラマ室、現代部陳列室、特別陳列室、絵画室、歴史部陳列室などがあった。模型には、観艦式、艦船の進水式、飛行機の航空母艦発着、警備艦からの陸戦隊上陸、無線通信などのパノラマ模型のほか、軍艦、給糧艦と糧食などがあった。また実際の兵器の展示もあった。水上偵察機の実物を展示し、実際に操作して説明したり、軍艦の大砲を使って照準装置や発砲の操作を来館者にさせるなど、子どもたちを喜ばせるような展示もあった。

絵画室の壁画は、咸臨丸から太平洋戦争まで二六点あった。このうち幕末維新期が四点、日清戦争が五点、北清事変が一点、日露戦争が六点、第一次世界大戦が二点、その他が三点、上海事変が三点、太平洋戦争が二点である。日清戦争は、川村清雄筆「豊島沖に於ける海戦」、田辺至筆「軍艦赤城西京の奮戦」、川村清雄筆「黄海の海戦」、北蓮造筆「勇敢なる水兵」、長谷川昇筆「威海衛の夜襲」である。北清事変は長谷川昇筆「陸戦隊の太沽砲台占領」である。日露戦争は、古島松太郎筆「仁川沖の海戦」、奥瀬英三筆「旅順港閉塞隊」、清水良雄筆「蔚山沖海戦敵兵救助」、東城鉦太郎筆「日本海々戦」（其の一と二）、永地秀太筆「日本海々戦敵前大回頭」である。第一次世界大戦は、荒井陸男筆「我海軍の地中海遠征」、石川寅治筆「地中海に於ける我海軍の活躍」である。上海事変は、御厨純一筆「上海陸戦隊の奮戦」、三上知治筆「蘇州空中戦」、三国久筆「陸海協同作戦」である。太平洋戦争は村上松太郎筆「ハワイ海戦」、松添健筆「マレー沖海戦」である。歴史部陳列室では、第一次欧州大戦までの海軍の関係品を展示していた。このほか屋上には潜水艦の潜望鏡などを展示していた。別館では、日中戦争などの資料を追加展示していった。海軍館全体の展示点数は約一〇〇〇〇点であった。

**④海軍兵学校教育参考館**　海軍兵学校教育参考館[6]は、広島県江田島の海軍兵学校構内に一九三六（昭和一一）年三月一八日に竣工している。これに先立って、教育参考

館の組織はすでに一九二五（大正一四）年に生徒館の空室を使って設置され、在来の記念品を置くとともに、資料収集をはじめていた。目的は日清・日露戦争および世界大戦などにおいて身を国に殉じ奮闘した先人の遺烈勲業を追慕景仰し、また先人の苦心努力の業績に感激発奮して一死報国の念を固めることによって帝国海軍の後継者の養成に役立てることにあった。これを生きた資料を通じて行おうとしたのである。このように生徒の訓育を主目的とするものであったが、部外者にも公開をしていた。常設展示は、東郷元帥室、特別室、水軍並ニ戦役事変室、名士遺品並ニ各国軍事室、艦船模型室、兵学校史料室から成り立っている。東郷元帥室は、東郷平八郎の遺髪、遺品、書、彫刻などを展示していた。特別室では、海軍兵学校出身の戦公死者名牌と戦公死者の遺品などを展示していた。水軍並ニ戦役事変室では、近世海軍以前の水軍資料とともに、日清戦争・北清事変・日露戦争・世界大戦・上海事変における帝国海軍関係資料を展示していた。それは写真・絵画・戦図・公報・日誌・書簡・模型・旗・鉄板・弾丸・鐘・兵器などから成り立っていた。名士遺品並ニ各国軍事室では、名士の遺品・遺墨とともに、各国の軍事関係資料を展示していた。艦船模型室では、軍艦・潜水艦・魚雷などの模型と観艦式・旅順港・教育参考館の模型などを展示していた。兵学校史料室は、海軍兵学校前身の海軍兵学寮からの沿革関係資料を展示していた。なお常設展示室以外に、海軍兵学校内の正堂特別室では、天皇皇族関係の資料があった。さらに屋外には、幕末維新期の砲や日清・日露戦争のときの弾痕のある鉄板、機械水雷などの大型資料を展示していた。

**⑤大阪国防館**　大阪国防館(7)は、紀元二千六百年にあたる一九四〇（昭和一五）年三月一〇日の陸軍記念日から一般公開されたものである。当初は大阪城天守閣北裏の位置にあった。趣旨は、殉国の勇士を偲び、国防思想の普及をはかることにあった。展示内容は、忠霊顕彰に関する資料や兵器・参考品・鹵獲品そして光学電気兵器・科学兵器などである。中型戦車や重爆撃機などに乗り、機関銃や爆弾投下装置なども操作できるようになっており、観覧者が近代戦を体験できるものであり、東京の国防館と同様の教育的効果をねらっていた。大阪国防館は、一九四三年夏に難波高島屋七階に移転した。光学、電気兵器講堂を開設し、従来からの海、陸、空の科学兵器に加えて、射撃用標準眼鏡、爆撃用照準器、観測器、航空写真用写真機などの光学兵器や、方向探知機、聴音機、

無線操縦装置、磁気機雷、電信機、照空灯などの電気兵器も展示するようになった。

**⑥舞鶴海軍館など地域の海軍関係博物館**　舞鶴海軍館[8]は紀元二千六百年と舞鶴鎮守府復活を記念して、舞鶴海軍館建設準備委員会が京都府東舞鶴市松島通につくったものであり、一九四三（昭和一八）年四月三日に完成し、海軍大臣に敷地とともに献納され、五月二七日から一般公開されたものである。館の趣旨は海軍軍事と海事思想の普及にあった。展示は日中戦争を含む太平洋戦争における代表的な海戦の実況を再現した記念画が主であり、ほかに、児島正典作の彫刻「空の神兵」、東郷元帥の肖像画や書、九軍神の写真と筆跡などを展示していた。記念画は、古島松之助筆「ハワイ海戦」、田中稲三筆「渡洋爆撃」、御厨純一筆「揚子江遡江部隊」、小林清栄筆「珊瑚海海戦」、高井貞二筆「ポート・ダーウィンの爆撃」、鶴田吾郎筆「海鷲暁の出撃」、小林清栄筆「潜水艦の米本土砲撃」、三上知治筆「アリューシャン攻略」、笹岡了一筆「護送船団」、三国久筆「バリ島沖海戦」、三上知治筆「マレー沖海戦」、松添健筆「ソロモン海戦」、北蓮蔵筆「敵前上陸」、吉田喜蔵筆「帰還」、鶴田吾郎筆「海軍落下傘」、布施信太郎筆「ジャングル進撃」の一六枚である。海軍館の前身として、一九三〇年一二月五日開館式を行った海軍記念館が、新舞鶴町の浮島公園にあった。管理者は新舞鶴町で、日露戦争に関するものなど二二九点を展示していた。

ほかに、同様な海軍関係の博物館として、記念館三笠[9]は神奈川県横須賀市白浜海岸に一九二六（大正一五）年一二月に設置され、三笠艦とともに三笠戦役戦利品、記念品、記録、絵画などを八〇〇点から一〇〇〇点展示していた。また、広島県呉市海岸通には、一九二二（大正一一）年四月に設立された呉市立海光館[10]があって、海軍器械などを展示していた。一九二八年度の入館者数は六六七九人であった。さらに、海軍参考館[11]が島根県八束郡美保関町の五本松公園内にあって、一九二九年一〇月に開館し、美保関町の管理により海軍関係品二三点を展示していた。第六号潜水艇は一九一〇（明治四三）年四月一五日に潜水訓練中の事故により沈没し、艇長以下一四人全員が死亡した。この第六号潜水艇記念館[12]を、山口県玖珂郡麻里布町新湊の麻里布第二小学校が一九三二年三月に校内に設置している。殉職した一四人の遺品・遺墨四五点を展示し、一九三七年の来館者は七〇〇人であった。のち岩国市に移管され、展示点数は六七点になり、一九三九年の来館者は三三七〇人、一九四一年は三六八五人であった。

**⑦明治三七、八年戦役記念館などの日清戦争・日露戦争関係博物館**　松本の明治三七、八年戦役記念館[13]は、一九〇六（明治三九）年九月二一日開館式を行い、二二日から一般公開した。前身は日露戦争中に松本小学校に設置された時局室である。松本小学校出身で日露戦争に出征した軍人が学校に寄贈した武器や記念品を保管し、児童や一般にみせていた。戦役記念館開館時の軍事関係収蔵資料数は一三〇八点であった。一九〇七年の松本市制施行以後、松本市に移管された。一九三一年四月には、松本記念館と改称した。そして一九三八年に松本市丸の内に移転している。考古・歴史・地理・自然科学・芸術・山岳などにわたる郷土博物館であるが、この時点でも日中戦争などの関係資料を積極的に収集しており、一九四二年現在において全体で一万四〇〇〇点の資料を所蔵するが、その中でも、日清戦争・日露戦争・第一次世界大戦・満州事変・日中戦争などの戦利品・武器・遺品などの戦役記念品二三〇〇点を所蔵し、その一部を展示していた。

長野県には[14]、ほかに北安曇郡美麻村青具の青具尋常高等小学校内に、一九〇五年一月に戦役記念館が設置され、美麻村出身の出征者から提供された戦地情報戦利品や戦病死者の遺品写真などを収集し、展示・公開していた。一九一七年における日露戦争記念品の展示点数は一三二五点であった。のち標本や教育参考品を収集し青具記念館と改称した。来館者は年平均二五三五人である。また南安曇郡豊科村の豊科小学校内に一九一〇年に、日韓併合を記念し、尚武の気性や忠君愛国の精神を発揚するために、韓国併合記念館が設置され、日清戦争・日露戦争などに関するものを収集し、武器類一六点、戦利品九〇点、新領土物品七〇点、記念軍事品三七点などを展示していた。来館者は年平均五〇〇人である。そのほか、小学校内にある記念館・教育館でも戦利品を展示している所があった。南佐久郡青沼村の青沼小学校内には、一九〇八年に青沼小学校記念館が創設され、戦利品六七点、武器三二〇点などを展示していた。来館者は年平均六〇〇〜八〇〇人であった。埴科郡埴生村の埴生尋常高等小学校内に御大典記念室が設置され、歴史・風俗・地理などに関する資料とともに戦利品一四六点を展示していた。一カ月の平均来館者は二〇人であった。上伊那郡朝日村の朝日尋常高等小学校内に、一九一五年一一月に、朝日尋常高等小学校参考品陳列館が設置され、各種参考品とともに戦利品六二種一〇八点を展示していた。更級郡共和村の共和尋常高等小学校内に、一九一三年に、共和尋常高等小学校記念館が設置され、各種参考品とともに戦利品五五点を展示していた。年間の来館者は平均二〇〇人であった。北安曇郡南小谷村の南小谷尋常高等小学校内に、一九一二年一〇月に、南小谷教育館が設置され、各種標本とともに戦利品二二点を展示していた。年間の来館者は平均三〇〇人であった。

長野県以外でも、松山市武器陳列場が、松山市堀之内町の松山公園旧天守閣に一九一三年一〇月に開館した。松山市の運営により、武器などとともに日清戦争・日露戦争などの戦利品一四八点を展示していた。松江城[16]は、松江市殿町にあって、一九二七年一二月から、松江市の管理により、陸軍省下付の日清戦争戦利品五〇点を展示していた。日露戦役記念館[17]が、一九〇六年一〇月に北海道札幌郡豊平町大字月寒村字月寒の月寒尋常高等小学校内に設置され、豊平町が管理し、日露戦争の戦利品など二五〇点を展示していた。日露戦役記念学校博物館[18]は京都府南桑田郡亀岡町の亀岡小学校内に一九〇九年九月に設置され、亀岡町が管理し、日露戦争の記念品など四〇〇点を展示していた。日清講和談判記念館[19]は日清戦争の講和条約の交渉・調印が行われた山口県下関市阿弥陀寺町の春帆楼内に、一九三七年六月に設置され、下関市の管理により、二〇〇点の日清戦争講和条約の関係資料を展示していた。

**⑧乃木・東郷関係博物館**　また日露戦争関係の戦争博物館としては、乃木神社や東郷神社などに関連する博物館もあった。

乃木記念館[20]は、山口県長府町大字豊浦村字横枕第一八四四番地の乃木の旧宅内に、乃木一家の門長屋式家屋を模造復元し、乃木の遺墨・遺品五〇点などと乃木が幼児の時の父母と本人の木像などを展示していたもので、一九一四（大正三）年九月一三日から一般公開し、乃木将軍記念会が管理していた。のちに土蔵を改築した陳列館が、記念館と別に旧宅内につくられ、遺墨・遺品などはこちらに移された。さらにのち同敷地内に乃木神社が建てられ、陳列館は乃木神社宝物館となった。乃木神社宝庫[21]は京都市伏見区桃山町にあって、乃木の遺品など一一一点を展示していたが、一九一六年九月一三日に「伏見桃山乃木氏旧宅記念館」として開館し、一九二四年三月二日に乃木神社前に移転し、乃木神社宝庫となったものである。

日本海海戦記念館[22]は福岡県宗像郡津屋崎町の東郷公園に日本海海戦記念保存会（のち日本海海戦遺蹟保存会）が一九二二年六月に設立し、運営していたものである。展示品は日本海海戦の戦利品などで一九三〇年には九〇点、一九三六年には三〇〇点である。また東郷館[23]が、津屋崎町の東郷公園に日本海海戦遺蹟保存会により一九三四年一二月に開館し、海軍参考品など六〇点を展示していた。さらに日本海海戦遺蹟保存会は同じ津屋崎町の東郷公園に東郷神社を設置した。東郷元帥旧書斎[24]は久留米市篠山町六丁目四五九番地の一に、一九二六年一〇月二一日に開館し、書斎とともに日本海海戦の戦利品一四点などを展示していたが、公開は年間六日間ぐらいであった。

**⑨軍隊関係の地域の戦争博物館**　北鎮兵事記念館[25]は第七師団が一九三六（昭和一一）年四月に、北海道旭川市の北海道招魂社（一九四〇年に北海道護国神社と改称）内に建てたもので、北海道招魂社が管理しており、兵器類三五〇点、兵器参考品四五〇点、屯田兵参考品一二〇点を展示していた。また、連隊記念館[26]は歩兵第一五連隊が、一九三二年一月に群馬県高崎市の歩兵第一五連隊内に設置したもので、戦利品や戦死者の肖像など八〇〇点を展示していた。

**⑩旅順要塞戦利記念品陳列場**　旅順要塞戦利記念品陳列場[27]は旅順市出雲町に、一九〇六年に旅順要塞司令部が設置したもので、一九〇八年六月からは関東都督府が管理していた。一九一九年五月に関東庁博物館の付属記念館となった。一九三四年一二月関東州庁立旅順博物館付属記念館と改称した。趣旨は、旅順要塞戦の兵器などの戦争記念品を収集し、戦史研究上の参考に供することと、日露戦争を記念し、日本の忠勇将卒の苦戦奮闘の遺跡を後世に伝えることにあった。展示品は、ロシア軍の武器・被服・食料品などの戦利品、日本軍の武器・攻撃器具、日本軍将士の遺物、その他であり、一九三一年末現在で展示品数は二四八九点であった。

**⑪大邱府立昭忠館**　大邱府立昭忠館[28]は、大邱府が一九三九年九月に開館したもので、戦死者の写真や遺品と戦利品などを展示していた。一九四一年度の来館者は二万七〇〇〇人であった。

## 3　地域歴史博物館などでの戦争関係展示

**①東京府養正館**　東京府養正館[29]は、皇太子誕生記念事業として、東京府が建設、運営した少国民精神修養道

場であって、東京市麻布区盛岡町にあった。ここに、国史絵画館が設けられ、一九四二（昭和一七）年春にすべてが完成した。目的は日本の国体の尊厳を感得し、国民精神の真髄に触れることに置かれていた。絵画は、全七七図であるが、幕末維新期が八図、それ以降が一八図である。この一八図のうち、天皇・皇后・皇太子関係が五図である。戦争・植民地関係では、日清戦争が三図、日露戦争が四図、韓国併合が一図、南洋出兵が一図、満州事変が一図となっている。戦争・植民地関係は、寺内万治郎筆「日清戦役」、寺崎武男筆「広島の大本営」、永地秀太筆「昭憲皇太后傷病兵御慰問」、松岡寿筆「日露戦役」、渡部審也筆「乃木将軍とステッセル」、北蓮蔵筆「奉天入城」、岡精一筆「日本海海戦」、永地秀太筆「韓国併合」、和田香苗筆「南洋出兵」、渡部審也筆「満州事変」である。

**②大和国史館**　大和国史館[30]は、奈良県奉祝会による紀元二千六百年奉祝記念事業としての橿原神宮神苑内外の拡張と橿原道場新設の一環であったが、県と内閣書記官長との協議で、国の奉祝記念事業として承認されたものである。一九四〇年一一月一八日に開館式を行い、一九日から一般公開した。場所は奈良県高市郡畝傍町にあって、管理・運営は奈良県である。趣旨は、肇国以来の国運発展の跡を具体的に表示して、日本の真の姿を国民に理解させ、国体明徴と肇国精神涵養に役立たせることにあった。また日本民族発祥の聖地を顕彰し、大東亜民族の讃仰をあつめることにあった。内容は奉公室・国史室・聖蹟室・考古室・飛鳥奈良文化室・万葉室などからなっていた。このうち奉公室では、旗・参加者名簿・作業用具など建国奉公隊関係資料を展示していた。国史室では、全体で五〇場面の立体絵図（ジオラマ）により、日本の通史展示を行っていた。その中の戦争関係では、日清戦争一場面（下関条約）、日露戦争二場面（陸軍・海軍）、満州国独立一場面、日中戦争（その一・その二）二場面があった。また太平洋戦争の報道写真を逐次掲揚していた。

**③聖徳記念絵画館**　聖徳記念絵画館[31]は、明治天皇の生涯を絵画で辿るものであるが、東京市四谷区大番町の明治神宮外苑に一九二六（大正一五）年一〇月に開館した。しかし、すべての絵画八〇枚が完成し揃ったのは、一九三六（昭和一一）年四月二一日のことである。その中で戦争を描いたものには、金山平三筆「日清役平壌戦」、太田喜二郎筆「日清役黄海海戦」、南薫造筆「広島大本営軍務親裁」、石井柏亭筆「広島予備病院行啓」、永地秀太筆

「下関講和談判」、石川寅治筆「台湾鎮定」、清水良雄筆「靖国神社行幸」、川村清雄筆「振天府」、吉田苞筆「対露宣戦御前会議」、荒井陸男筆「日露役旅順開城」、鹿子木孟郎筆「日露役奉天戦」、中村不折筆「日露役日本海海戦」、白滝幾之助筆「ポーツマス講和談判」、東城鉦太郎筆「凱旋観艦式」、小林万吾筆「凱旋観兵式」、安田稔筆「樺太国境画定」、辻永筆「日韓融合」があり、全八〇枚中一七枚にものぼる。

**④国史館構想**　紀元二千六百年奉祝記念事業として、国史館[32]を建設しようという話は、一九三五（昭和一〇）年一〇月一四日の紀元二千六百年祝典準備委員会第一回総会において、社会教育上国史大博物館を建設すべきであるとの主張が黒板勝美委員からされたことにはじまった。ついで、一九三六年二月二〇日の第七回幹事会において、文部省が「国史館建設ニ関スル件」を提出し審議したが、修正すべき点が多いとして、次回までに横溝光輝幹事が整理し、再審議することになった。横溝は、黒板委員の意見を参考にして、二月二六日に試案として「国史館建設計画案」を作成し、三月三一日の第八回幹事会に提出した。次回までに文部省が考えることになった。四月一四日の第一〇回幹事会で、文部省は修正した「国史館建設ニ関スル件」を提出したが、文部省と横溝との議論になり、特別委員会で検討することになった。四月二二日の特別委員会に文部省案と横溝試案が提出され、議論された。さらに六月二二日の準備委員会の第四回総会でも国史館建設の件は決定にいたらないで、祝典事務局を中心に評議委員会で検討することになった。そして七月二八日の評議委員会第二回第一特別委員会で、国史館建設を奉祝記念事業に決定した。その後小委員会の検討などを経て、一一月九日の評議委員会第二回総会で正式決定された。その後一九三八年三月二八日に文部大臣に国史館建設の事務を委嘱することが認可された。文部省は国史館造営委員会を一九三九年三月九日に設けて、一九四一年まで検討したが、立ち消えになり建設されないままで終わった。

以上のような経過であったが、一九三六年二月二六日の横溝試案では、趣旨は、国体の精華・国史の成跡を認識せしめ、国民精神の作興・国史教育の振興に資することにあった。出陳物は、第一が絵画であり、歴代天皇や著名な史実など国史館の目的に合致する史実の絵画であった。第二は、絵画の史実に対する実証史料であり、遺品・筆跡・古文書・著作物・古絵図などであった。第三は、歴代天皇の宸影・宸翰・遺品であった。第四は、国史・東洋史・西洋史比較年表であった。第五は、神代室であった。このように、絵画中心であり、これは、聖徳記念絵画館が参考とされていた。これに対して文部省案は、一皇室関係、二祭祀・信仰、三教育・思想、四学術、五政治・軍事、六社会事業、七産業・交通・土木、八外国関係の分類により、実物または模型・模写・模造など立体的なものと、絵画・写真・映画を陳列するものであった。

**⑤台南市歴史館**　台南市歴史館[33]は、一九三二年四月に元税関倶楽部跡に設置されたが、一九三七年七月に、台南市清水町一丁目に新館が竣工し、開館した。一九三〇年一〇月に台湾文化三百年記念会の付属事業として開催された台湾資料展覧会のために収集した資料が基になっている。台湾に因む史料や参考品とともに、小早川篤四郎筆の歴史画も展示しており、合計六〇〇点から一〇〇〇点を展示していた。このうち戦争・植民地関係としては、征台軍進撃の図や良民帰順旗などの資料や、北白川宮督戦図、台南入城などの歴史画を展示していた。

## 4　企画展

**①市立長崎博物館**　市立長崎博物館[34]は、一九四二（昭和一七）年二月一一日に長崎市炉粕町三五番地に開館した。長崎博物館は紀元二千六百年記念事業として設立され、目的は長崎文化の保存・紹介・研究にあった。長崎の歴史に関する資料の収集・保管・公開・研究を行い、歴史・美術・工芸などの資料を展示し、文書・古文書などを研究者の利用に供していた。一九四二年六月現在で三〇〇〇点の資料を所蔵していた。開館後、明治天皇行幸記念展、皇国敬神展、武に関する展、勤王志士書画展、南進史料展、烈士先覚者展などの時局対応の展示会を開催していた。

**②斎藤報恩会博物館**　斎藤報恩会博物館[35]は、斎藤善右衛門が一九三三（昭和八）年一一月に創立した自然科学総合博物館であるが、仙台市大聖寺裏門通三にあった。しかし特別展では歴史など人文科学関係の展示会も開催していた。一九三七年一一月三日から一〇日にかけて、「開館記念公開」として日中戦争に関する資料展を開催し、遊就館、第二師団兵器部、仙台防護団、仙台陸軍病院、

中島飛行機株式会社などから出品された、飛行機に関する資料一一九点、兵器および戦況に関する資料二二九点、防空に関する資料一〇六点、合計四五四点を展示した。観覧者は五万三〇〇四人であった。一九三九年七月八日から一二日にかけて、日独伊連盟三国児童生徒交歓図画展覧会を森永製菓との共催により開催し、森永製菓が募集した作品から選んだ絵画を展示した。観覧者は一万九七〇〇人余であった。一九四〇年九月二二日から二九日にかけて、聖戦美術展覧会を、河北新聞社・陸軍美術協会との共催により開催し、数百点を展示した。また一九四二年には大東亜戦兵器第一次展覧会を開催している。さらに、一九四三年六月一日から八日まで、米英撃滅の精神を高揚し、前線将兵の奮闘に対する感激を増強し、あわせて戦争美術の精粋を紹介する目的で、賜天覧陸軍省貸下陸軍作戦記録画九点、関東軍報道演習記念画七点、陸軍美術展覧会出品画三七点、合計五三点を展示した。観覧者は三万六〇〇〇余人であった。

**③下郷共済会鐘秀館**　財団法人下郷共済会が一九二〇（大正九）年一一月に建築した鐘秀館[36]は、滋賀県長浜町大字西本一〇番地にあって、一九四二年現在で美術工芸品・考古資料・古文書・自然科学資料・教育参考品など四万点を所蔵していた。本館は一階が郷土史料陳列室で、平常は古文書・書画・陶器などを展示し、二階は考古資料を展示し、三階は書籍・刀剣・小道具・什器などを展示していた。付属の行幸記念館は、大阪中之島製紙会社から明治天皇の立ち寄った建物を移築したものであり、中に大正天皇が皇太子の時立ち寄った近江製糸会社の椅子と机を置いていた。一階の郷土史料陳列室を使って、企画展が開催されていたが、一九四〇年一一月七日から五日間、皇紀二千六百年奉祝として、湖国国史展覧会を開催した。

**④大阪市立美術館**　二千六百年歴史展覧会[37]は、大阪市立美術館を会場に、大阪市と大阪毎日新聞社の主催で一九四〇（昭和一五）年四月三日から五月一二日の会期で開催された。古代から現代までの通史的な展示であったが、第二二室では、明治・大正・昭和を扱い、新日本の建設と題して写真構成となっていた。つぎに第二パノラマ室が置かれ、八紘一宇のパノラマと吉田初三郎筆「南京城攻略戦蹟図屏風」が展示されていた。

**⑤紀元二千六百年奉賛展覧会**　紀元二千六百年奉賛展覧会[38]が、皇国不磨の淵源と国家発展のあとを知らしめ、肇国精神を発揚させるために、一九三九年に紀元二千六

百年奉祝会によってつくられ、一九四〇年にかけて、東京・大阪・京都・福岡・鹿児島・名古屋・札幌・広島・京城・新京・奉天・大連など各地を巡回し、デパートなどを会場に開催された。その終了後、紀元二千六百年奉賛展覧会のジオラマと肇国創業絵巻が宮崎神宮徴古館に奉納された。ジオラマは日本歴史を題材とするものであるが、それには「日清戦役」「日露戦役」「韓国併合」「世界大戦」などの近代の戦争関係のものも含まれていた。宮崎神宮徴古館は、一九〇九年五月に、宮崎市の宮崎神宮境内に開設されていたが、一九四〇年に新たな建物が、紀元二千六百年事業として建築されていた。

## おわりに

ここで、戦争博物館や戦争関係展示を行っている博物館の入館者数を、次表に紹介しておこう。ここにみるように、年間数百人のところもあるが、多くは数万人から数十万人の規模である。遊就館は一〇〇万人にもなっている。戦後の平和博物館は、広島・長崎の原爆関係の博物館が、一〇〇万人規模で、一般の地域の平和博物館が三万から一〇万人ぐらいであり、それからみても、戦争博物館は多くの来館者を集めていたといえる。

戦争博物館は戦争末期または戦後直後に、ほとんど閉鎖された[39]。しかし日露戦争関係で神社関係の博物館は、山口県の乃木神社の宝物館、京都府の乃木神社の宝物館、福岡県の東郷神社の宝物館のように、名称などを変えながら現在も存在するものがある。日清講和談判記念館も日清講和記念館と名称を変え、現在もある。また、遊就館のように一旦閉鎖されたものが復活したものもある。北鎮兵事記念館も戦後閉館したが、北鎮記念館が、北海道護国神社ではなく、自衛隊の付属博物館として設置され、北鎮兵事記念館の展示の一部を引き継いでいる。また海軍兵学校の教育参考館は、海上自衛隊の第一術科学校の教育参考館として復活している。舞鶴の自衛隊には、海軍記念館がある。それ以外にも自衛隊は各地に博物館を持っている。また鹿児島・宮崎・大分・熊本・佐賀・香川・大阪・岡山・福井・富山・静岡・山梨・群馬・岩手・札幌などの各地の護国神社は、遺品館・記念館などを持っている。これらは、戦中以上に、戦没者の遺品を展示する性格が強くなっているといえる。なお東京府養正館の国史絵画[40]は、東京都美術館・伊勢市を経て、現在は神宮徴古館が所蔵している。

**表　主要戦争博物館等入館者推移**

| 年 | 日露戦役記念館 | 北鎮兵事記念館 | 連隊記念館 | 遊就館 | 国防館 | 聖徳記念絵画館 | 東京府養正館 | 海軍館 |
|---|---|---|---|---|---|---|---|---|
| 1915 | | | | 280,000 | | | | |
| 1928 | | | | 287,432 | | | | |
| 1929 | 730 | | | 253,905 | | 142,095 | | |
| 1930 | 438 | | | 253,905 | | 142,095 | | |
| 1931 | 438 | | 3,000 | 290,000 | | 166,769 | | |
| 1932 | 800 | | 4,500 | 530,104 | | 183,750 | | |
| 1933 | 800 | | | 564,993 | | 221,734 | | |
| 1934 | | | 10,000 | 497,630 | 172,087 | 268,489 | | |
| 1935 | | | 18,000 | 491,017 | 171,946 | 308,765 | | |
| 1936 | | 12,000 | 15,800 | 547,693 | 173,482 | 456,824 | | |
| 1937 | | 37,039 | 15,800 | 613,110 | 304,759 | 416,270 | | 303,198 |
| 1938 | | 48,349 | 400 | 958,523 | 469,029 | 427,866 | 25,799 | 660,977 |
| 1939 | | 61,750 | 500 | 1,202,078 | 590,494 | 537,820 | 63,236 | 445,824 |
| 1941 | | 41,447 | 600 | 1,268,759 | 755,061 | 237,080 | 57,268 | |

| 年 | 記念館三笠 | 松本記念館 | 海軍記念館 | 乃木神社宝庫 | 日露戦役記念学校博物館 | 松江城 | 海軍参考館 |
|---|---|---|---|---|---|---|---|
| 1915 | | 14,712 | | | | | |
| 1928 | | | | | | | |
| 1929 | 198,578 | 21,032 | | | | | |
| 1930 | 506,042 | 20,494 | 5,613 | 58,929 | 470 | | 73,000 |
| 1931 | 182,313 | 17,798 | 33,030 | 58,929 | 470 | | 73,000 |
| 1932 | 216,363 | 19,083 | 18,881 | 34,566 | 1,200 | | 73,000 |
| 1933 | 343,349 | 24,812 | 18,351 | 41,040 | 1,300 | | 73,500 |
| 1934 | 396,937 | 23,602 | 27,793 | 40,627 | 1,500 | 44,130 | 73,500 |
| 1935 | 372,800 | 29,936 | 17,804 | 38,411 | 1,500 | 44,902 | 78,500 |
| 1936 | 423,678 | 20,732 | 11,947 | 36,704 | 1,550 | 47,131 | 78,500 |
| 1937 | 385,396 | 21,745 | 12,897 | 40,661 | 1,550 | 45,216 | 78,500 |
| 1938 | 423,678 | 12,235 | 12,415 | 43,952 | 1,580 | 45,258 | 78,500 |
| 1939 | 480,744 | 21,412 | | 52,582 | 1,550 | 43,497 | 78,500 |
| 1941 | 532,286 | 23,825 | | 64,000 | | 54,199 | 52,000 |

| 年 | 日清講和談判記念館 | 乃木記念館 | 松山市武器陳列場 | 日本海海戦記念館 | 東郷館 | 東郷元帥旧書斎 | 台南市歴史館 | 旅順博物館附属記念館 |
|---|---|---|---|---|---|---|---|---|
| 1915 | | 9,000 | 15,995 | | | | | 15,417 |
| 1928 | | | | 2,500 | | 1,000 | | |
| 1929 | | | 33,487 | 2,050 | | 1,610 | | 39,105 |
| 1930 | | 51,100 | 35,149 | 4,500 | | 1,179 | | 52,410 |
| 1931 | | 62,000 | 36,648 | 3,850 | | 339 | | 30,968 |
| 1932 | | 72,000 | 36,648 | 2,600 | | 364 | | 31,432 |
| 1933 | | 100,000 | 36,648 | | | 632 | 24,530 | 47,105 |
| 1934 | | 120,000 | 36,648 | 21,563 | | 225 | 45,060 | 56,835 |
| 1935 | | 120,000 | | 15,016 | | 295 | 56,305 | 57,659 |
| 1936 | | 130,000 | | 10,660 | 3,000 | 182 | 29,269 | 57,659 |
| 1937 | 25,000 | | | 10,675 | 3,000 | 182 | 14,899 | 79,274 |
| 1938 | 54,624 | 180,000 | | 10,675 | 3,000 | | 12,767 | 94,275 |
| 1939 | 60,898 | 180,000 | | 10,675 | 3,000 | | 17,603 | 129,083 |
| 1941 | 53,761 | 182,600 | | 10,675 | 3,000 | | | 129,083 |

出典：『常置教育的観覧施設状況　1916年12月現在』、『常置観覧施設一覧　1929年４月１日現在』、『教育的観覧施設一覧　1930年４月１日現在』、『教育的観覧施設一覧　1931年４月１日現在』、『教育的観覧施設一覧　1932年４月１日現在』、『全国博物館案内』（1932年）、『教育的観覧施設一覧　1933年４月１日現在』、『教育的観覧施設一覧　1934年４月１日現在』、『教育的観覧施設一覧　1935年４月１日現在』、『教育的観覧施設一覧　1936年４月１日現在』、『教育的観覧施設一覧　1937年４月１日現在』、『教育的観覧施設一覧　1938年４月１日現在』、『教育的観覧施設一覧　1939年４月１日現在』、『教育的観覧施設一覧　1940年４月１日現在』、『教育的観覧施設一覧　1942年４月１日現在』、『関東庁社会教育要覧』53～55頁、『昭和８年満州年鑑』558頁、『昭和11年満州年鑑』496～497頁、『昭和７年度年報』（遊就館）63頁、『昭和８年度年報』（遊就館）38～39頁、『昭和９年度年報』（遊就館）34～35頁、『昭和10年度年報』（遊就館）20～21頁、『昭和11年度年報』（遊就館）22～23頁、『昭和12年度遊就館年報』25～26頁、『昭和13年度遊就館年報』18～19頁、『昭和14年度遊就館年報』14～15頁、『昭和16年度遊就館年報』32頁。

最後に戦争博物館についてまとめると、まず絵画展示の比重が高いことがあげられる。一方で現物展示も行われているが遺品よりも戦利品や兵器などが多くなっている。またジオラマや体験展示を取り入れることもかなりあった。これら全体を通じて、戦争への国民の動員に役割を果たしていたといわなければならない。

(1) 文部省編『常置教育的観覧施設状況　一九一六年一二月現在』(文部省、一九一七年)、文部省普通学務局編『常置観覧施設一覧　一九二九年四月一日現在』(文部省、一九三〇年)、文部省社会教育局編『教育的観覧施設一覧　一九三〇年四月一日現在』(文部省、一九三一年)、文部省社会教育局編『教育的観覧施設一覧　一九三一年四月一日現在』(文部省、一九三二年)、文部省社会教育局編『教育的観覧施設一覧　一九三二年四月一日現在』(文部省、一九三三年)、日本博物館協会編『全国博物館案内』(刀江書院、一九三二年、早稲田大学中央図書館など所蔵)、文部省社会教育局編『教育的観覧施設一覧　一九三三年四月一日現在』(文部省、一九三四年)、文部省社会教育局編『教育的観覧施設一覧　一九三四年四月一日現在』(文部省、一九三五年)、文部省社会教育局編『教育的観覧施設一覧　一九三五年四月一日現在』(文部省、一九三六年)、文部省社会教育局編『教育的観覧施設一覧　一九三六年四月一日現在』(文部省、一九三七年)、文部省社会教育局編『教育的観覧施設一覧　一九三七年四月一日現在』(文部省、一九三八年)、文部省社会教育局編『教育的観覧施設一覧　一九三八年四月一日現在』(文部省、一九三九年)、文部省社会教育局編『教育的観覧施設一覧　一九三九年四月一日現在』(文部省、一九四〇年)、文部省社会教育局編『教育的観覧施設一覧　一九四〇年四月一日現在』(文部省、一九四一年)、文部省社会教育局編『教育的観覧施設一覧　一九四二年四月一日現在』(文部省、一九四三年)などによるが、文部省編『常置教育的観覧施設状況』、『常置観覧施設一覧』、『教育的観覧施設一覧』は復刻版を使用。

(2) 日本博物館協会「博物館貸出事業の現況」『博物館研究』(以下ともに復刻版による)一二巻一〇号(一九三九年)。

(3) 鈴木孝雄『靖国精神』(東亜新秩序研究会、一九四一年、立命館大学国際平和ミュージアム所蔵)、『常置教育的観覧施設状況　一九一六年一二月現在』二一～二四頁、「内外博物館ニュース　九段の遊就館復旧」『博物館研究』二巻九号(一九二九年)、「内外博物館ニュース　九段遊就館復興建築」『博物館研究』三巻三号(一九三〇年)、「内外博物館ニュース　新装成れる遊就館」『博物館研究』四巻一一号(一九三一年)、『全国博物館案内』(一九三二年)一六～一七頁、松田常太「遊就館に於け

る最近事業の概況」『博物館研究』五巻一〇号（一九三二年）、「博物館めぐり　遊就館を訪ふ」『博物館研究』六巻九号（一九三三年）、「博物館ニュース　遊就館の巡回展」『博物館研究』七巻二号（一九三四年）、「展観余録　満州事変三周年展」『博物館研究』七巻一〇号（一九三四年）、「展観余録　日露役三十周年記念展」『博物館研究』八巻五号（一九三五年）、「博物館だより　遊就館の満州事変記念品並に新兵器展覧会」『博物館研究』八巻五号（一九三五年）、「博物館ニュース　日清役四十周年記念展」『博物館研究』八巻一一号（一九三五年）、「博物館ニュース　遊就館の事変特報版」『博物館研究』一〇巻一一号（一九三七年）、「東京地方博物館案内」『博物館研究』七巻九号（一九三四年）、「遊就館と海軍館」『週報』七九号（一九三八年）、植木文作「東京博物館めぐり」『旅』一七巻五号（一九四〇年）、遊就館編『遊就館要覧』（遊就館、一九三三年、国立国会図書館所蔵）、『昭和七年度年報』（遊就館、一九三三年）、『昭和八年度年報』（遊就館、一九三四年）、『昭和九年度年報』（遊就館、一九三五年）、『昭和十年度年報』（遊就館、一九三六年）、『昭和十一年度年報』（遊就館、一九三七年）、『昭和十二年度遊就館年報』（遊就館、一九三八年）、『昭和十三年度遊就館年報』（遊就館、一九三九年）、『昭和十四年度遊就館年報』（遊就館、一九四〇年）、『昭和十五年度遊就館年報』（遊就館、一九四一年）、『昭和十六年度遊就館年報』（遊就館、一九四二年）。遊就館の『年報』は国立国会図書館所蔵、靖国神社編『靖国神社百年史　資料編　中』（靖国神社、一九八三年）四九～九六頁。椎名仙卓「軍事博物館の誕生　遊就館」『博物館研究』二四巻一〇号（一九八九年）。

（4）『靖国精神』、「博物館ニュース　国防館の開館迫る」『博物館研究』七巻二号（一九三四年）、蓼花生「博物館めぐり　国防館を訪ふ」『博物館研究』七巻八号（一九三四年）、「東京地方博物館案内」『博物館研究』七巻九号（一九三四年）、「遊就館と海軍館」『週報』七九号（一九三八年）、植木文作「東京博物館めぐり」『旅』一七巻五号（一九四〇年）、「東京の国防館陳列替へ」『博物館研究』一七巻五号（一九四四年）、遊就館編『遊就館附属国防館要覧』（遊就館、一九三四年、国立国会図書館所蔵）、『昭和八年度年報』（遊就館）、『昭和九年度年報』（遊就館）、『昭和十四年度遊就館年報』、『靖国神社百年史　資料編　中』七三～七八頁。

（5）海軍館編『海軍館大壁画史』再版（東亜振興会、一九四二年、茨城大学附属図書館など所蔵）、「内外博物館ニュース　海軍参考館の復旧」『博物館研究』五巻一二号（一九三二年）、「内外博物館ニュース　海軍参考館の更正」『博物館研究』六巻一号（一九三三年）、「博物館ニュース　海軍館の建設」『博物館研究』八巻一〇号（一九三五年）、「博物館ニュース　海軍館の壁画」『博物館研究』九巻九号（一九三六年）、「博物館ニュース　海軍館の開設」『博物館研究』一〇巻六号（一九三七年）、

「遊就館と海軍館」『週報』七九号（一九三八年）、植木文作「東京博物館めぐり」『旅』一七巻五号（一九四〇年）、「今日はみんなで海軍館を見学しませう」『写真週報』二二一号（一九四二年）、『常置教育的観覧施設状況　一九一六年一二月現在』二四～二九頁。

（6）海軍兵学校教育参考館編『海軍兵学校教育参考館陳列品解説目録』（海軍兵学校教育参考館、一九三六年、立命館大学国際平和ミュージアム所蔵）。

（7）「大阪国防館」『写真週報』一一六号（一九四〇年）、「大阪国防館の新施設」『博物館研究』一七巻五号（一九四四年）。

（8）山口利隆編『舞鶴海軍館写真帖』（舞鶴海軍館、一九四三年、京都府立総合資料館所蔵）、「博物館彙報　新装成れる舞鶴海軍館」『博物館研究』一六巻五号（一九四三年）、「内外博物館ニュース　海軍記念館の開館」『博物館研究』三巻一二号（一九三〇年）。

（9）『全国博物館案内』（一九三二年）六〇～六一頁、「東京地方博物館案内」『博物館研究』七巻九号（一九三四年）。木下直之『世の途中から隠されていること』（晶文社、二〇〇二年）四九～五五頁。

（10）「内外博物館ニュース　佐世保海軍参考館計画」『博物館研究』三巻八号（一九三〇年）。

（11）文部省社会教育局編『教育的観覧施設一覧　一九三一年四月一日現在』（文部省、一九三二年）など。

（12）「山口県ニ於ケル博物館施設一覧」『博物館研究』一一巻一二号（一九三八年）。

（13）『常置教育的観覧施設状況　一九一六年一二月現在』二一二～二一六頁、『全国博物館案内』（一九三二年）一〇五頁、「博物館だより　松本記念館」『博物館研究』八巻九号（一九三五年）、「松本記念館」『博物館研究』一五巻四号（一九四二年）。窪田雅之「長野県博物館史」『国学院大学博物館学紀要』一二輯（一九八八年）。松本をはじめ、日露戦争関係の記念館については、金山喜昭『日本の博物館概史』（慶友社、二〇〇一年）一三一～一三六頁で、主に『常置教育的観覧施設状況　一九一六年一二月現在』によって紹介されている。

（14）長野県の他の博物館も、『常置教育的観覧施設状況　一九一六年一二月現在』一九五～二二三頁による。

（15）『常置教育的観覧施設状況　一九一六年一二月現在』三〇四～三〇五頁、『全国博物館案内』（一九三二年）二一五～二一六頁。

（16）『教育的観覧施設一覧　一九三五年四月一日現在』など。

（17）『全国博物館案内』（一九三二年）二五六頁。

（18）『教育的観覧施設一覧　一九三一年四月一日現在』など。

（19）「博物館ニュース　下関春帆楼に記念館計画」『博物館研究』七巻八号（一九三四年）、「博物館ニュース　日清講和談判記念館地鎮祭」『博物館研究』九巻三号（一九三六年）、「博物館ニュース　日清講和談判記念館開館」『博物館研究』一〇巻七・八号（一九三七年）、「山口県

ニ於ケル博物館施設一覧」『博物館研究』一一巻一二号（一九三八年）。

(20)『常置教育的観覧施設状況　一九一六年一二月現在』二〇九～二九四頁、「内外博物館ニュース　乃木大将旧邸趾」『博物館研究』二巻二号（一九二九年）、『全国博物館案内』（一九三二年）二〇六～二〇七頁、棚橋源太郎『郷土博物館』（刀江書院、一九三二年）（復刻版による）一四六～一五〇頁、「博物館の新展望　乃木記念館　旧乃木邸」『博物館研究』一〇巻一二号（一九三七年）、「山口県ニ於ケル博物館施設一覧」『博物館研究』一一巻一二号（一九三八年）。

(21)「伏見桃山乃木氏旧宅記念館日誌」『全国博物館案内』（一九三二年）一四七～一四八頁、「府社　乃木神社宝庫」『博物館研究』九巻一〇号（一九三六年）。

(22)『全国博物館案内』（一九三二年）二一九～二二〇頁、「博物館ニュース　新築された日本海々戦記念館」『博物館研究』七巻四号（一九三四年）、「博物館ニュース　東郷神社と日本海海戦遺蹟保存会の事業」『博物館研究』七巻九号（一九三四年）。

(23)『教育的観覧施設一覧　一九三七年四月一日現在』など。

(24)『全国博物館案内』（一九三二年）二二四～二二五頁。

(25)「博物館ニュース　北鎮記念館」『博物館研究』七巻五号（一九三四年）。

(26)『教育的観覧施設一覧　一九三二年四月一日現在』。

(27)土屋清見著「旅順戦蹟案内」（土屋清見、一九二六年、立命館大学国際平和ミュージアム所蔵）、『常置教育的観覧施設状況　一九一六年一二月現在』七二～七五頁、関東庁内務部学務課編『関東庁社会教育要覧』（関東庁内務部学務課、一九三三年）（『「満州・満州国」教育資料集成』第一一巻、エムティ出版、一九九三年、に収録の復刻版による）五三～五五頁、満州文化協会編『昭和八年満州年鑑』（満州文化協会、一九三三年）五五八頁、満州日日新聞社編『昭和十一年満州年鑑』（満州日日新聞社、一九三五年）四九六～四九七頁、『満州年鑑』は復刻版による。

(28)『教育的観覧施設一覧　一九四二年四月一日現在』。

(29)国史絵画会編『東京府養正館国史壁画集解説』（国史絵画会、一九四二年、埼玉県平和資料館所蔵）、「博物館ニュース　小国民修養の精神殿堂」『博物館研究』七巻六号（一九三四年）、「博物館ニュース　少国民道場絵画館近く竣工」『博物館研究』九巻九号（一九三六年）、「東京府養正館概況」『博物館研究』一三巻一一号（一九四〇年）。

(30)大和国史館編『大和国史館概説』（大和国史館、一九四三年、奈良県立図書館所蔵）、「畝傍国史館の建築計画」『博物館研究』一二巻四号（一九三九年）、「大和国史館の開館」『博物館研究』一四巻一号（一九四一年）、「大和国史館」『博物館研究』一五巻六号（一九四二年）、「大和国史館の近況」『博物館研究』一七巻四号（一九四四年）。

(31) 伊達巽編『明治神宮聖徳記念壁画集』（明治神宮社務所、一九六一年）、『全国博物館案内』（一九三二年）三〇～三二頁、「東京地方博物館案内」『博物館研究』七巻九号（一九三四年）、「博物館の新展望　聖徳記念絵画館」『博物館研究』九巻六号（一九三六年）、川合知子「明治神宮聖徳記念絵画館研究」『哲学会誌』二一号（学習院大学哲学会、一九九七年）。

(32) 『紀元二千六百年祝典記録』、「紀元二千六百年祝典準備委員会　幹事会議事録」、「紀元二千六百年祝典準備委員会　総会議事録」、「紀元二千六百年祝典準備委員会　原議綴」、いずれも国立公文書館所蔵、『紀元二千六百年祝典記録』のみ復刻版刊行中、金子淳「博物館史資料集成三　国史館関係資料、解説—国史館計画の変遷」『博物館史研究』三号（一九九六年）、金子淳『博物館の政治学』（青弓社、二〇〇一年）七三～一〇六頁。

(33) 「博物館ニュース　台湾史料館の充実」『博物館研究』八巻五号（一九三五年）、「博物館の新展望　台南市歴史館」『博物館研究』一一巻一号（一九三八年）。

(34) 「長崎市博物館」『博物館研究』一三巻八号（一九四〇年）、「市立長崎博物館」『博物館研究』一六巻六号（一九四三年）。

(35) 新谷武衛「新装成れる斎藤報恩会博物館」『博物館研究』六巻一二号（一九三三年）、「第五回博物館週間催物一覧」『博物館研究』一〇巻一一号（一九三七年）、「斎藤報恩会博物館」『博物館研究』一五巻一二号（一九四二年）、「斎藤報恩会博物館の動き」『博物館研究』一六巻八号（一九四三年）、斎藤報恩会編『事業年報』第一四（斎藤報恩会、一九三九年）、斎藤報恩会編『事業年報』第一六（斎藤報恩会、一九四〇年）、斎藤報恩会編『事業年報』第一七（斎藤報恩会、一九四一年）、『事業年報』は早稲田大学中央図書館など所蔵。

(36) 「博物館ニュース　湖国史展覧会」『博物館研究』一三巻一一号（一九四〇年）、『全国博物館案内』（一九三二年）一二一～一二二頁、「下郷共済会鐘秀館」『博物館研究』一五巻七号（一九四二年）。

(37) 大阪毎日新聞社編『二千六百年歴史展覧会目録』（大阪毎日新聞社、一九四〇年、同志社大学人文科学研究所など所蔵）、大阪毎日新聞社編『二千六百年歴史展覧会図録』（大阪毎日新聞社、一九四〇年、大阪府立中之島図書館など所蔵）。

(38) 高橋浩明「宮崎県博物館史」『国学院大学博物館学紀要』一四輯（一九九〇年）。

(39) 戦争博物館の戦後については、日本博物館協会編『全国博物館総覧』（ぎょうせい、現在も加除中）と各館の図録、リーフレットなどによる。

(40) 『国史絵画』（神宮徴古館、一九八八年）、ただしこの図録には、近代の戦争の絵画は収録していない。

6

『立命館平和研究　第一号』（二〇〇〇年三月　立命館大学国際平和ミュージアム）

# 中国での日本人反戦運動における天皇制認識について

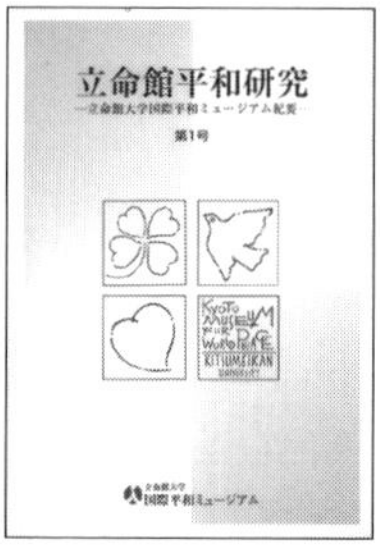


## はじめに

中国において反戦運動をおこなっていた日本人たちが、天皇制をどう認識していたか、それを克服し、平和で民主的な日本をつくるどのような筋道を考えていたか、について紹介しつつ、考えてみたい。日本の変革に向けての実践は、当時日本国内では困難であり、中国における実践がほとんど唯一であったといってよい状況であった。そこから、日本の変革で最も大きな課題である天皇制を、かれらがどう考えたかという問題が、日本人のこの時期の日本変革構想にとって中心的な検討課題であるといってよいであろう。したがって、この論文では、反戦運動そのものの紹介ではなく、この点にしぼって考えたい。鹿地亘氏は中国での日本人の反戦運動の中心のひとりであったが、かれの関係資料が、資料集として刊行されるとともに、原資料が立命館大学国際平和ミュージアムに寄託され、誰でも利用できるようになった。この鹿地亘関係資料を中心素材として、天皇制認識の課題を考えていくことにしたい。

日本の革命運動における天皇制認識について、犬丸義一氏は「マルクス主義の天皇制認識の歩み」において、野坂参三の「民主的日本の建設」が、「天皇制の二つの機能、封建的専制的機能と、半宗教的機能について認識し、その両者を区別した対応をとる、という認識」をしており、「これが、日本のマルクス主義者の天皇制認識の最高の到達点を示すものであった」と評価している。[1]また、中村政則氏は『戦後史と象徴天皇』において、犬丸氏の評価を支持しつつ、戦後、天皇制打倒ではなく、天皇と天皇制を区別し、天皇裕仁の退位と政治制度としての天皇制を残す第三の道をとるべきであったとしている。[2]さらに、和田春樹氏は『歴史としての野坂参三』において、野坂の行動と思想を丹念におった最も実証的な研究をおこなっているが、このなかで、中村氏の考えを支持している。[3]さらに広川禎秀氏は「戦後天皇制研究にかんする一、三の問題」において、犬丸氏や中村氏の評価を支持している。[4]このような現代史家たちの評価に対して、『日本共産党の七〇年』では、「野坂の見解は、絶対主義的天皇制が敗戦によって維持不可能となり、戦後日本の民主的政治体制をどうつくるかが問題になっているとき、国民主権の原則をつらぬくことを回避し、もっぱら天皇制のわく内での改良を説くものにほかならなかった。（中略）宗教的機能を政治的機能と分離して考えること自体が妥協的なものであった。宗教的機能をのこせば反動的政治的機能を温存、復活させる危険があった。」と評価している。[5]ここでの野坂批判は、直接には、戦後のことについての評価であって、中村氏の研究を批判するものであるが、同時に天皇の宗教的機能論を否定し、これを高く評価する犬丸氏の研究を否定するものでもある。以上のような研究状況をふまえて、以下具体的に、中国で反戦運動をおこなっていった野坂参三、鹿地亘、青山和夫、カール・米田らの、天皇制認識を見ていきたい。

# 1　野坂参三の議論

## 1　野坂参三の反戦運動

まず、天皇制認識の検討に入るまえに、野坂の実践を確認しておきたい。[6]野坂は「日本の共産主義者への手紙」を発表し、日本の革命運動において人民戦線運動段階をつくったといえる。野坂が中国華北における反戦運動に参加したのは、一九四〇年三月からであるが、公然化したのは、一九四三年五月からである。

中国華北における日本人の反戦団体としては、すでに覚醒連盟が一九三九年一一月七日からできており、在華日本人民反戦同盟延安支部も一九四〇年五月一日に結成されている。これら反戦運動団体が連合して、一九四二年八月二六日に在華日本人反戦同盟華北連合会が結成されている。またこれらの活動家を養成する教育機関として、日本工農学校が一九四一年五月に設立している。これらの反戦運動の上に立って、日本人民解放連盟が一九四四年二月に発足した。あとで見るように、この組織の綱領草案をめぐって、論争がおきたわけである。その後野坂は一九四五年四月の中国共産党第七回大会で「民主的日本の建設」を報告している。日本人民解放連盟などの統一戦線組織とは別に、共産主義者団体としては、在華日本共産主義者同盟が一九四二年六月二三日に結成されている。

## 2　日本人民解放連盟綱領草案をめぐる論争

ここで、日本人民解放連盟綱領草案をめぐる論争における野坂の議論を見ていこう。

日本人民解放連盟綱領と規約草案及びその他は一九四四年二月に決定されている。その綱領草案では以下のようなことがうたわれていた[7]。（戦争終結と講和）では、「イ　戦争をすぐやめ　ロ　すべての占領地帯より日本の軍隊と軍艦を撤退せしめ　ハ　交戦諸国と公正なる講和を締結し」といったことを掲げている。（永遠の和平）では、「イ　満州事変、支那事変、大東亜戦争を起した責任者を厳重に処断し　ロ　軍部の勢力をわが国の政治より一掃し」ということをうたっている。その他（軍部独裁の打倒）・（自由と民主の政治）・（兵士、水兵と家族の生活保証）・（人民政府の組織）の項目もある。

この解放連盟の綱領に対し、中国国民党系の『大公報』が批判をしたが、野坂はこれに反論するとともに、鹿地、ジョン・K・エマーソン、ガンサー・スタインに対して積極的に意見を展開し述べている。ここでこれらを見ていこう。

まず、野坂は一九四四年四月五日付けの鹿地亘あて書簡において、以下のように述べている[8]。

我々共産主義者が、天皇制の打倒（ブルジョア民主主義革命）を、更に進んで資本主義の打倒、社会主義の建設（プロレタリア革命）を目指して闘争していることは、ここに改めて言ふ必要はありません。では何故あのパンフレットや「解連」綱領に、天皇制打倒が主張されていないのか？それには次のやうな理由があります。

一、我々が、現在の状況の下に於て、全力を集中して攻撃しなければならぬ敵は、ファシスト軍部です。何故ならば、（イ）軍部は、今日の日本の政権を実際に独占掌握し、この侵略戦争を実際に行っているものであり、（ロ）軍部打倒の闘争には、単に労働者、農民、知識階級のみならず、中小資本家、及び其他戦争の犠牲者の一切を惹き入れて、最も広汎な人民戦線を組織し得る可能があるからです。（ハ）更に、軍部と天皇制とを分離して考へることは全くの誤謬で、軍部こそ天皇制の中の最も強力な勢力であり、天皇制の主柱です。従って軍部打倒は、即ち、天皇制打倒を極めて容易にし、而かも天皇制打倒のために現在歩まなければならぬ最捷径だからです。

二、天皇制の首長である日本の天皇は、一種の半宗教的影響を国民の間に持っています。だから、これに対しては、我々は用心深い態度を採るべきです。今日ただちに天皇制打倒のスローガンを掲げることは、広汎な人民獲得の上に利益はありません。天皇が人民の敵であることを人民が了解するためには、人民自身が実際にその事を経験することが必要です。だから、共産党が宣伝のスローガンとして、天皇制打倒のスローガンを掲げたり、或は反戦、反軍部の闘争の過程に於て、具体的事実をもって天皇の本質を我々が暴露することは必要ですが、しかし、人民戦線のスローガンとして、之を掲げることは有害です。

以上の説明でわかるやうに、我々が、今、問題にしているのは、戦争と軍部反対の人民戦線であって、天皇制打倒のブルジョア民主主義革命ではありません。而かも、この人民戦線の闘争こそ、天皇制打倒の革命を最も容易にするものです。これが今日の日本共産党が採っている戦略戦術です。

第二に、野坂は一九四四年四月二八日に「日本人民解放連盟綱領草案に関する重慶『大公報』の評論について」を発表している。ここでは以下のようなことが書かれている。[9]

綱領は、次の性質をもっているのである。

一、われわれの綱領の対象は、単に中国非占領地区内の日本人だけでなく、日本軍隊内の兵士（および在華居留民）日本国内の広範な人民である。（中略）彼らの今日の意識程度から、かけはなれすぎた要求は、たとえそれが原則的に正しくても、われわれの綱領中にとり入れることを差し控えた。それゆえに、われわれの綱領は、最低であり、（中略）

二、われわれの綱領は、一党一派の綱領ではなくて、各党派連合の綱領、すなわち、統一戦線の綱領である。だから、統一戦線内の各党派は、基本目標（すなわち戦争終結、軍部打倒）についいては、一致するが、その他の問題については、意見を異にしうる。だから、われわれの綱領草案には、特に異論の起りうる問題は、単に原則だけを示して、討論と伸縮の余地を残した。たとえば、軍部と「その一味」、「公正」なる講和（この中に、朝鮮の独立、台湾の中国帰還も含まれている）将来の日本の政治制度、経済および土地制度等等のごときである。（中略）

当面の主要な敵とは何か？われわれの意見では、それは「軍部とその一味」である。（中略）憲法の上では、天皇が軍事、政治の一切を掌握していることになっている。だが、これは制度上のことであって、実際には、天皇はある程度傀儡化され、天皇の「意志」は、今日では、支配階級内の（そして、天皇制機構内の）最も強力な勢力――すなわち、軍部によって、ほとんど左右されている。（中略）

だが、綱領草案中に天皇打倒を掲げなかったもう一つの理由がある。それは、日本の天皇が七〇年間の欺瞞宣伝教育によって、人民の間に、半宗教的（超階級的、神人的）影響をもっていることである。（中略）人民の間に相当深く浸みこんでいるこの迷信を打破するためには、天皇が人民の敵であることを、具体的事実をもって、比較的長期にわたって、執拗に大衆に説明し、教育することが必要である。この過程を経ずして、今すぐに、天皇打倒のスローガンを掲げることは、かえって人民の反感と反対を買うだけである。これは過去において、われわれが、日本および中国の戦場において、味わった苦い経験である。天皇（および天皇制機構）を打倒するための第一歩は、天皇（および天皇制機構）の主柱であるところの軍部の権力をまず打破し、これによって天皇を実際に無力にすることである。また、軍部を打倒することは、天皇制機構全体を瓦解に導く道である。（中略）

もし、現在の天皇が飽くまで軍部と生死をともにするならば、われわれは、彼の罪状を人民の前に暴露して、軍部とともに葬らなければならない。

第三に野坂は一九四四年九月末に、新聞記者のガンサー・スタインに対して、以下のようなことを述べている。[10]

戦時でのわれわれの宣伝戦術は、日本国内の敵陣営を分裂させ、日本の支配階級のなかで、最も有力な集団である軍国主義者に対して、全力をあげて攻撃を集中することでなければなりません。こういう理由からして君主制に対しては、もちろんいままでどおり反対はしますけれど、『天皇制打倒』のスローガンはさけねばなりません。（中略）前線で中国軍と一緒に活動している解放連盟員も、彼らの経験からして、いま君主制の転覆を要求するならば、日本兵の多くは、解放連盟の立場に反対して、そのスローガンに耳をかさないだろうという意見に、賛成しています。事実これが現在の日本人民の大多数の態度を示しています。

しかし天皇は、実は軍国主義者の表看板にすぎません。一度軍国主義者を倒してしまえば、天皇制は楽に倒すことができます。（中略）

しかし、このことは、われわれが天皇制反対の宣伝を、現在としてもひっこめることを意味するものではありません。われわれは、天皇が清浄で神聖な権力ではなく、かえって、いまの日本に生じている事柄について一部の責任があることを、兵士や民衆にわからせて、天皇の権威をほりくずしていくように心がけています。（中略）

また朝鮮独立と台湾の中国への返還も、――まだしばらくは――宣伝いたしません。もちろん、三大国のカイロ宣言の関係条項には、他のすべての条項とともに賛成します。しかし、これを宣伝スローガンにすることは、日本人民がこれらの植民地を天皇の神聖な統治のもとにあるものと、なお信じている以上、現在のわれわれとっては、不向きなものであります。この問題は、しばらくおあずけにしておきます。（中略）

休戦に際して、連合国は民主的政府の樹立を要求して、絶対に譲歩しないようにすべきです。――できることなら、その政府は共和制を基礎とすることが、のぞましいと思います。（中略）

われわれの最高綱領は、君主制の廃止を要求します。最低綱領としては、立憲君主制に改めると同時に、この一三年間の日本の侵略戦争に対して、個人的に責任ある人間の一人として、ヒロヒトの退位を要求します。

第四に野坂は、一九四四年一二月四日、アメリカ国務省のジョン・K・エマーソンと会見しているが、エマーソンの会見記録によると、野坂は以下のように述べている。[11]

岡野氏は、およそ天皇に対してとるべき態度についての論議にさいしては、天皇制と皇室とを区別し、さらにまた、皇室と現在の天皇裕仁を区別することが必要であると考えている。

天皇制が今日と同じ姿のままで存在するかぎり、日本に民主主義が発展することはありえない。権力は、国民の代表者の機関である国会に置き、天皇に置いてはならない。（中略）日本につくられるべき理想的政体は、原則的には米国の政体に類似するもので、かつ皇室を排除したものであろう。

これらをまとめると、共産主義者は天皇制打倒をめざすと、野坂がいっていることは重要である。その意味で、天皇制打倒をおろしたという批判はあたらない。実際には棚上げに近くなるおそれはもちろんあるわけであるが。しかし原則は守りつつ、実際の運動では幅広い結集をはかれるようにすることが、正しいあり方であるといえよう。主要な敵はファシスト軍部であるといっており、その際軍部と天皇制は分離できないとしているが、これも大事である。さらに軍部打倒は天皇制打倒を容易にするといっていることにも注目する必要がある。

つぎに、日本人民解放連盟綱領は戦争と軍部反対の人民戦線の綱領であり、最低綱領であることをおさえているが、これも重要なことである。

さらに、野坂は、長年の欺瞞宣伝教育によって、天皇が半宗教的影響力をもっており、そのため用心深い態度を採る必要があるのであって、したがって、人民戦線のスローガンとしては天皇制打倒は有害であるとしている。もちろん天皇制打倒を共産党が宣伝のスローガンとしてあげるのはよいとしており、事実で天皇の本質を暴露することが必要であるとしている。この点は特に大事であり、統一戦線の一致点と統一戦線の中での共産党の独自性の保持との統一的理解として優れた点である。

また、公正な講和や朝鮮の独立・台湾の帰還も、人民戦線の綱領であげるべきでないとしている。これは大きな弱点であるといわざるをえないが、これも基本は日本人民の弱点からくるものである。しかし、天皇制の神性にからめる必要があるかどうかは疑問であり、占領地と同じく考えられるのではないか。

天皇を軍部のカイライととらえているが、この認識は疑問である。天皇は実権をもっており、軍と一体性が強いことは事実であるからである。また、天皇制と皇室を区別し、さらに皇室と天皇を区別しているが、これは重要なことである。

### 3 「民主的日本の建設」について

ここで「民主的日本の建設」について、以下にその内容を紹介し、検討したい[12]。

わが国に民主主義を実現する上に、二つの方面のことがなされねばならぬ。すなわち、反民主的なものの一切を清掃すること、ならびに民主的なものを建設すること。まず、清掃すべき方面。その第一には戦争犯罪人の厳罰である。(中略)

天皇は二つの作用をもっている。第一は、わが国の封建的専制独裁政治機構(または天皇制)は、天皇を首長とし、中心として構成され、天皇の手中に、制度上、絶大な政治的独裁権が握らされていることである。第二は「現身神」(あらひとがみ)として、半宗教的役割を人民の間に演じていることである。この二つの作用は、相互に結びついているが、しかし、分離することもできる。そしてわれわれは第一の作用に対する態度と第二に対する態度とに、区別が必要である。

専制的政治機構(天皇制)の首長としての天皇または天皇の特権は、この機構とともに、即時撤廃して民主的制度が実現されなければならぬ。(中略)

日本の人民は天皇または皇室に対して信仰をいだくが、しかし、この独裁機構を崇拝しているのではない。われわれは、専制機構としての天皇制は、直ちに撤廃して、民主制度を実現しなければならぬ。(中略)

だが、天皇の第二の作用、すなわち半宗教的影響力に対しては、われわれは用心深い態度をとらなければならぬ。過去七〇年間に一般人民の心底に植えつけられた天皇または皇室に対する信仰は相当に深いものがある。(中略)

この事実から出発して、われわれの当面のスローガンが考えられなければならぬ。

わが解放連盟の綱領中には、天皇または皇室打倒の綱領をかかげていない。なぜならば、解放連盟は、日本人民の当面の目的、すなわち戦争反対、軍部打倒、民主的日本の建設のスローガンの下に広範な大衆を動員する団体である。この中には戦争と軍部には反対するけれど、天皇の崇拝はやめない者も、当然、獲得しなければならぬ。われわれは、天皇打倒のスローガンをかかげない場合には、当然われわれの陣営に来り投ずる大衆も、このスローガンをかかげることによって、われわれから離れ、われわれは大衆から孤立する危険がある。以上が、解放連盟の綱領中に、天皇の問題をかかげなかった理由である。

しかし、右のようにいったからといって、われわれ共産主義者が、戦後の日本に天皇または皇室を保存することを歓迎しているのでは、無論ない。天皇は、現在の戦争の責任者の一人であり、反動政治と復古思想の表象である。また、戦後において天皇が存続するならば、なお残存する反動勢力は天皇を中心に再び集結して、平和と民主政治を攪乱する可能性がある。このようなものは、わが国の民主化のためには廃止されなければならぬ。わが共産党は、天皇制も天皇もない徹底した民主共和国を要望し、そのための宣伝教育を人民大衆にむけて行なっている。しかし、われわれの要望は人民大衆の意見に反して実現されるものではない。人民大多数が天皇の存続を熱烈に要求するならば、これに対してわれわれは譲歩しなければならぬ。それゆえに、天皇存廃の問題は、戦後、一般人民投票によって決定されるべきことを、私は一個の提案として提出するものである。投票の結果、たとえ天皇の存続が決定されても、その場合における天皇は、専制権をもたぬ天皇でなければならぬ。


まとめると、天皇について、専制的政治機構の首長としての権力と半宗教的影響力との、二つは分離できるし、態度もそれぞれ区別できるとしていることが、中心的な点である。このような区別は必要であるが、半宗教的影響力は権力的に国家神道により形成されたものであるが、それだけに日本の人民にも深く浸透しており、宗教と同じように慎重な態度が必要とされるという意味でいわれていることをみておく必要がある。

また、天皇は戦争責任者のひとりと見ているが、この認識は大事である。さらに、天皇が残ると、反動勢力が結集する恐れがあるとしているが、そのとおりで、実際戦後そうなったといえよう。これは、残さざるを得なかったという、日本の人民の弱さの問題であろう。また天皇の存廃は人民投票できめるべきで、共産党は廃止を主張するが、人民大多数が存続を希望すれば譲歩するとしている。これは民主主義の原則からいって、そうであるが、しかしそうすれば完全な民主化ができないことも事実である。人民が実践により、天皇についての認識をもつことが基本であろう。

## 2　鹿地亘の議論

### 1　鹿地亘の反戦運動

まず、鹿地らの反戦運動について簡単に紹介しておこう。[13]

鹿地らは中国国民党支配下で、反戦運動をおこなっていたが、一九三九年一二月二三日に、在華日本人民反戦同盟西南支部を結成している。ついで、一九四〇年三月二九日に、在華日本人民反戦同盟重慶総部を結成した。そして、一九四〇年七月二〇日に、在華日本人民反戦革命同盟会の成立大会を正式に開催し、再組織している。

しかし、中国共産党と国民党との対立が激化するなかで、一九四一年八月二三日に、反戦同盟は解散せざるをえなくなり、捕虜は和平村の収容所へと送られ、そこで訓練班として、後に見る青山和夫の影響下の研究班などとともに収容されることになる。鹿地は鹿地研究室を組織し、調査、執筆活動をつづけることになった。

以下に最後の時期を中心に鹿地の天皇制についての考えを見ていこう。

### 2　天皇制的ファシズム

まず、一九四〇年一二月一日付、妻の池田幸子あて書簡[14]のなかで、鹿地は「僕はこの体制を、『天皇制的ファシズム』と規定すべしと思ふ。『大政』翼賛だ！人民革命の目標としても歴史的に的をついているではないか。『天皇制的ファシズム打倒』これが我らの中心スローガン。」と述べているが、鹿地は新体制を天皇制的ファシズムととらえており、天皇制的ファシズム打倒を中心スローガンとしていることに注目しておきたい。

### 3　「遠東侵略戦争と日本人民革命について」

つぎに、一九四二年一〇月四日に書かれた「遠東侵略戦争と日本人民革命について」において、鹿地は以下のようなことを書いている。[15]

中国の友人諸君から「日本革命」に関する各種の質問を受けた。これらの質問の中には、往々にして一種の悲観論、革命の実現性についての疑惑的態度が見受けられた。（中略）

その第一――「（中略）日本人民の一般的特徴として、天皇の絶対的威信が深く植えつけられている。（中略）」

その第二――「中日両国人民の共同の敵は野蛮な侵略主義者たる日本軍閥である。日本軍閥を倒さねば永久に遠東平和は望み得ない。だから我々の抗戦目的は打倒日本軍閥である。然し、この場合我々が天皇制に手をつけることは誤っているのではないか？　なぜかなら、日本人民の大多数は天皇を深く尊崇しているし、もしこれを敵とすれば、却って、大多数の日本人民を敵の側に追ひやらねばならない。それ故、我々は日本人民が軍閥を打ち倒し、人民が天皇を擁立して、新しい平和な日本を建立することを援助し、戦後はかかる日本と平和的関係を結ぶべきではないか？」（中略）

いづれも日本人民の革命力は微弱である。殊に天皇制は確乎と安定していて、さし当りびくともしさうでないといふ見方である。（中略）

米国友人の頭脳の中でも、日本軍閥と天皇とは個別的な存在であり、軍閥を天皇から孤立せしめることが出来、却って天皇制と人民とを不可分のものとしてしまっているのである。

さて私は今、これら諸見解に対して、根本的な訂正を加へねばならぬ。（中略）

天皇制こそは一個の絶対支配力を有する侵略的軍事機構である。（中略）

天皇制は日本人民の死敵である。それは対外的に又対内的武力を発動することを目的として生れた独裁的軍事機構である。（中略）天皇制は国民の餓死情態を維持し、国民をいささかの民権なき所謂「人的資材」たらしめる対内統制機構である。（中略）日本国民は絶対に天皇制と和睦し得ない。（中略）日本人民は由来一貫して天皇制と闘争して来た。（中略）日本人民の革命的闘争が漸時天皇制に肉迫し、その後退を迫り、公然たる天皇制打倒の闘争が今や急激に全日本に拡大する必至の形勢を示し始めた。（中略）

天皇の軍部の目標は言ふまでもなく、所謂「国内新体制」、即ち人民の完全なる奴隷的情態の再現とその恒久化に外ならぬ。今日、日本人民はかかる天皇制の最後的攻勢に対する決戦の只中にある。かかる危機の中にある天皇制を指して、敢へて「天皇制の安定」を誰が語り得るか？　最後の危機とそこからの脱出のための不可避的決戦を天皇制に強いている日本人民の闘ひを、果して誰が「今次戦争に作用する力なし」と断定することが出来やうか？（中略）今日の日本人民が殆ど七〇年前の落伍せる日本人民より天皇の「神権」を盲信していたと敢へて言ひ得るか？（中略）近世日本史から見れば、これは天皇制の「最後のあがき」としての人民への反攻である。（中略）今日、日本人民が最後の決定的一歩を歩むことを敢へてしない理由は、決して天皇制の威信のためでもなく、支配階級に制圧され了っているためでもなく、ただ対外戦争の失敗が「亡国」を意味するといふ支配階級の欺瞞的宣伝に、わづかに食ひとめられているにすぎぬ。（中略）我々は率直に今日、日本人民の革命的領導力の成熟が弱いことを認めなければならぬ。（中略）果して一九三三年より四年にかけての日本の革命闘争は、天皇制日本が軍部を中心とするファシズム的陣形に自己を再編成しはじめた時、この新しい情態に応ずる戦術の変更を正しく敏速に実行し得なかった。（中略）

疑惑もしくは誤解の根本的に錯誤している点は何か？（中略）

天皇制は日本資本主義の弱所の掩覆であり、近代日本史を一貫する日本資本主義の不安定の所産であり、危機の表現である点を見ていないこと。（中略）

誤解者は往々天皇と軍閥とを個別的に見、又日本帝国主義資本家階級を、かれらより独立的に見て、切断し難き、一個の帝国主義的支配政権の部分たる点を見落としていること。それ故、天皇制から軍閥を孤立させるが如き、又は人民が天皇と和協し得る如き錯覚をひき起していること。（中略）

一言にして言へば、日本人民革命の一貫せる基本戦略は天皇制打倒である。（中略）

そして又一言にしていへば、天皇制打倒の現時に於ける最も集中的に把握すべき戦術的一環こそは侵略戦争反対である。（中略）

人民は軍部を悪んでいる。しかも人民は軍部が天皇の統帥権にかくれ、この絶対権力の楯に身をかくしていることを充分知っている。かかる権力は日本の反動的憲法にもとづくものである。

人民は絶対主義権力打倒、民権の獲得、即ち天皇制廃止と完全なる民主的憲法の確立こそが、憎むべき戦争を終結する唯一の道であることを必ず知るであらう。（中略）

日本人民は天皇制との決戦の中にある。

これについてまとめてみると、鹿地は悲観論や日本革命の実現性への疑惑に対して批判している。しかし実際は、天皇の威信が日本人民に浸透しており、天皇制は確固としている、人民の革命で倒れないで、連合国への敗戦のみで危機になるのであって、日本は自力で民主化できないし、戦争を終わらすこともできないという悲観論の方が、事態を正確にとらえていた。鹿地の考えは、原則的思考方法であるが、希望と現実をとりちがえているといわざるをえない。鹿地は、天皇制打倒を掲げないことを批判し、軍閥と天皇分離論を批判し、天皇制は侵略的軍事機構であり、日本人民の闘争が天皇制を打倒すると見ている。またここでは天皇制をささえるものとして、天皇制の威信でなく、亡国論を重視している。ここの認識が変わるとみてよく、のちに威信を強調するようになる。また天皇制は、日本資本主義の弱点・危機の表現であるとしているが、これはそのとおりである。大事なのは、この時点では、鹿地が天皇制打倒の原則的立場だけのままであり、天皇制に手をつけないという議論を批判していることである。そして日本人民が天皇制打倒の闘争に立ち上がることが困難とは見ていないことである。

### 4 「日本人民解放闘争に関して同盟国諸友に訴へる」と「三月二三日大公報社説『日本人民解放連盟綱領草案を評す』を読みて」

ここで一九四四年四月初めに書かれた「日本人民解放闘争に関して同盟国諸友に訴へる」と「三月二三日大公報社説『日本人民解放連盟綱領草案を評す』を読みて」をみていこう。

まず一九四四年四月二日に書かれた「日本人民解放闘争に関して同盟国諸友に訴へる」では以下のようなことが書かれている[16]。

戦友としての願ひ

反侵略諸国の側では戦後処置の問題（中略）が（中略）とりあげられ始めている。（中略）多数の論者が、日本軍閥とその徒党の懲罰・処理のみを主とし、日本国民の問題を甚だ軽視している事実を観取せざるを得ない。甚しきは、一部論者は日本軍閥と不倶戴天の関係にある日本国民の大多数を、軍閥と共に日本人もしくは日本民族といふ一個の概念中に封じ込み、これに対する処理を問題にしつつある事実を忽視することができないのである。

具体的にいへば、危険なる好戦民族としての日本民族の撃滅に関する与論さへ一部米国人中に見られる。

又、日本国民の反軍閥的闘争を同じ戦線に立つ戦友の闘争と見て、これに支援を与へる代りに、却って戦後、多数日本国民をも含めての日本の武装解除が問題にされている事実がある。

更に又、東京占領、一定期間の日本の国際共同管理、等のみが、問題とされ、日本国民によってでなく、同盟国側によって、その戦後政権の形態、たとへば天皇制の処理等が問題にされている事実を見得る。（中略）

例へば、ある人はいふ――日本は内部的に、革命即ち人民の闘争によって崩壊せしめられる可能が少い。（中略）

又、一部米国人中には、これと正反対の見解さへもある。例へば、ある人はいふ――日本国民の国体観と天皇への尊崇は抜き難く、これに抵触することは却って戦後問題の処理を順利ならしめない。却って天皇を利用し、天皇の旗の下に反軍閥的日本人の力を結集せしめ、かかる一種の戦後の日本を建設せしめるべきである。（中略）

日本軍閥こそは、この第二次世界大戦の先頭を切った東方に於ける最も凶悪な侵略者であった。それと同時に、日本国民こそは、敵国国民中より、反侵略陣線中に最初の反侵略的戦士を送り出した反軍閥反戦争的国民の先例を創り出した。（中略）

これら日本国民の不屈の反戦反軍閥闘争は決して、一部人民の先進分子のみの例外的事実ではない。（中略）

これによって見ても日本国民はその落伍のために自立の力なく、自から人民的意志を伸達する政権を選ぶ力なく、それ故列国によって「天皇制無き」もしくは「天皇の旗の下に」の政権を当てがわれねばならないであらうか？（中略）

もし誰かが「ミカド」をいただく排外的な日本人の民族的特異性を提示すれば、忽ちその印象に一切が打ち消されるといふのが一般の情態ではないだらうか？（中略）

けれども、私が特に、ここに指摘しておかねばならぬ主要原因は、これが日本軍閥の伝統的政策の結果であったといふことである。（中略）

けれども日本国民の意欲の根本に、かって軍閥と動機を同じくする如き、掠奪・強盗の野望が存在したことはなかったのである。（中略）

けれども国民が侵略戦争に駆り立てられたことは、決してその本意に発するものでなく、軍閥の徒に欺かれ「不可避的不幸」と思ひ誤って、彼らに利用されたにすぎぬ。（中略）

又例へば、諸君が、日本国民の評価を誤って、その人民的な自主的解決を助ける代り、「天皇制を奪ひ」又は「天皇制を与へる」如き内政的問題にまで手を染めやうとしたとせよ。軍部は必ずかくいふ、「列国は日本国民を

制圧するために､その国体に手をつけ､その傀儡政権を打ち樹てやうと企図しているのだ」と。（中略）

天皇制の処置如何に関して、特に我々日本国民の態度を諸君に告げるならば次の如くである。

勿論、天皇制が日本国民の全き無権利と飢餓的奉仕を強制し、これを支捧する反動的権力機構であることは衆知の如くである。殊に日本国民にとってこれが大きな不幸である所以は、第一に、その神権的思想煙幕が、国民の落伍せる部分（殊に多数農民）を反動的支配階級の野望遂行に対する反抗から、沈黙せしめ、怨み呑んで盲従を余儀なくせしめていること、第二には、それが国民の全き奴隷奉仕を強制する暴力的権力機構であることである。

それ故、日本共産党はかって日本人民の民権獲得、即ち民主革命のため、天皇制打倒をその目標として掲げた。日本労働者階級は農民との同盟によって、帝国主義支配階級打倒のため、先づその権力支柱たる天皇制の破壊を目標とした。この闘争は天皇制権力に戦慄的衝撃を与へたが、不幸にして落伍せる国民の多数を動員するに成功し得なかった。

けれども今日では事情が変化している。日本国民は窮死と亡国の戦争の中で、この運命を如何ともすることの出来ぬ奴隷的境遇にあることを痛切に感得し、独裁者の特権を剥奪し、彼らを打倒し、平和実現のため、民意を伸達することの必要を全国民的に自覚しつつある。天皇の神権的思想煙幕になほ影響されている落伍せる部分の人々さへも、自由と平和のために、人民の意志を代表する政権を以って、軍事独裁者に代位せしめることを、内心深く切望している。

これこそ、日本人民解放の恵れた条件である。（中略）

では今日我々に与へられている条件の特徴は何か？日本全国民がその階級的相違の如何に拘らず、又思想信仰の相違、先進分子と落伍分子との相違を問はず、ただ一つの目的のために情熱的に団結し得るといふことである。今なほ天皇に関する信仰を脱し得ない落伍せる部分の大衆さへも、軍閥の特権剥奪、これによって人民の意志を貫徹する政権を実現し、平和を回復することに心から賛同し得るといふことである。

我々はかかる条件を正しく把握し、国民の如何なる少数をも軍閥に瞞し取られることなく、すべての国民の力を固い団結に導き、戦争と軍閥とに終焉を与へる力量とせねばならぬ。

かくて、我々の全国民的闘争目標は次の如くでなければならぬ…軍部とその徒党打倒。（中略）我々は今決して過去に於ける日本共産党の綱領、天皇制打倒の実現を主張しているのではない。国民の要望も決して共産党の綱領実現ではない。否、日本共産党さへも、当面日本国民の最悪の不幸である戦争を絶滅するために、その本来の綱領実現を当面の課題とせず、却って全国民の平和と民主の要望実現に協同し、先頭に立って、そのために努力しつつあるといふことである。（中略）

軍閥勢力とその政治的特権こそは天皇制権力機構の主要な実体であり、それ故にこそ日本の反動的諸勢力が天皇の神権的思想煙幕にかくれて、それの強化に努力した。今この勢力とその特権を消滅し、完全なる民主的基礎を国民が闘ひ蔽るならば、実は日本の反動的権力機構自体は処置されたこととなる。（中略）

既に我々が思想信仰の相違を問はぬ国民的団結を目的としている以上、神権としての天皇の存在とそれへの信仰の如きも、決してこの国民統一戦線の条件となるべきではない。それは思想と信仰の問題である。各々思想と信仰は自由であるべきである。

更に又、実をいへば、今日なほ日本国民中に、平和と民主との要望にも拘らず、なほかつ可成りの天皇の神権化を信ずる落伍せる大衆の存在が残されているといふことこそは、まさに軍閥とその徒党が国民から言論集会出版等の自由を剥奪し、思想信仰の自由を剥奪していることの結果に外ならぬ。決してそれは神話的な日本の民族性に根ざすものではない。日本国民が軍閥とその徒によって落伍を強制されているからである。では一たん国民が基本的民主を獲得した日を想像せよ。いふまでもなく、我々は思想の問題を思想的闘争の自由によって解決する条件を有する。落伍せる国民大衆も啓蒙されるであらう蒙昧なる神権の思想の如きは忽ち霧の如く真理の光に破られるだらう。天皇制はかくて、その権力内容のみならず、全日本国民の総意によって、思想的影響の痕跡をも消す一日があるだらう。（中略）

一部の、革命的面貌をよそおひ、軍部のために国民的団結力を破壊せんと企てる日本的トロツキー分子（日本共産党の裏切者）のみが、日本に於いては、一九三五年以来一貫して、天皇制打倒をその形式的スローガンとした。

つぎに「三月二三日大公報社説『日本人民解放連盟綱領草案を評す』を読みて」では以下のようなことが書かれている。[17] これは岸本勝の名前になっているが、筆者は鹿地亘である。
もし日本人民が諸君の戦友として日本軍閥打倒に協同し、諸君の援助を得つつ自から軍閥勢力を消滅し、日本人民の政府を樹立して、世界永久平和に協助せんとする時、同盟国はやはりこの新日本に軍閥支配の日本と同様に、敵国処理の原則で応待されるであらうか？（中略）
社説の意見の概容は次の如くです…「天皇とその一派を打倒し、財閥を打倒することを明確に規定せよ。」（中略）
これはかっての日本共産党の「天皇制廃止、帝国主義資本家階級の打倒」を内容する革命的綱領と同一であるといふことです。
勿論、私たちとしても、決してこの共産党の綱領に反対するわけではありません。（中略）
最も大切なことは、平和と自由を要求する国民の団結一致の実現です。（中略）
然るに、注意しなければならぬことは、日本国民は過去に於いて軍閥の徒の完き盲目政策により、落伍せる大衆（殊に農民）が、切実に「平和と民主」の必要を意識しながら、天皇に対する寄信を棄て得ない現情にあるといふことです。では天皇打倒のスローガンが国民の団結を破り、却って軍閥の徒に利する結果となるのは自明です。
しかも、我々にとって現在、天皇自体が、直接の問題ではあり得ない。問題は天皇の神格化された思想煙幕を利用せる日本の反動的諸勢力の独裁的反人民的権力機構である。この権力機構自体の破壊については、全国民（その思想と信仰の差を問はず）が一致する可能性を以っている。我々はこの可能を忽視することはできないのです。（中略）
日本共産党さへも今日自己の綱領を直接主張することなく、さし当っての国民団結と世界平和実現のために、当面の国民的闘争目標に一致せる態度をとっています。
ただ一部の日本軍部の手先のみが、かっての日本革命のスローガン「天皇制打倒」と観念的に主張して、軍部のために国民戦線破壊に努力しています。

これら二つをまとめてみると、まず日本国民の武装解除、同盟国の日本占領、同盟国による天皇制処理の決定などに反対している。これは日本の専制体制は日本人民の闘争や革命で崩壊できると見ていることからくるものである。その例証として反戦反軍閥の先例や広範な事例があるとしているのである。また同時に天皇の下での戦後日本建設にも反対している。天皇制は神権的思想煙幕であるとともに、暴力的権力機構であるという側面があると把握している。また、かつて日本共産党は天皇制打倒を主張し、落伍した国民を動員できなかったが、今は変わったとしている。ここでの日本国民が落伍したとの認識は正しいが、日本国民が変わったという把握は間違いで、もっと後退しているとみるべきであろう。しかしそのなかでも、反軍部で結集する可能性をみて、新しい方針を提起している点は評価する必要がある。自由と平和の確立、軍事独裁打倒が課題であり、神権的思想煙幕に影響されているものも結集する必要がある。そのため、鹿地らは天皇制打倒を主張しないとしている。しかし日本共産党の天皇制打倒の綱領に反対するわけではないとしている。むしろ日本共産党も天皇制打倒を当面の課題としないとみているのである。そして軍閥は天皇制権力機構の主要な実態であり、軍閥打倒は天皇制処理となるとしている。神権天皇への信仰の否定は国民統一戦線の条件でないとしている。この課題は基本的に民主主義が確立した段階で、思想問題として思想闘争で解決すべき問題であるとしている。これは正しい方針である。しかし、戦後この思想闘争に勝てなかったことが問題である。またトロッキストのみが天皇制打倒をスローガンにしているとか、日本軍部の手先が天皇制打倒を主張し軍部のために国民戦線を破壊しているとも批判している。これは青山らに対する批判であるが、トロッキストとか軍部の手先という批判はおかしい。統一戦線内部の意見の違いであり、これを敵対的にすることは誤りである。全体として、反軍部で広く結集するために障害をなくそうとしていることは評価できるが、日本国民に期待することからその過大評価があって、それを前提に方針を出しており、これは以前と変わらない、同じ間違いである。したがって、実際は武装解除・占領・占領による民主化もやむを得ないこととみるべきであろう。ここから当然、日本国民の戦争責任の問題がでるし、補償・賠償の責任もでることになるであろう。しかし、実際に日本軍部と戦っている鹿地が、日本国民の戦争責任や補償・賠償の責任を否定する主張をすることは許されることである。神権的思想煙幕という表現をしており、半宗教的という表現とは異なるが、基本的に野坂と同じで、天皇制打倒を統一戦線の一致点からはずすという主張をしており、この点で鹿地は一九四二年段階と大きく変わったといえよう。

## 5　鹿地の統一戦線組織の提案

ここで、鹿地が提案した統一戦線組織の綱領について見てみよう。

まず一九四四年五月二八日に鹿地が出した「自由日本民族同盟の提案[18]」には、「（一）目的　日本軍部の進行しつつある侵略戦争を終結せしめ、日本国民を戦争の破滅的犠牲より救ひ出し、東亜並びに世界の永久平和のために日本国民全体を協同せしめることが我々の目的である。」、「（三）右組織の綱領に関して　A、即時停戦、全占領地帯よりの兵力撤退　交戦諸国との公正なる講和　B、戦争発動者、戦争政策の指導者の厳重処罰。C、（中略）軍部の一切の特権（中略）剝奪（中略）D、完全に人民の権利を保証し、軍事勢力の復活を防止する如き憲法の改造。」などがもりこまれている。また註の3として、「天皇制廃止、もしくは集権主義の実現の如き、多数の意見対立を生じ易き問題は、かかる人民統一団体の綱領に加へてならぬ。」ということも書かれている。

つぎに一九四四年一二月一日に、鹿地が書いた日本人民解放運動に関する計画書[19]には、「日本民族解放同盟の組織を期する。」とあって「日本民族解放同盟綱領草案[20]」では「（一）絶対権力を掌握し、人民に破滅的犠牲を強制する軍事独裁政府を打倒する。（二）平和と解放を切望する全国人民の意志を代表する進歩的各党各派を糾合し、その連合により日本人民政府を樹立する。（三）即時停戦し、すべての占領地帯より、日本軍隊と艦隊を撤退せしめ、人民政府によって、交戦諸国と公正なる講和を締結する。（四）満州事変以来、今日まで、人民と祖国にはかり知れぬ犠牲と大禍をもたらした戦争責任者を厳罰し、日本に再び戦争製造者の勢力が台頭することを防止するため、軍部の政治的特権（中略）を廃止し、軍部の指導する一切の団体（中略）を解散し、軍部の国政干渉を一切不可能ならしめる。」ことがもりこまれている。

まとめるとこれら鹿地が提唱した統一戦線組織の綱領には、即時停戦、占領地よりの撤退、戦争責任者の処罰、軍部の特権廃止、軍事独裁政府打倒、平和と民主の日本実現などがもりこまれており、天皇制廃止とか植民地独立のような意見対立することはいれないことが特徴となっており、野坂らが提唱したものとよく似ているといえよう。

## 6　民主日本建設同盟に関する意見

ここで、一九四五年六月一日に鹿地が書いた「民主日本建設同盟に関する意見」を見ていこう。[21] ここでは「人民の意見の分岐を生み易い思想問題、特定の政治制度の主張の如きを一切この綱領より除き、軍事勢力の打倒、平和の実現、人民の解放といふ当面の直接的目的の範囲に綱領の内容を限るべきである。」と書いており、ここでも人民の意見がわかれる思想問題や特定の政治制度の主張を綱領から除くべきであると主張している。

## 7　今日の日本政局

最後に戦後であるが一九四六年二月一五日に書かれた「今日の日本の政局」[22] では以下のように鹿地は主張しているが、これは戦時中の認識とつながるものである。

その陰謀の最も顕著なことは、先づ人民の当面の救済と解放との代り、「天皇制を廃止すべきか否か?」を問題とし、挑発的姿態を以って、共産党に公開討論を持ちかけ、共産党は「天皇制廃止」を主張することを理由として、これとの連合戦線を拒否し、その孤立化を謀った。一方「民意測験」を捏造して、天皇制支持が民意に基づくものたることを主張し、これを彼らの民衆偽瞞の旗幟とした。

顕らかにこれは、今回世界大戦の後期に日本処置が問題化されるに際して、一部陰謀分子が先づ「天皇制の存否」を中心問題に引き出し、民主勢力の攪乱を謀った国際反動の手段と共通するものである。

日本共産党の主要な幹部は当時顕らかに、この陰謀に陥れられた感がある。

彼らは当面の接迫せる人民の救済に関する具体的な「共同綱領」をかかげる代り、先づ解放された政治条件を利用して、党の民主革命に関する綱領自体を提出し、「天皇制廃止」を主張するといふ失敗を演じた。これは、党幹部が長期間（長いものは一七年）牢獄中にあって耳目を封塞され、現在の政治的条件の正しい把握の力を欠いていたからであること推測に難くない。

# 3　青山和夫の議論

## 1　青山の反戦運動

青山も、日本の戦争に反対してきたわけであるが、戦争末期には重慶に青山研究室を開き、和平村の研究班の捕虜たちに影響をもっていた。かれの立場は、中国国民党に近かったとみることができる[23]。

## 2 「日本資本の現況と大衆の将来」

青山については、まず講座派を批判して一九四二年一一月に書いた「日本資本の現況と大衆の将来」での天皇制論から見ていこう[24]。

天皇及その官僚等の一群即ち天皇制自体たるものは、この強大にして絶対的な物質的基礎に立って、社会の外に社会を制圧する絶対的な一団をなしているのである。（中略）天皇制の政治的支柱は官僚群であり、その官僚群自身は（中略）半封建的独立農民を政治的に代表するにある。（中略）一方には半封建的土地所有関係の強制とその人為的再生産をもって地主に、他方には対外軍事侵略による資本家に対する利潤補給（中略）によって資本家に、対外軍事占領の拡大による植民地的労働条件とは、天皇制をしてその絶対的補強たり、且つ対外軍事侵略が必然に天皇制日本の不可避の進路となっているのである。（中略）軍部を頭にいただく擬制資本家政治とその侵略戦争を撃破しなければならぬ。（中略）

当時我々の緊急課題は正に軍部に依て発動されんとしていた対中国侵略の軍事行動を如何にして阻止し、如何にして抵抗の拡大の中に日本擬制資本を革命的環境の中に陥しこむかにあり、（中略）岡野の手紙は、この目的に対しては、あまりにも遠かった。（中略）その後に発表された在外日本人の論文も日本共産党の当面政策が、合法的部面への進出として反ファショ運動、一時的便宜的手段としての反ファショ闘争でのみしかないと見做される様な立場のみから書かれている。この種の割り切れない陰影をもつことが、（中略）反ファショ運動が合法的宣伝的意義のみから取り上げられる様な形態の政治的二股論に立つ米国の松井一派や旧反戦同盟の如き偏向派を生じさしている。（中略）

勤労者連合政府の武装実力をもって天皇政府と内閣制度その一切の影響を完全に破壊し清掃しつくす。

ここでは、「日本の共産主義者への手紙」などの反ファッショ人民戦線運動を合法主義として批判していることがわかる。

## 3　「日本人民解放連盟綱領草案の批判」と「天皇制と日本ファシズム」

ここで、青山が発行していた『民主と自由』に載せられた青山の論文について見ていこう[25]。一つは野坂の「日本人民解放連盟綱領草案の批判」である。ここでは、日本人民解放連盟綱領草案は、大部分が戦時および軍事動員の解除であり、民主の建設は抽象的であり、消極的である、天皇制問題や朝鮮台湾の独立分離がない、これでは満州事変以前に戻るのみであり、主権が天皇か人民か、が不明であると批判している。この野坂の綱領に対する青山の対案として、日本人自由解放の憲章草案を出しているが、そこでは主権は全体人民に帰属し、共和制民主政体を創設し、朝鮮独立・台湾分離を主張するものとなっている。この野坂に対する青山の批判は正当であるが、これらの点が統一戦線の綱領になりえないことが日本人民の状況であることも事実である。したがって野坂の方針の方が闘争を進展させるし、青山の方針では闘争が進展しないことになるといってよいであろう。

つぎに同じく『民主と自由』に載せられた「天皇制と日本ファシズム」には以下のような要旨の内容が書かれている[26]。現在、天皇制にふれないで軍部反対のみが主張されているが、この根拠は野坂の「日本の共産主義者への手紙」にある。一九三四年夏に日本共産党と関係組織が全滅したが、組織と闘争から離脱した動揺分子が「打倒天皇制」反対を出した。三二年綱領と天皇制打倒が日本のファッショ闘争の出発点である。一九三五年以降、反ファッショの人民戦線運動が発展した。人民戦線派は、天皇制打倒は過激過ぎるので、軍閥と財閥打倒のみを主張している。彼らは、天皇制打倒は根本の政治綱領であり、宣伝スローガンではないとしているが、これでは三二年綱領からの落伍者であり、佐野学派に追随するものである。彼らのスローガンは二七年テーゼとあまりかわらないものである。一時、半封建的君主制は、ブルジョア君主制に傾斜したが、なりきってはいない。佐野学派は、天皇制が社会・国家政治と無関係であり、歴史的民族的象徴であると主張しており、プチブル派であり、攪乱者である。天皇制は独特神話の神道の国家である。日本ブルジョア階級の発展は遅れている。ブルジョア階級は専制政治の手で培養された。軍部は天皇制ファシズムの戦争機能の部分であり、軍部は天皇制とわけられない。

反ファシスト戦争の第一目的はファッショの戦争機構の撃滅である。日本の反ファッショ闘争の外国との区別は、反ファッショ闘争が民主革命の完結になるべきことにある。日本は天皇制継続執行がファシズムの客観的任務になるようなアジア社会の上にある。

まとめるとこれらの青山の認識は基本的に正しいが、ただし野坂らの人民戦線派と佐野との同一視や、根本の綱領と宣伝のスローガンとの区別をみない点などは不適切である。この青山の主張は原則的ではあるが、統一戦線の方針としては、間違いといわざるをえない。特に三二テーゼと天皇制打倒が日本のファッショ闘争の出発点であるという認識は正しいが、天皇制打倒闘争が困難であり、これが統一戦線の課題にならないことが問題なのである。

## 4 「日本民主革命協議会綱領」と「日本民主革命同志会綱領」

最後に、青山が一九四二年一月に発表した「日本民主革命協議会綱領」と一九四四年初め頃に発表した「日本民主革命同志会綱領」について、みていこう。

「日本民主革命協議会綱領(27)」には、「二、天皇主権専制の推翻、旧政令法制の完全一掃による人民主権共和国家の確立。一七、朝鮮、台湾の独立支援。一八、対外武力侵略の無条件即時撤回。不法獲得による対外権益の無償放棄。」が、同じく、その基本政策には、「天皇制軍部打倒、全民ファショ奴役反対による全民共同の民意による勤労者の民主主義勝利を目的とする国民大衆の結合。」がうたわれている。

つぎに「日本民主革命同志会『綱領(28)』」では、「一、本会は人類進化の原則に基き、天皇を中心とする封建的政治支配勢力を打倒粛清し、新日本の建設を期す。甲、天皇制の徹底的打倒、乙、軍部独裁統治の徹底的打倒、丙、一切の階級的特権の徹底的打倒、丁、普選に依り国家大計を定める国民代表会議の召集」、「五、(中略)乙、台湾の分離朝鮮の独立を承認す、丁、戦争責任者の厳懲、戦争に依りて取得せし、不正なる国内国外に在る一切の利権財富の没収及放棄の実施」などがうたわれている。

これらの青山の綱領について見ると、統一戦線綱領に軍部独裁打倒や戦争責任者の懲罰のみでなく、天皇制打倒や朝鮮独立・台湾分離などの原則点を入れているわけであり、これでは、結集できるものは共産主義者以外ほとんどないことになるといえよう。

## 4　カール・米田の議論

### 1　カール・米田の活動

米田はアメリカ軍戦時情報局の軍曹となって、伝単作成などにあたっていた。一九四四年四月一六日から一九四五年六月一日までは、ビルマ北部のレド本部にいた。その後一九四五年六月一日から九月一五日までは、中国昆明本部にいた。一九四四年六月には、延安から「華北日本人団体第一回大会の宣言」「日本人民解放連盟」「兵士の友」などの文書をもらっている。また一九四四年一一月二〇日には、鹿地亘あて書簡を出し、さらに、一九四五年七月には、鹿地と会っている。(29)

### 2　一九四四年一一月二〇日付鹿地亘あて書簡

一九四四年一一月二〇日付のカール・米田の書簡では、以下のようなことが書かれている。(30)

> 「日本人民解放連盟」の趣旨、目的共によきも、やはり書き方が堅すぎる。戦後の日本にはやはり資本家も必要だから「大資本家」の攻撃よりか「軍部と結託せる金融資本家」にのみ攻撃の的を向けるべきではないか。戦後の日本に革命の来る事は望まれない現状にあるので、「連盟」は「日本民主主義国」を建設するためには全ての層の協力を受け、又外国、特に米資本家の支持ありてこそ日本は、軍事的でなく、変革的に多年ならずして平和な生活を確立する国となると云ふ事を国民の頭に持たす必要はあるまいか。（中略）
>
> 諸君の団体や同志岡野等はもっと連合国内に諸君の目的を宣伝し、彼等の支持を受くべきだ。このためには諸君の目的は連合国に受け入れられる様な一般的なものでなければならない。之がためには左翼的スローガンはさけるべきである。

まとめると、米田は、日本人民解放連盟の趣旨・目的について、左翼の言葉を使うべきでなく、かたすぎるとしている。その理由は日本民主主義国をつくるためには、資本家の協力や連合国の支持が必要であり、そのためには左翼的スローガンをさけるべきということにある。民主主義のための広い結集を主張しているわけであり、客観的によく見ており、革命の可能性はないという判断がそのもとにあるわけである。民主主義のために資本家や帝国主義国である連合国も結集するような広い結集を主張しており、実際はこれぐらい低い一致点がよかったというべきであろう。

## 3　日本の将来はどうなる

ここではカール・米田起草による、在華米軍司令部発行の「日本の将来はどうなる」をみておこう(31)。

ここでは、軍部の除去が課題であり、負けても日本は滅亡しない、軍部は日本の政治を独裁し、大軍需資本家とグルになっている、軍部を倒し、国民的政府をたてて、公正な講和を結び、兵士を帰還させる、軍部の勢力を消滅させ、大資本家を国家が統制する、国防に必要以外の軍備を撤廃する、国民に完全な自由を与え、悪法を撤廃するという内容がもりこまれていた。これを読んで鹿地は感激したということである(32)。

# おわりに

最後に、強調したいことは、共産主義者の組織の綱領・主張と人民戦線組織の綱領・スローガンは区別が必要であることである。統一戦線には当面の一致点による最大の結集を妨げない配慮が必要であり、同時に共産主義者が独自の主張をおろしてならないことも重要である。

天皇の半宗教的役割の意味であるが、戦後は国家神道のような宗教というよりも、非権力的な象徴として天皇への支持が残ったというべきであろう。戦争責任論については、戦争責任者の処罰がいわれ、人民の国際連帯論が主張されており、そこから日本の武装解除に反対し、賠償・補償の主張がないこと、さらに植民地独立の主張の困難さが特徴となっている。実際には、日本人民は自力で解放できなかったわけであり、そこから、武装解除や賠償・補償を受け入れる必要がでることになろう。それとは別に、日本の戦争による被害者への個人補償は当然考えられるべきである。また、植民地独立・返還と占領地返還とは質的な区別をすべきではないであろう。それだけに植民地に対する日本人民の責任がより大きいことが、問題となるのである。

（1）犬丸義一「マルクス主義の天皇制認識の歩み」、『近代天皇制の展開』所収、二七五〜二七七ページ
（2）中村政則『戦後史と象徴天皇』一一八〜一三六ページ
（3）和田春樹『歴史としての野坂参三』一八〇〜一八一ページ
（4）広川禎秀「戦後天皇制研究にかんする二、三の問題」、『人文研究』四四〜一二所収
（5）『日本共産党の七〇年』上巻、一六〇〜一六一ページ
（6）野坂については、和田春樹『歴史としての野坂参三』などを参照
（7）日本人民解放連盟綱領と規約草案及びその他、『日本人民反戦同盟資料』九巻二九六〜三〇二ページ所収
（8）一九四四年四月五日付、鹿地亘あて書簡、『日本人民反戦同盟資料』九巻一四〇〜一四三ページ所収
（9）日本人民解放連盟綱領草案に関する重慶『大公報』の評論について、『資料日本占領一天皇制』二五三〜二五六ページ所収
（10）ガンサー・スタイン『延安一九四四年』二九三〜二九九ページ
（11）ジョン・K・エマーソン「日本国天皇に対する連合国の政策—中国延安の日本共産党代表岡野進との会見」、『資料日本占領一天皇制』二七三〜二七四ページ所収
（12）民主的日本の建設、『野坂参三選集　戦時編』四一九〜四六八ページ所収
（13）鹿地については、鹿地亘『日本兵士の反戦運動』や『日本人民反戦同盟資料』別巻五－二九ページ所収「解説」、『日本人民反戦同盟資料』解説」、『日本人民反戦同盟資料』別巻五－二九ページ所収などを参照
（14）一九四〇年一二月一日付、池田幸子あて書簡、『日本人民反戦同盟資料』一二巻一一〇〜一一一ページ所収
（15）遠東侵略戦争と日本人民革命について、『日本人民反戦同盟資料』六巻一二五〜一三五ページ所収
（16）日本人民解放闘争に関して同盟国諸友に訴へる、『日本人民反戦同盟資料』五巻二三九〜二五〇ページ所収
（17）三月二三日大公報社説「日本人民解放連盟綱領草案を評す」を読みて、『日本人民反戦同盟資料』五巻二五一〜二五四ページ所収
（18）自由日本民族同盟の提案、『日本人民反戦同盟資料』七巻九〜一五ページ所収
（19）日本人民解放運動に関する計画書、『日本人民反戦同盟資料』七巻三三〜三六ページ所収
（20）日本民族解放同盟綱領草案、『日本人民反戦同盟資料』七巻三七〜三八ページ所収
（21）民主日本建設同盟に関する意見、『日本人民反戦同盟資料』七巻四七〜五〇ページ所収
（22）今日の日本政局、『日本人民反戦同盟資料』六巻二一九〜二二四ページ所収
（23）青山和夫については、青山和夫『反戦政略』などを参照
（24）日本資本の現況と大衆の将来、『日本人民反戦同盟資料』九巻二一〇〜二二九ページ所収

(25) 日本人民解放連盟綱領草案の批判『民主と自由』一一九号掲載、『日本人民反戦同盟資料』九巻三六〜三九ページ所収

(26) 天皇制と日本ファシズム『民主と自由』一二〇号掲載、『日本人民反戦同盟資料』九巻四〇〜四七ページ所収

(27) 日本民主革命協議会綱領、『日本人民反戦同盟資料』九巻三〇〜三一ページ所収

(28) 日本民主革命同志会「綱領」、『日本人民反戦同盟資料』九巻九〜一〇ページ所収

(29) カール・米田については、カール・ヨネダ『アメリカ一情報兵士の日記』・『がんばって』などを参照

(30) 一九四四年一一月二〇日付、米田の鹿地亘あて書簡、『日本人民反戦同盟資料』七巻一一九〜一二〇ページ所収

(31) 日本の将来はどうなる、『アメリカ一情報兵士の日記』一六二〜一六六ページ所収

(32) 前同書一六七ページ

**7**

『歴史評論　第五六九号』（一九九七年九月）

# 中国共産党東京支部事件について

［共著］井上久士／山辺昌彦

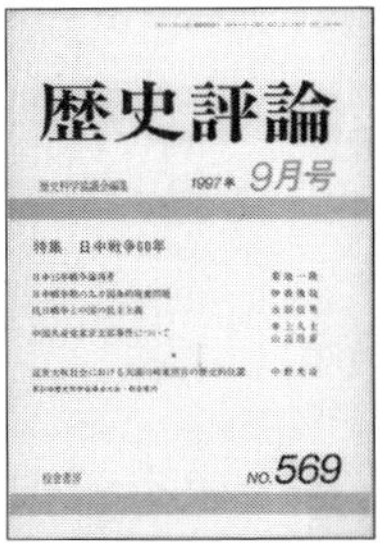


## はじめに

一九三九年二月一九日に、「中華民国維新政府」の警察官で、日本に留学していた汪叔子が、検挙され、その他三四名に上る満州国からの留学生らが、中国共産党東京支部を結成したとして、治安維持法により弾圧された事件がある。

彼らのうち、起訴された汪は敗戦ごろまで、他の二三名は一九四四年二月まで、東京拘置所に留置されていた[1]ことが解っており、中国人に対する治安維持法による弾圧としては最も過酷なものである。

## 1　中国人にたいする治安維持法による弾圧

日本国内で、朝鮮独立運動に対する弾圧は数多くあるが、中国人に対する治安維持法による弾圧はあまり多くない。この事件以外では、台湾共産党や台湾復帰・独立運動などを除くと、満州留学生左翼・『興亜』グループ、元上海日本近代科学図書館員の頼貴富、銭崖を中心とする日中人民戦線結合運動、中華民国留学生の抗日人民戦線運動などがある。

満州留学生左翼・『興亜』グループ[2]は文筆業の門殿英、

満州国高等官試補の仲同舛、満州国留日学生会館指導員の呉普文らが、満州国留日学生会館の留学生を誘い、一九四〇年五月にグループを結成し、満州国留日学生会館内で十数回の会合をもつとともに、『興亜』に左翼文芸作品を寄稿し、抗日ビラを撒いたというものである。門殿英は、一九四一年三月三〇日に検挙された。一一月一六日に送致され、翌四二年三月三日に東京拘置所に入れられ、五月一一日起訴された。仲同舛は、四一年四月一四日に検挙、四二年四月一一日に送致された。四月一八日に東京拘置所に入れられ、五月一一日起訴されたが、四四年一二月三一日に起訴猶予になった。呉普文は、四一年八月下旬に検挙された。四二年八月七日に送致、八月二五日に東京拘置所に入れられ、八月二八日に起訴された。東京農業大学学生の劉恩実、東京高等農林学校卒業生の関枢、法政大学卒業生の許慶華も検挙された。日本人では、画家で著述業の木部正行が、四一年四月二三日に検挙された。四二年三月二七日に送致、四月二四日に東京拘置所に入られ、五月一一日に起訴されたが、四三年四月一五日に保釈された。

頼貴富[3]は、中国共産党紹介の記事や翻訳を『改造』『日本評論』に書いていたが、一九三七年七・八月に抗日民族解放運動や反戦の宣伝への協力を協議したとして、三九年一二月二八日に起訴された。

篆刻家の銭崖[4]は、文潤日語学院経営者の陳文潤らとともに、一九三六年九月より、日本と中国の反ファッショ人民戦線の連携につとめ、田中忠夫を通じて労農無産協議会へ協力し、黒田善次（青山和夫）を中国に送り、郭沫若の帰国を援助し、黒田善次と佐野袈裟美の連絡をとったということで、一九三七年八月一〇日に検挙された。三八年六月三〇日に起訴され、三九年六月二〇日に一審で、懲役三年の判決を受けた。九月一七日二審で同じく懲役三年の判決を受け、一〇月一〇日に豊多摩刑務所に入所した。陳文潤は、三七年八月二七日に検挙され、一〇月二〇日に陸軍刑法違反と恐喝罪で送致された。この事件で日本人では、田中忠夫・佐藤正三郎・佐野袈裟美・今関寿麿・藤原豊三郎・広田義夫・岡部信次・野見晴夫・小川茂辰らが検挙された。

中華民国留学生の抗日人民戦線運動[5]は、世界編訳社を結成し、人民戦線運動の拡大強化の宣伝をしたというものである。一九三七年六月三日に日本大学学生の盧耀武・鞘圭璧・石宝瑚、日本大学を卒業した王孔昭、法政大学学生の楊式毅、早稲田大学大学院生の楊保福、東京女子医学専門学校を退学した劉清貞が検挙され、六月二六日から三〇日にかけて、送還された。

台湾関係の治安維持法による弾圧では、日本共産党台湾民族支部（台湾共産党）[6]、台湾民主党[7]のほか、専修大学学生の陳銀漢・人夫の陳春来・明治大学学生の黄清夏・豊島商業学校学生の鐘坤泉・歯科技工師の楊得勝・洋服仕立工の林金源・専修大学学生の王徳成・京都帝国大学学生の葉瑛桐らによる在京台湾人学生民族復帰運動[8]、江保生ほか四五名の台湾独立運動[9]、薛応徳ほか五名の台湾独立運動[10]、アンプル製作工の江惟義らの台湾独立運動[11]、高等予備校学生の郭時晴らの台湾独立運動[12]などがある。

## 2　中国共産党東京支部事件の内容

中国共産党東京支部[13]事件は従来全然注目されてこなかったが、大規模な弾圧事件であるので、この事件に関する日本官憲の記録を紹介していきたい。

「汪叔子に対する（中国共産党関係）治安維持法違反被告事件予審終結決定」[14]と「汪叔子に対する（中国共産党関係）治安維持法違反並軍機保護法違反被告事件第一審判決」[15]の描く事件像は次のようである。

汪叔子は奉天省遼中県の貧困な家庭に生育し、同県小学校教員養成所を卒業して、小学校教員となった。ついで一九二七年六月北京市の中央大学法科専門部を卒業後、東北陸軍講武堂に入り、軍隊教育を受けて、軍務に服し、その間陸軍少尉に任官した。しかし一九三〇年に退官して、北京警察局に就職し、北京市において警察官として勤務していた。軍隊生活当時より、各政権軍閥の秕政を痛感し、かつ、左翼文献を繙読することにより、ついに共産主義を信奉するに至った。一九三七年七月下旬北京市西城惜薪司西岔八号の当時の汪叔子方において、中国共産党に加入した。その北方局北京西城支部に所属し北京警察局の内情を上部に報告するなどの活動に従事していた。

一九三八年四月臨時政府より警察官として日本留学を命じられると、同党北方局北京西城支部責任者である張君郷より日本において抗日思想並びに共産主義思想の宣伝扇動をなすべき旨の指令を受けて、東京市に来て警察講習所に入所し密かにその機を窺っていた。

同年一一月上旬同市神田区一ツ橋通り内山書店において、たまたま満州国留日学生で、同市世田谷区粕谷町一〇〇番地明治寮止宿の張鳳翔及び王康祺、並びに同市小石川区小石川町一番地満州国留日学生会館止宿の焦立仁と相知り、ついで一九三九年一月八日同留日学生会館において張鳳翔の紹介により同じく満州国留日学生で、同館止宿の李樹林と相知ったことを奇貨とし、同人らを啓蒙して抗日思想並びに共産主義意識の高揚を図ることを企てた。

具体的には、一九三八年一一月一三日明治寮を訪問して、張鳳翔及び王康祺と会った。一九三九年一月五日明治寮を訪問して、張鳳翔と会った。一月八日留日学生会館を訪問し、同会館焦立仁の部屋において、張鳳翔、焦立仁及び李樹林と会った。一月二二日留日学生会館を訪問し、同会館焦立仁の部屋において、張鳳翔、焦立仁、王康祺及び李樹林と会った。一月二九日留日学生会館を訪問し、同会館李樹林の部屋において、張鳳翔、焦立仁、王康祺及び李樹林と会った。

そのさい、同人らに対し中国共産党の立場より、中国近年の状況、西安事件と国共合作、中国共産党の近況、中国の対日抗戦上の戦術、支那事変と国際関係、東北人ことに東北青年の取るべき立場などについて解説をし、その間同人らに対し、自分のノートに書いた抗日思想並びに共産主義宣伝文書「最後的勝利是属於我們的」（最後の勝利は我等のものなり）を回覧させるなどの方法によって、同人らの抗日思想並びに共産主義意識の啓蒙高揚に努め、もって中国共産党に加入し、かつ同党及び国際共産党《コミンテルン》の目的遂行に資する行為をしたとされたのである。

ノート「最後の勝利は我等のものなり」は、翻訳が、警視総監（警視庁特別高等警察部長）作成の一九三九年四月二〇日付、特外亜第六六八号「中国共産党東京支部ノ結成並ニ検挙スル件」及び同年六月三日付特外亜第九五一号「同」（其ノ二）[16]に収録されている。警察がこのノートを入手したのは、同年二月一七日に警察が汪叔子の留守宅を捜査し、ノートを発見したがそのままにしておき、汪叔子はノートが警察官に発見されたことを察知し、焦立仁の下に隠匿していたのを、一九日に検挙された汪叔子の自供により、警察官が押収したものであるという。ということで直接押収しているわけではなく、経過には疑わしい点があるとも見られなくはない。この内容は以下のようなものである。

資本主義が極端に発達し、帝国主義を形成した場合、戦争のみが唯一の出路となる。第一次世界大戦の結果、資本主義の没落と新興世界の出現となった。資本主義者の統治方法が破綻し、反動の時代に入り、ファッショが出現した。ファッショは資本主義と封建勢力とが結合したもので、対内的には無産階級を圧迫し、対外的には弱小民族を侵略する。日本は中国に対し侵略戦争を開始した。中国は抗戦を開始したが、必勝である。次の三点に注意しなければならない。⑴国際情勢、⑵抗戦段階上における日中双方の分析、⑶抗戦と社会主義の関係。

武漢陥落で絶望になったのではない。日本の侵略がかえって中華民族の復興をもたらす。

## 1　国際情勢

日本の満州占領、伊のエチオピア占領、独のベルサイユ条約破棄とオーストリア併呑によって、ファッショ侵略戦線が形成され、ソ連邦の第二・三次五カ年計画が成功し、社会主義国家の基礎が確立した。現在の国際形勢は、ファッショ侵略国家と現状維持の民主主義国家と社会主義国家・ソ連邦の三つに分かれている。英は日本の侵略に当初、米と違い放任的態度であったが、侵略が南方に拡大するにつれ、南にある権益維持のため日本と対立し、中国支持を明確にした。ソ連邦の権威を高め中国を社会主義に追いやることになるので、日本との妥協はありえない。民主主義国家のファッショ国家に対する共同戦線は必要であるが、英・米・仏の共同対日戦線には問題はない。社会主義国家と民主主義国家との対ファッショ共同戦線の結成が問題である。この戦線の確立は第二次世界大戦を起こす恐れがある。仏は人民戦線国家であり、ソ連邦と同盟国である。米は極東に対しては門戸開放・機会均等、領土保全主義で臨んでおり、日本の武力によって作られた事実を容認しない。日米の衝突が迫りつつある。ソ連邦は中国にとって唯一の忠実かつ有力な友であり、また中国の抗戦上最後の塁壁である。ソ連邦が存在する限り中国は滅亡しない。ソ連邦を信頼する理由は、領土広大で自給自足できるので他人の領土を必要としないこと、社会主義国家は主義上の合作だけで、侵略はしないので、外交政策は平和的であることにある。日中戦争において、ソ連邦は最後には参加するし、その勝利は確実である。独・伊は日中戦争において日本を援助する考えはない。ファッショ国は擾乱をおこし、貧弱な物資を補充しようとしているが、滅亡を早めるのみである。日・独・伊を同盟国として大戦が爆発したら、それは日・独・伊の最後である。

## 2　抗戦段階上における日中双方の分析

日本の分析について。日本の対中侵略は、日本の封建勢力と資本主義が結合し、恐慌を救済しようとするものである。経済恐慌で革命思想は高潮した。日本統治階級によって、植民地掠奪という野蛮・卑劣な方法が決定された。資産階級は戦争によってその統治的地位を維持できる。中小資産階級は、長期戦争中には得たもの、備蓄したものが消え去る。無産階級にとって戦争は無意義で得るものがない。無産階級と弱小民族との利害は同じである。日本の労働者は戦争によって無意義な犠牲を被っている。日本は必死になって軍備を拡充している。日本は中国を滅亡させる戦争をおこなうとともに、英・米・仏・ソとの戦争をも準備している。日本の財政経済（物資）がどうしてそれを維持できるのか。日本は華北を再開発して、各国との戦争に対応しようとしている。しかし中国の抵抗が強烈であり、日本には開発の力量がない。日本は、兵力を増加しなければならないが、どうすることもできなくなる日が来る。

中国抗戦の分析について。中国は農村経済からなっているため、大都市を失うことは、死活問題ではない。世界の主たる国家はすべて中国を支持しうるし、援助がある。中国の領土は広大である。日本が中国の新興民族資本主義者に打撃を与えたので、彼らは抗日戦争に参加しなければならなくなった。抗戦は階級的立場からいえば無産階級が主力たるべきものである。中小資産階級もほとんど無産階級と同じである。中国の各階級層の利害関係は、民族解放戦争に関する限り完全に一致している。南京・徐州・武漢が陥落しても、中国は抗戦力を強化し侵略に対抗している。中国の採るべきは長期消耗戦である。中国は軍事上の武器・装備・組織が日本軍より劣っているので、主力戦を開始すれば中国の敗戦は必至である。中国の抗戦上唯一の意義をもつのは遊撃戦である。これはロシア革命のさい採用されたもので、民衆戦術である。遊撃戦がなければ、長期消耗戦は空想に終わる。遊撃戦で日本軍は消耗している。遊撃隊により、日本は開発建設よりも治安維持を求めざるをえない。遊撃戦の成功のためには、民衆を基礎とすること、遊撃戦は下層工作より着手すること、宣伝と組織を重視すること、統一的指導の存在が前提条件である。日本は遊撃戦への対応に窮している。遊撃戦では都市の強攻を避けるべきである。遊撃隊の指導的幹部は青年インテリであり、中国の将来に希望を抱かせる。中国の奥地建設が進み、国際支援を受けるルートが開通した。中国は日本の実力が弱まったら、全国一斉に起ち、日本の勢力を中国から駆逐する。この日の来ることを確信している。

### 3　抗戦と社会主義の関係

人類社会は常に進歩する。資本主義は今日すでに交替すべき時代に当面している。社会前進の原動力は生産工具(手段)である。新しい生産工具と旧時代の人々の生活資料を取得する方法とがうまく適合しなかったとき、革命が突発する。現在資本主義の極端な発達により、生産工具が発達し、資本主義的生産工具より、進んで社会主義的生産工具になっている。多数の人々の努力を少数人が生産工具として占有し、多数人の生産したものを少数人が享有している。生産工具からいえば、生産に従事したもののみがその生産を享受すべきである。資本主義の発生以来資本主義の腹中に胎育されつつあった社会主義は今やその必要に応じて産まれ出て社会革命を実行させる。社会主義は生産工具をすべての人々に公平に与え、物質生活の上の保障を与え、人類にその本性の生活をさせようとする一つの主義である。現世界はすでに民衆の世界である。科学の進歩、物質文明の発達は人類生活を向上させるものではなかったか。人類の生活を平等にするためには、一切の醜悪・虚偽・罪悪・卑劣さを取り払い、人類全体の生活を合理的に総決算する必要がある。社会主義は人生に対しこのような態度を取っている。中国にとって社会主義こそ唯一の出路であり、世界も社会主義の大道に向かって進みつつある。人類社会の進化の激流に対しては日本軍閥統治は一寸した波に過ぎない。我々は人類社会の前進的激流にたよって抗戦するのだ。最後の勝利は必ず我らのもの。

以上のように、「最後の勝利は我らのものなり」は、日本の雑誌などを利用しているし、日本人の見解の影響も見られ、中国本国の見解に対して部分的に独自性を打ち出しているが、社会主義への移行を必然とする立場、ソ連への高い評価、民主主義国への冷徹な判断、ファシズムの危険性の認識、日本人民との連帯の可能性の指摘、遊撃戦の重視、統一や国際支援の重要性の強調、長期抗戦による中国勝利への確信など、基本的には中国の共産主義者にふさわしいものといえよう。

なお「予審終結決定」の方には、中国共産党東京支部が、日本において満州国人・中国人・朝鮮人・台湾人らを結集して、抗日民族統一戦線を敷き、かつ日本の軍・官・民要路者の暗殺、軍事施設の爆破その他の後方攪乱の手段を講じ、日本共産党と提携して日本革命の遂行を企図するとともに、日本の軍事上の秘密を探知・収集してこれを中国共産党に漏泄することを目的として、一九三九年一月二九日に結成され、規約・綱領・運動方針などを議決し、役員を選任し、汪叔子がその支部長になったこと、それ以降同年二月中旬まで、会合を持ち、暗殺・爆破を任務とする別働隊「鉄血青年団」及び「破壊隊」の組織編成、隊員の任命、暗殺目標の選定、暗殺実行者の分担などを協議し、軍事施設・軍事工場・重要建築物などの破壊のため、その種類・位置・構造などの調査責任者を決めたなどの活動をしていたことも書かれている。しかしこれらは公判に付すにたるべき犯罪の嫌疑なしとされている。

『外事警察概況』[17]によると、中国共産党東京支部の綱領は、日本帝国主義打倒、日本資産階級の打倒、偽満州国の打倒、日本共産党との連携、満州国留学生及び弱小民族に対する抗日思想及び共産主義の宣伝、日本戦時下軍事上の秘密及び経済の調査及び日満帝国両国の後方攪乱であったという。組織は、支部長のもとに、総務・指導・政治・宣伝・情報・調査・文芸の七部を置くことになったという。別働隊としては、「破壊隊」は軍火工場・重要工場・ガス貯蔵所などの破壊のための調査をすることになったという。「鉄血青年団」は板垣陸軍大臣・荒木文部大臣・米内海軍大臣・近衛前首相・平沼首相・有田外務大臣・広田元首相らの暗殺を考えたという。

さらに、警察における供述段階[18]では当初、留学生らは、華北を中心に中国へ派遣されて、日本語の能力を生かし、日本軍向けの宣伝文を起草し、撒布したり、ラジオによる反戦放送をすることなどを要請されたと述べていたが、その後、先のように、軍火工場・重要工場・ガス貯蔵所などの破壊や要人の暗殺などの後方攪乱計画の方が主になってくる。しかし、起訴後の予審段階では、留学生らは従前の陳述を翻し[19]、裁判所も先の供述の否定を認め、後に見るように留学生らを免訴とし、汪叔子の先の事実のみを認め、裁判にかけ、有罪としたのである。

## 3　中国共産党東京支部事件の裁判

汪叔子は一九三九年二月一九日に検挙されたが、一九四〇年一一月五日に起訴され、予審請求がなされた。中国共産党東京支部に関係したとして、留学生三四人、日本人二人が検挙され、日本人二人を含む二六人が送致、起訴された[20]。

『思想月報[21]』と『外事警察概況[22]』から見られる汪以外の中国共産党東京支部関係者の起訴状況は次の通りである。

張鳳翔（明治大学予科在学中）一九四〇年一月二二日起訴。

李樹林（駒沢大学高等師範部卒業）二月一五日起訴。

王康祺（明治大学予科在学中）二月一五日起訴。

徐蔭梧（日本大学予科文科在学中）二月二九日起訴。

郭世奇（専修大学専門部商科在学中）三月五日起訴。

焦立仁（明治大学予科在学中）三月一四日起訴。

王継陞（明治大学予科在学中）四月二六日起訴。

紀中林（明治大学予科在学中）六月一日起訴。

臧宇澄（明治大学予科在学中）六月一三日起訴。

孫敏（明治大学予科在学中）六月一九日起訴。

閻壮為（明治大学予科在学中）七月一二日起訴。

鄭福山（日本大学専門部在学中）七月二〇日起訴。

劉文彬（明治大学経済学部卒業）九月九日起訴。

孫克中（明治大学法学部在学中）九月二〇日起訴。

金鴻潤（日本大学法学部在学中）九月二七日起訴。

関志方（東京工業大学在学中）一〇月八日起訴。

関銘林（明治大学政経学部在学中）一一月六日起訴。

譚亜峰（早稲田大学政経学部在学中）一一月七日起訴。

由志厚（明治大学政経学部卒業）一二月一三日起訴。

張興炎（拓殖大学商学部拓殖科卒業）一九四一年三月一三日起訴。

徐鵬飛（早稲田大学専門部政経科卒業）三月一八日起訴。

李樹森（明治大学法学部卒業）三月二七日起訴。

崔世栄（東京高等師範学校体育科卒業）一〇月二一日起訴。

なお、崔世栄は事件の検挙が始まってから所在不明となっていたが、満州国の協和会職員に就職していたことがわかり、一九四一年九月二日検挙され一三日に警視庁に護送されたものである。

このほか明治大学在学中の趙文英・郭文蔭・王博忱・趙国祚・王兆麒は一九四〇年一二月九日に起訴猶予になり、送還されている。また明治大学予科中退の張積玉も四一年四月一八日に起訴猶予になっている。ほかに日本大学在学中の張学夏は四〇年五月二〇日に、明治大学法学部在学中の王錫衛と明治大学予科在学中の額爾和図は四〇年九月一八日に、それぞれ諭旨送還になった。また法政大学在学中の初守礼は、病気保釈になっている。

一九四二年四月一四日に予審は終結した。そこでは、汪叔子のみが東京刑事地方裁判所の公判に付されることが決定された。他の留学生ら二三名は免訴の決定があったが、同月一六日に検事が即時抗告をした。四三年二月一五日、東京控訴院は証拠不充分により抗告棄却の決定を下した(23)。

なお汪叔子及び起訴された学生らは、起訴された数日後に、東京市豊島区西巣鴨にあった東京拘置所（現在は池袋のサンシャインシティになっている）に身柄を移されていることが、警保局保安課編「治安報告」で分かる。抗告棄却の決定をうけて病気療養中の譚亜峰・関志方以外の二一人は、四三年二月一六日の東京発の列車で朝鮮経由で「満州」に送還された(24)。

一九四三年四月二七日に東京地方裁判所で第一審の判決が下りた。そこでは先に紹介したような汪叔子の行為が、中国共産党に加入し、かつ同党及び国際共産党《コミンテルン》の目的遂行のためにする行為とみなされた。また判決では、〝中国共産党は革命手段により中華民国における各政権を打倒し、外国の帝国主義侵略を排除して、無産階級独裁の政権を樹立し究極において共産主義社会の実現を目的とする結社で、一九三五年夏の国際共産党第七回世界大会以後においては、その統一人民戦線方策に関する決議の趣旨に従い、日本帝国主義の打倒、抗日救国、失地回復等の標語を掲げて、抗日民族統一戦線を敷き、これを通して、失地である台湾、関東州などを一帯とする地域をして帝国統治権の支配を離脱させ、これらの地域と支那全土とを合して全支那民族の民主主義共和国を建設することを当面の目的となすと共に、朝鮮・台湾及び本土の工農人民に対し日本革命を遂行すべきことを宣伝扇動し、もって我が国体を変革し、私有財産制度を否認し、無産階級の独裁による共産主義社会の実現を企図するものである〟とみなしている。そこから、第一に国体を変革することを目的とする結社への加入とその結社及び国際共産党の目的遂行のためにする行為、第二に私有財産制度を否認することを目的とする結社への加入とその結社及び国際共産党の目的遂行のためにする行為との二重の治安維持法違反とされた。その上で一個の行為が二個の罪名に触れる場合なので、重い前者の罪の刑に従い、求刑どおりの懲役一〇年の判決となった。

判決の翌日の二八日に、汪叔子は控訴を申し立てている。判決文以外にも少なくとも一七回に及ぶ予審尋問調書をとられているが、これらは未見である。

## おわりに

以上見てきたように、日本のかいらい政権である維新政府の警察官で、日本に留学していた汪叔子が、彼の出身地である中国東北地方から、「満州国」の留学生として日本に来ていた青年らと会合をもっていたことはおそらく事実であろう。しかし汪叔子が、中国共産党員であったかどうか、また党員の活動として留学生に働きかけたものかどうかについては、実際にあったことなのか、それとも日本の官憲によるでっち上げなのかは、断定できない。この史料紹介をきっかけに、この事件関係者の証言や中国共産党側の史料を得るなどして、この事件の真相究明をさらに期したいと考えている。

もし汪叔子が中国共産党員であったとすると、日本の中国全面侵略戦争の引き金となった盧溝橋事件直後に、維新政府の警察官が密かに中国共産党に入り、情報収集などの活動をしていたことになる。さらに汪叔子が規約・綱領・運動方針など整備された中国共産党東京支部を結成したのではないにしても、東京で「満州国」からの留学生に対して共産主義や抗日の働きかけをおこない、組織化を企てたことも事実だとすると、短期間で発覚し弾圧されたとはいえ、貴重な抗日運動であったといえよう。

またかりに事件自体がでっちあげだとすると、日本帝国主義の謀略による弾圧が、日本のかいらい国家である「満州国」から日本に来ていた留学生にまで及び、長期の拘留をおこなっていたことになる。しかも、中国が、日本の植民地とされていた台湾や関東州などの失地回復をしようとすることまで、日本の国体変革とみなし、治安維持法違反としたわけである。この意味で、日本帝国主義の凶暴さを示す最悪の事件であるといえよう。いずれにせよ、この事件は注目すべきものであるといえよう。

(1) 警保局保安課編「治安報告」、米軍没収資料 JAPANESE RARITIES MJ 144 所収。
(2) 満州留学生左翼・『興亜』グループは、『外事警察概況』一九四一・四二年版による。
(3) 頼貴富については、『思想月報』一九四〇年二月号による。

（4）銭崖を中心とする日中人民戦線結合運動は、『特高外事月報』一九三七年八・九・一〇月分、『外事警察概況』一九三七・三八・三九年版、『思想月報』一九三九年二月号による。

（5）中華民国留学生の抗日人民戦線運動は、『特高外事月報』一九三七年六月分による。

（6）日本共産党台湾民族支部・台湾共産党については、『思想月報』一九三五年二月号による。

（7）台湾民主党については、『思想月報』一九三五年六月号による。

（8）在京台湾人学生民族復帰運動については、『特高月報』一九四二年四月分、『思想月報』一九四二年一一月号による。

（9）江保生ほか四五名の台湾独立運動については、『思想月報』一九四〇年一二月号、四一年一月号による。

（10）薛応徳ほか五名の台湾独立運動については、『思想月報』一九四一年一月号による。

（11）江惟義らの台湾独立運動については、『思想月報』一九四一年一二月号による。

（12）郭時晴らの台湾独立運動については、『思想月報』一九四二年九・一〇月号による。

（13）中共東京支部は日中戦争前夜に一度存在していたことがある。中国側資料によれば、これは一九三五年、明治大学の留学生であった林基路（一九一六〜四三年。広東省台山県の人。三三年上海で共産主義青年団に加入。中国左翼作家連盟・左翼社会科学工作者連盟で活動。三四年来日し明治大学で政治経済学を学ぶ。三七年六月帰国後、一〇月に延安に赴き中央党校で学習。三八年春から新疆で活動するが、四二年九月、盛世才に逮捕され、四三年九月、陳譚秋・毛沢民らとともに処刑された。『中国共産党歴史大辞典』人物分冊・第一巻、中共中央党校出版社、一九八八年）を中心に作られた組織である。林は同年七月、夏休みを利用して上海に戻り、中共上海地下組織の指導メンバーであった周揚に中共東京支部設立を相談した。当時上海の党組織も長征途上の中共中央と連絡がとれない状況であったから、周揚はとりあえず東京支部を設立し将来正式に党組織に編入したいと指示したという。同年九月、支部書記に林、支部組織委員に陳洪潮（三六年夏から陳健）、支部宣伝委員に宗亦民（三六年冬から梁威林）という指導部で中共上海文委東京支部が成立した。この組織は留学生のなかでエスペラント学習、「文化座談会」、中華留日学生連合会などの活動を展開していた。しかし、一九三七年四月に林基路と梁威林が上海に戻り、盧溝橋事件後は中国人留学生の帰国が相次ぎ、同年八月には最後のメンバーも広州に引き揚げた。最終的にこの中共東京支部は中共広州市委員会のなかに編入された（以上の記述は、陳健・梁威林「三十年代中期的中共東京支部」『広東党史資料』第六輯、一九八五年一二月、三一〜九頁による)。したがって本稿の東京支部と林基路らの東京支部は別のものである。
(14)『思想月報』一九四二年四月号所収。
(15)『思想月報』一九四三年六月号所収。
(16)外務省外交史料館蔵、外務省記録「各国共産党関係雑件 中国ノ部 中国共産党員検挙関係」所収。
(17)『外事警察概況』一九三九・四一年版。
(18)「中国共産党東京支部ノ結成並ニ検挙ニ関スル件」及び「同」(其ノ二)。
(19)『外事警察概況』一九四二年版。
(20)『外事月報』一九四三年二月分。
(21)『思想月報』一九四〇年二・三・四・七・八・一〇・一一・一二月号、四一年一・四・五・一一月号所収。
(22)『外事警察概況』一九三九・四〇・四一・四二年版。
(23)『外事月報』一九四三年二月分。
(24)同右。

掲載時所属
(井上久士:駿河台大学教授)
(山辺昌彦:立命館大学国際平和ミュージアム学芸員)

**8**

『歴史評論　第五五六号』（一九九六年八月）

# 地域に根ざす平和のための戦争展示
## ――戦争展運動を中心に――

### はじめに

市民の運動としておこなわれる戦争展や地域の歴史博物館における一五年戦争関係の特別展・企画展が、戦後五〇年の昨年にかけて、大きな盛り上がりを示した。このような戦争展示の歴史的発展、その意義について考えてみたい。そのさい、戦争展運動を中心にみていくが、あわせて、市民運動以外の地域博物館での一五年戦争関係の特別展・企画展についてもふれていきたい。また、地域博物館や平和博物館と戦争展運動などとの関係についても考えてみたい。ただし、考察の対象とするものはいずれも、私が見たり、資料を入手できたものに限らざるをえない。その意味で、私が知らない、地域に根づいた優れた戦争展運動が多くあると思われるので、この論考を読まれた方からお教えいただき、私の戦争展示についての知見を発展させていきたい。また、考察の対象とする戦争については、日本の一五年戦争を中心にするものとしたい。

必要な限りで、ヨーロッパ戦線やベトナム戦争などの第二次世界大戦以降の戦争にふれるにとどめたい。これは私の専門が日本の一五年戦争であるということにもよるが、日本国民の平和意識にとって、一五年戦争の体験を引き継ぎ、この戦争を全面的に理解することが、依然として重要な課題であると思うからである。

## 戦争展示のはじまり―戦争展運動の前史―

戦後日本での戦争展示としてまずあげられるのは、一九五五年に開館した長崎国際文化会館と広島平和記念資料館である。これらは、原爆について展示したもので、戦争のもたらす最も悲惨な被害をなまなましく伝えるものであった。これらは、原爆を投下された広島・長崎という地域に設立されたものであり、その地域における原爆被害の実相を伝えるものであった。しかし単にその地域に根ざすだけでなく、原爆のもつ意味から、全国的な意義をもっており、実際広く平和教育などに活用された。しかも、資料館自身の展示のみでなく、原爆被害を伝える写真パネルセットも作成され、全国的に巡回され、さらに被災品の貸し出しもおこなわれるなど、地域をこえた活用がなされた。各地域の戦争展示の先駆けともなった。

原爆以外での戦争展示としては、戦後三〇年にあたる一九七五年に、沖縄県立平和祈念資料館が開館した。またこの年、北海道開拓記念館で、「昭和二〇年――その時あなたは」という特別展がおこなわれた[1]。これは地域における戦争展示としては早いものであったが、逆にまだまだ戦争体験がなまなましく残っていた時期だけに、博物館での戦争展示の意義が明確になり定着するには、早過ぎた面があり、博物館で本格的に戦争展示が始まるのはもうしばらく後であった。

この後、空襲を記録する運動が、各地域の市民運動として始まり、地方自治体も協力するようになり、手記集・資料集などを含む空襲の記録が刊行された。そのなかで、空襲展が開かれたり、大阪府平和祈念戦争資料室[2]や仙台市戦災復興記念館のような空襲をあつかった常設の展示施設がつくられたところもあった。

また、この一九七〇年代後半に、大阪で戦争資料展につながる動きが始まった[3]。一九七五年から朝日新聞社主催で「大阪空襲展」・「アンネの日記展」・「鉄の暴風・沖縄戦の全容　ひめゆりの乙女たち展」・「原爆展」などの展示会が開かれた。また一九七七年から「私たちと戦争展が、「戦争体験を記録する会」・「日中友好協会大阪府連合会」・「大阪歴史教育者協議会」などの団体が中心になっておこなわれた。これとは別に読売新聞社主催の戦争展も、一九七七年から、大阪で開催された。

## 平和のための戦争展の開始

一九八〇年代のはじめに、東京・大阪・京都などで「平和のための戦争展」運動が始まった。これは、平和運動として、当時の情勢に立ち向かうものであったが、同時に多くの国民が戦争体験の継承を必要であると考えていることも、取り組む理由であった。また、地方自治体や報道機関の後援もえて、始められた。これらのうち主なものについて具体的に見ていこう。

一九八〇年には、東京で平和のための戦争資料展が始まった。[4]内容的には、侵略戦争の実態、原爆の悲劇、戦時下の国民の生活、弾圧、戦争責任、現在の核戦争の危機と平和運動などを展示している。また他地域の戦争展と同様に献身的な努力をし、積極的に支える人を生み出している。しかし、東京の戦争展は、規模も小さく、図録も刊行できずにパンフレットのみになっており、展示内容も地域に根ざしたものになっていない。

同時に一九八〇年に、東京の大田区でも大田・平和のための戦争資料展が始まっている。[5]ここでは、他民族に与えた被害や原爆も含めて戦争がどのようなものであったかを展示するとともに、城南空襲や区内の学童疎開などの解明や、戦争遺跡の紹介、さらに大田区地域でどのように戦時体制や軍国主義が形成され、軍需工場ができ、労働運動が弾圧され、軍国主義教育が横行し、区民の生活がどうなったかなど、地域の戦争の実態を伝える展示をおこなっている。また、戦後の平和や核を巡る状況も展示している。一九八三年には、『いま平和ですか』（草友出版）を刊行し、それまでの戦争資料展をまとめて紹介するとともに、戦争に関する手記などを収録している。

一九八一年には、平和のための京都の戦争展が始まった。[6]京都の場合は、最初から日本の侵略を指摘していたが、とくに一九八二年には七三一部隊や南京大虐殺を取り上げるなど、日本の加害の具体的展示をおこなってきた。そのなかで、京都出身の兵士たちの南京大虐殺を伝える日記などを発掘し、一九八九年には、その日記を翻刻し、『南京事件　京都師団関係資料集』（青木書店）を刊行した。これにとどまらず、山本宣治の反戦運動・京都空襲・学徒勤労動員・学童疎開などの調査もおこない、成果を展示で発表するとともに、ブックレットなどを刊行してきた。このように府県レベルではあるが、地域の歴史発掘に成果をあげてきた。

また京都では、常設の博物館を作る取り組みがとくに積極的に進められた。戦争資料の収集にも力を入れた。しかし自力での建設は無理になり、立命館大学の建てる国際平和ミュージアムに協力することになった。また京都の戦争展は一九八八年に、実物資料の複製を集めた『平和への伝言』(あけび書房)を刊行している。

大阪でも、一九八一年から、「平和のための大阪の戦争展」が始まった[7]。大阪の戦争展でも、大阪と日本の「一五年戦争の加害、被害、抵抗」を発掘し、展示している。大阪の場合は、京都以上に地域にこだわらない展示をおこなってきた。これは大阪という地域が、戦災で大きな被害を受けており、現に大阪に住み、働く人の多くが、大阪出身者でないという事情があり、大阪だけでなく、西日本中心に広い地域の戦争被害などを知りたいという市民の要望があるという地域性に根ざしたものといえよう。地域の戦争被害よりも、国際的な視野に立ち、日本のアジアへの加害に重点をおいていた。これは五回目の一九八五年ころより明確となった。さらにここ近年、一五年戦争の開始後に日本が占領した中国や東南アジアだけではなく、日本の植民地だった朝鮮・台湾も取り上げるようになっている。

それと同時に、日本人の戦争への抵抗を重視してきた。このなかで「戦争に反対した人びと」というビデオを制作し、また『平和を伝える』、『平和を築くとき』、『平和を語るとき』(上記三冊ともに日本機関紙出版センター)といった反戦運動を中心とする史料の復刻をおこなった。

地域に即したものでは、郷土の反戦抵抗者・阪口喜一郎、エスペランチスト・宝木寛、大阪商大事件、郷土のマンガ作家・手塚治虫、郷土の原爆詩人・峠三吉や、大阪の朝鮮人強制連行、大阪大空襲の被害と実態、戦災の傷跡などの大阪の戦争遺跡、天王寺動物園の猛獣処分、大阪市の学童疎開などを取り上げている。

大阪の戦争展が中心になって、戦争展の交流会を開催したり[8]、各地の戦争展などを紹介する『戦争を発掘する』(日本機関紙出版センター)を一九八五年に刊行している。

大阪・京都での平和のための戦争展の成功を聞き、これらに学びながら、一九八三年には、「平和のための埼玉の戦争展」が始まっている[9]。ここでも、大阪・京都と同様に機関紙協会が中心になっているが、その比重が大阪・京都ほどではなく、他の団体や個人が果たす割合が相対的に大きくなっている。

埼玉は戦争体制、戦時動員、戦時下の生活でも地域性の強い展示をおこなっているが、埼玉の空襲、軍事施設、生徒の勤労動員、戦争と地場産業、さらに戦後については、埼玉の米軍軍事基地、県内の非核・平和都市宣言文などをとくに取り上げている。

これら大阪・京都・埼玉などの平和のための戦争展は、規模も大きく、豊富な展示資料を収集し、展示していた。内容的にも、原爆・空襲などの日本の戦争被害を取り上げるだけでなく、日本の戦争体制の問題点、日本人反戦運動やそれへの弾圧、日本の侵略や加害も展示している。とくに、外国の博物館などに調査・取材に行き、その出品協力をえて、日本やドイツのファシズムや侵略のもたらすものを展示するような取り組みをおこなってきた。さらに、現代のベトナム戦争の実態や核戦争の危険性を伝える展示もおこなってきた。被害・加害・抵抗を含め全面的に戦争を展示する努力をしてきたといえよう。さらに展示図録を製作するなど、展示の成果を残し継承していく事業もきちんとおこなってきた。

戦争展運動は、府県レベルから、市区町村へと広がっていった。例えば大阪では、豊中・矢尾・東大阪・泉南・寝屋川などで、戦争展が続けられた。府県レベルの戦争展は、地域レベルの戦争展に対して、資料やパネルを貸し出したり、企画の相談にのったりしている。しかし、地域戦争展は、借りた資料やパネルを主体に展示を構成するのではなく、地域に根ざして、地域の調査をおこない、資料を発掘し、展示を組み立てていくことが重要である。

その意味では、大阪では港区で、一九八一年から戦争展が開催され、地域に密着し、地域の戦争を調査し、展示してきた[10]。被害・加害・抵抗・平和を守る運動の四点を柱に、空襲被害、反戦ジャーナリスト・岩間光男や、加害出征基地としての地域の役割などを掘り起こし、学童疎開や戦争動員体制などの地域資料を紹介してきた。

## 地域博物館での戦争展示

この戦争展運動の発展に刺激を受けて、また地方自治体で非核都市宣言がおこなわれ、平和の施策が可能となるなかで、地域博物館での戦争関係の特別展が、戦後四〇年の一九八五年を契機に本格的に始まった。

このような展示会は、品川・大田・台東・町田などの博物館で実施されたが、その一つに、豊島区立郷土資料館の五年連続で実施された企画展・特別展がある。[11]戦後四〇年の一九八五年に「戦中・戦後の区民生活」という第一回目の企画展をおこなった。これが実施された背景には、戦後四〇年という節目の年にあたること、戦争体験をもたない若い人がすでに人口の過半数を超えており、戦争体験が風化していること、歴史生活資料所在調査という地域調査をつうじて、区民が想い出とともに大切に保存してきた貴重な資料や体験を引き継ぎ、伝えていくことが必要な時期になっており、実際多くの戦中・戦後の生活関係資料が提供されたことなどがあった。区は「非核都市宣言」をおこない、非核・平和のために努力することを誓っているが、そのさい、単に一般的に核とか戦争を扱うのではなく、戦争と地域の区民生活のかかわりについてふりかえる必要があることを意識していた。具体的な内容では、区民がどう戦争にかかわったのか、戦争体制が政府や市・区などの地方公共団体そして行政補助団体によってどうつくられたのか、戦争がすすむにつれて区民の暮らしが統制されてどう不自由になったのか、戦争のなかで子供たちの生活や教育はどうなったのか、空襲によって区民はどのような被害を受けたのか、戦後焼け跡のなかから生活再建のためにどうたちあがったのかなどを取り上げた。展示の趣旨は、戦争の悲惨さや平和の大切さを考えていくことにあった。この企画展を出発に戦争について調査・収集・研究を続けることを確認していた。

このように地域に密着し、生活という身近なところから戦争を考えることが特色であった。そのさいもちろん、日本の侵略により、アジアの民衆が最もひどい被害を受けたこと、戦争反対は国家に対する犯罪とされ、治安維持法などで処罰されたこと、このような戦争反対を許さない国家体制のもとで、民衆が戦争に加担したこと、その結果、空襲などで大きな被害をうけ、生活が破壊されたこと、つまり加害者になることによって被害者ともなったことを明記している。とりわけ、戦争体制の形成について、愛国心や天皇・国家への忠誠が大きな意味をもち、戦争体制を地域からささえていた地方公共団体の役割を重視していた。

その後豊島区立郷土資料館は、翌年も国連国際平和年にあたって、「戦中・戦後の区民生活」全般を取り上げた第二回目の企画展を開催した。その後、一九八七・八八年には、子供への戦争の影響を考える学童疎開の特別展を開催した。これは、子供に最もよく総力戦の問題点が表れていることと、戦争体験を語れる人がだんだん当時子供だった人に限られてきているなどの理由により、ここにしぼって深めることにしたわけである。そして豊島区の学童疎開について悉皆的調査をおこなった。さらにこの特別展を契機に、収集した文献史料を網羅的に翻刻する資料集の刊行を始めた。

一九八九年に豊島区立郷土資料館は、過去二回の区民生活展を引き継ぎ、特別展・第三回「戦中・戦後の区民生活」展を開催した。ここでは、区内に事務所がおかれていた「反帝同盟」のビラを展示するとともに、豊島区地域における、戦争動員に不可欠であった戦争反対者への弾圧状況を示した。治安維持法により、区内の警察署に検挙または留置された人や区内に住んだり、本籍のある検挙者の名簿と、区内にあった東京拘置所に治安維持法により入れられた人の名簿を紹介した。また、東京市の防空演習、戦時債券、東京市の配給切符・通帳、豊島区の空襲被害などの表も作成した。また豊島区地域の戦争関係資料リストもまとめた。

五年続けて、一五年戦争関係の展示会を開催した後、豊島区立郷土資料館は特別展などを実施しなかったが、この間も、学童疎開の資料集を刊行し、戦争体験継承の講座などを開催した。そして、戦後五〇年の一九九五年には特別展「戦争と豊島区」を開催した。ここでは、軍事郵便を分析し、読ませる展示、「戦場になった国々」ということで日本の加害を具体的に示した展示、学童疎開先と軍事施設・軍事工場との近接関係を示した「〝戦場〟の学童疎開」などの展示をおこなった。

すでに、一九八〇年代の後半から、公立の地域博物館でも、生活を主体とする博物館展示の手法にのっとって、被害のみでなく、戦争動員体制や反戦・侵略などを含む戦争の総合的な展示を、地域により密着して、実施しえていたことを確認しておきたい。展示の成果を伝える図録ももちろん刊行していた。この豊島区立郷土資料館の地域に根ざした博物館としての継続的な取り組みが、その後、博物館が一五年戦争について展示などをおこなうさいの一つの先例となったといえよう。

## 総合的平和博物館の設立と戦争展運動

戦争展運動、地域博物館の戦争関係特別展の成果をふまえて、一九九〇年代に入って大阪・京都・埼玉などに、総合的平和博物館が作られた。[12]ただし、直接的なつながりをもつのは、京都の立命館大学国際平和ミュージアムの場合だけである。この場合は、大学が設立したことも あって、地域に密着したものではなく、全国的な規模・内容のものであった。大阪の場合は、空襲を記録する運動のなかで作られた大阪府平和祈念戦争資料室を、住民の運動に応えるかたちで、発展させて、大阪国際平和センターが開設された。埼玉の場合、戦争展運動のなかで、常設の平和博物館を県に作らせる運動に取り組んだが、その力もあって、埼玉県平和資料館が設置された。しかし、その展示などの内容は、侵略・加害をほとんど取り上げないなど、戦争展などとは大きく異なるものであった。

またこの一九九〇年代段階で、戦争展運動は発展し、地域的にも広がっていった。少し前になるが、一九八八年には、信州の戦争展が始まった。[13]この場合は、県レベルの中央展の開催地を固定するのではなく、長野・松本・上田というように年ごとに巡回している。また内容的にも、地域との密着度が強い。県下の戦争遺跡、外国人の強制連行・強制労働、満蒙開拓青少年義勇軍の送出、松代大本営、さらに二・四事件、松本高校事件などの県下の弾圧事件、県出身の永田広志のたたかいなどが取り上げられている。

長野では、すでに戦争展の始まる以前から、松代大本営の保存の運動が取り組まれてきた。また、戦争展の発展としての平和博物館の建設よりも、松代大本営平和祈念館建設の運動の方が先行して進められている。これは長野冬期オリンピックまでに開館することをめざして建設準備の運動が強められている。

一九九〇年には、「平和のための戦争展・わかやま」が始まった。[14]この場合も、図録を出してはいるが、地域密着ではかならずしもない。和歌山大空襲は取り上げているが、原爆、沖縄戦、松代大本営、従軍慰安婦、大久野島の毒ガス、長崎の炭鉱での朝鮮人強制連行労働など被害・加害の両面から、広く取材して展示することが特徴になっている。

一九九二年には、あいちの戦争展が始まった。[15]これも京都・大阪などの戦争展に学んだものであるが、前年の空襲・戦災を記録する会全国連絡会議愛知大会の総括から生まれたものである。名古屋での先例としては、真宗大谷派名古屋別院主催の「平和展」が一九九〇年からおこなわれていた。[16]これは真宗大谷派の侵略戦争への加担をきびしく見つめたもので、その成果は図録にまとめられ、その後も毎年継続しておこなわれている。あいちの戦争展でも地域の戦争実態の発掘が積極的に取り組まれた。第一回目から、郷土部隊の実像、愛知の空襲と防空態勢、戦争の傷跡、愛知県下における朝鮮人強制連行と強制労働、愛知での反戦・平和と民主主義のために抵抗した人びと、軍需工場労働者のたたかい、半田市出身の児童文学者の新美南吉、愛知の軍事施設、愛知の軍需工場、県内学徒動員状況、学徒と東南海地震、名古屋市の学童集団疎開、東山動物園の救われたゾウなどを取り上げている。これらの地域史調査・研究の成果は、この特集の論文にまとめられた通りである。

また、あいちの戦争展では、「市民平和資料館」づくりの指向が当初から強くあった。この動きもあって、「戦争メモリアルセンター」の建設を要求する運動が幅広くおこなわれ、この建設を求める請願もすでに、愛知県議会・名古屋市議会で採択された。愛知県では「終戦五〇周年事業調査検討会議」の報告書で、「戦争に関する資料を収集・保存・展示するとともに、歴史研究と将来にむけた情報発信、学習と教育及び犠牲者追悼・平和祈念等を目的とする多目的な機能を持った施設の建設」が提言された。現在この報告書の考え方を支持し、報告書の趣旨に沿ったメモリアルセンターの早期建設を求める運動が進められている。

この一九九〇年代にはいって、七三一部隊展のように、全国の巡回を想定した展示の運動が始まった[17]。この成功により、その後「教科書展」・「日本の侵略展」・「毒ガス展」などの巡回展示運動が広がっている。このうち「日本の侵略展」は大阪の市民が、七三一部隊展の発展として、日本の戦争責任資料センターなどの協力をえて、作成したものである。また、市民運動としての戦争展ばかりでなく、地方自治体が主催したり、市民運動団体と共催して開かれる戦争展もおこなわれるようになってきた。

一九九五年、戦後五〇年に関連して、地域博物館で戦争関係特別展が爆発的ともいえるほど、多く開かれた[18]。それらの趣旨の多くは、戦争の悲惨さを伝え、平和の尊さを考えることにあった。日本の戦争を賛美するのではなく、戦争を否定することが、多くの国民に受け入れられていることからくるものであるが、このこと自体の意義は大きい。またほとんどは、博物館の展示として、雑然と並べるのではなく、整理した配列をし、見やすく理解しやすいものであった。そのなかで、帯広・北上・土浦・行田・新宿・板橋・葛飾・国立・東大和・平塚・沼津・豊橋・豊田・岐阜・和歌山・竜野・徳島などで、地域の軍事施設・勤労動員・学童疎開・空襲被害などの調査結果を発表するという地域に密着した展示が見られた。また、侵略・加害や反戦・抵抗・弾圧についての展示も見られた。公立の博物館だからといって、日本の侵略による加害を展示できないということはないのである。

## 博物館と戦争展運動

戦争展運動と博物館とは、その違いと、それぞれの意義を認めあって、連携していくことが求められている。その一つは、地域における戦争展運動と地域博物館の戦争関係の特別展との関係である。戦争展がすでにおこなわれており、後から博物館の特別展がおこなわれる場合が多い。このとき、博物館の特別展が、資料の面でも内容の面でも、戦争展の成果をふまえて、さらに発展させられる必要がある。しかし博物館の展示を進める担当の学芸員からではなく、行政の方から、戦争展と関係なく資料収集などの準備を進めるように指示されたことがあったりした。もちろん戦争展などの市民の運動とうまく連携している場合もある。たとえば、一九九五年に開かれた帯広や平塚の特別展などが、そのよい例である。

もう一つは、常設の平和博物館と戦争展などの運動との連携の問題である。京都の場合は、戦争展運動を担った市民団体が作ったわけではないが、大学が建てる平和博物館に協力するかたちになった。戦争展の成果が、平和博物館の展示などの事業に生かされている。戦争展実行委員会の収集した資料も、博物館に寄託された。戦争展も博物館の特別展を開催する会場でおこなわれるようになり、規模も小さくなっており、図録も刊行されなくなった。戦争展の企画性を生かした展示が課題となっている。しかし実際には、パネルなどの地域の戦争展に貸し出すなどの活動の比重が大きくなっている。

埼玉の戦争展運動でも、パネル貸し出しの事業の比重が大きくなっている。しかし、埼玉の場合は、平和資料館の展示などで侵略・加害の扱いが不充分であるとして、平和のための戦争展を続けなければならないという意識を強く持ち続けている。しかし資料の収集においては、戦争展実行委員会でおこなうのではなく、平和資料館の方に任せるかたちをとっており、そういうかたちの連携をしている。

大阪の場合は、読売新聞社主催の戦争展は終わりになり、その収集した資料は、大阪国際平和センターに寄贈された。しかし、平和のための戦争展の場合は、大阪国際平和センターの開館と関係なく、戦争展を続けている。むしろ大阪国際平和センターの場合、市民の展示運動と積極的連携をしている。例えば、「七三一部隊展」や「日本の侵略展」などを、直接、館の主催にするわけではないが、特別展示室を提供して貸し出し、後援をしている。

## おわりに

地域において市民運動による戦争展ばかりでなく、公立の歴史博物館による戦争展示も、ようやく広く見られるようになり、内容的に深められたものも見られるようになってきた。しかし、地域博物館の戦争展示のなかには、戦後五〇年ということで、行政の上層部から、提起され、急遽開かれたものも多い。それだけに、特別展などの開催を契機に、日本の近現代史にとって最大の問題であり、地域の近現代史展示にかかせない一五年戦争について、地域史の研究者として、学芸員らが、地域調査、資料収集、研究を発展させ、その成果を展示や資料集・論文などで、継続的に発表していくことが課題となっている。

さらに、地域に平和専門の博物館が開設されればよりよいが、その場合は、博物館としての事業や、専門職としての学芸員の体制を充実させることが課題となる。地域の平和博物館か地域の歴史博物館かいずれにせよ、地域に根ざした総合的な戦争展示や普及・教育活動を継続的に実施するとともに、戦争・平和関係資料を調査・研究し、収集・整理・保存するような機能も果たしていく博物館とそれを担う学芸員の体制・力量・蓄積を創り出し、保障することが課題となっている。地域の市民にとっては、戦争展運動を継続し、発展させるとともに、地域博物館の取り組みを支え、ともに充実させていくような運動が重要となっているといえよう。

（1）この展示会が開かれていたことを、同館の学芸員の野村崇氏から、教えていただき、図録をいただいた。

（2）大阪府平和祈念戦争資料室とその後身の大阪国際平和センターの内容とその意義については、拙稿「平和博物館のあり方について——大阪国際平和センターの検討を通じて」（『歴史科学』一二九号）を参照されたい。

(3)大阪の戦争展の前身については、平和のための大阪の戦争展の図録・第一四号などに掲載された戦争展の歴史の叙述と牧邦彦「大阪・平和のための戦争展」(『歴史評論』四七二号)による。

(4)東京の戦争資料展については、各回のパンフレットと『戦争を発掘する』所収の紹介文による。

(5)大田の戦争資料については、各回のパンフレット『いま平和ですか』と大坪庄吾「大田・平和のための戦争資料展」(『歴史評論』四七二号)による。

(6)京都の戦争展については、各回の図録と『平和のための京都の戦争展――一四年間(一四回)の写真記録』などによる。

(7)大阪の戦争展については、小森孝児氏のお話といただいた各回の図録、そして『戦争を発掘する』所収の紹介文および前掲牧邦彦「大阪・平和のための戦争展」による。

(8)一九八三年に開かれた第一回交流集会の『議事録』が刊行されている。

(9)埼玉の戦争展については、二橋元長氏のお話といただいた各回の図録と『八五平和のための埼玉の戦争展報告集』および『戦争を発掘する』所収の紹介文による。

(10)港区の戦争展については、『アンケートに見る港戦争展のあゆみ』と『戦争を発掘する』所収の紹介文による。

(11)豊島区立郷土資料館については、企画展・特別展の図録などによる。

(12)平和博物館については歴史教育者協議会編『平和博物館・戦争資料館ガイドブック』(青木書店、一九九五年)に「日本の平和博物館の到達点と果たすべき課題」を書いたので、参照されたい。

(13)信州の戦争展については、『第二回平和のための信州戦争展――目で見る記録集』および大日方悦夫「平和のための信州・戦争展」(『歴史評論』四七二号)などによる。

(14)わかやまの戦争展については、各回の図録による。

(15)あいちの戦争展については、『九二あいち・平和のための戦争展の記録』などによる。

(16)平和展については、図録および各回のパンフレットによる。

(17)七三一部隊展全国実行委員会は記録をまとめ、『七三一部隊展　一九九三・七―一九九四・一二』を刊行している。

(18)一九九五年に実施された、都道府県や地域の歴史博物館(平和や戦争専門の博物館は除く)の戦争関係特別展や企画展については、すでに大阪歴史科学協議会一九九五年一一月例会において「歴史博物館の戦後五〇年関係の特別展・企画展の概観」として報告した。この報告内容は『歴史科学』に掲載される予定であるので、こちらを参照されたい。

9

『生活と文化　第四号』（一九九〇年三月　豊島区立郷土資料館）

# 戦争下における秋田雨雀と雑司が谷地域

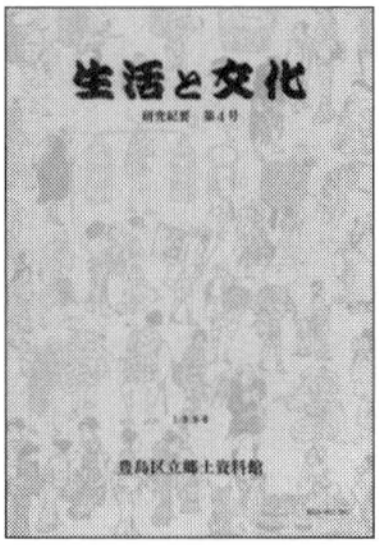


## はじめに

ここでは前稿[1]に引き続いて、転向後の秋田雨雀について、居住地における活動を中心に見ていきたい。

まず転向の内容・実態を見たうえで、そこでの雑誌『テアトロ』や新協劇団などの演劇・文学活動を見、あわせて雑司が谷に関係する人で同じく弾圧された羽仁五郎・布施辰治・妹尾義郎との交流や婦人之友社との関係、人民戦線運動との係わりを見ていく。さらに後の時期については、町会での活動、聖典輪読会などを見ていくことにしたい。

## 1

秋田雨雀は一九三三年八月二一日から目白署に共産党シンパということで、留置された[2]。そして転向し、九月一四日に釈放された。その時『東京朝日新聞』の記事[3]によると、「私が転向したやうに伝へられていますが、私自身転向のつもりではない、手記の外に書かされた声明書の単なる自己批判に過ぎないのを、内容が誤り伝えられたのでせう。プロ科、新興教育、プロ・エスなどに関係しているのを、共産党の指令に動く外郭団体と見られたのですが、共産党といふ一つの政治組織に入っていくにはあまりに無力な文化人の私です。したがつてこのみじめな文化人たる私には転向といふことはあり得ないのです。」と雨雀は語っている。また九月一四日付けの『社会運動通信』の記事[4]ではプロレタリア文化団体の元老秋田雨雀氏はプロレタリア文化団体の第一線から身を退いて実際運動とは全く絶縁することになったとつたえられると書いてある。そこから雨雀の場合転向ではなく没落であるとも当時いわれたが、実践的運動から手を引くことを意味する没落型の転向であったといえよう。そして共産党に近い立場から、無党派の進歩的な立場に移行した。その時点での仕事の中心が、『テアトロ』と新協劇団である。

検挙され、釈放された後も、雨雀は警察の監視下に置かれた。特に何か政治的な大事件が起きた時には、目白署や警視庁の刑事がやってきて、雨雀の意見を聞きにくるような調査をしていた[5]。例えば一九三七年七月一日には日本軍のソ連砲艇撃沈について、七月三〇日には日中戦争について、一二月一一日には南京陥落後の戦争の予想について、一九三八年一月一六日には近衛の政府声明について、四月五日には物価騰貴や華北対策について、一九四一年七月一七日には第二次近衛内閣の総辞職について、一九四二年三月二〇日には独ソ関係について、などがある。

『テアトロ』との係わりは[6]、一九三四年三月七日に、久板、染谷、長谷川の三人が、雨雀の家を訪ねてきて、演劇雑誌の発行の話を持ちかけてきてからである。その日に、雨雀は監修者になることを引き受けている。三月一〇日に、雨雀は『テアトロ』の趣旨書を書いている。そして三月一四日に、雨雀は正式に『テアトロ』の編集者になることを決めている。三月一九日には編集会議を開き、編集方針・スタッフなどを決めた。四月一一日には第二号の編集会議を開いている。四月二五日に『テアトロ』の創刊号が出来上がった。表紙には秋田雨雀編集と書かれており、雨雀は「編集の者の言葉」と「編集を終へて」を書いている。

「編集の者の言葉」の中で、雨雀は自らが「日本演劇の進歩的な要素に対して無力ながら声援を惜しまなかった一人である（中略）比較的無党派的な立場にいる」からテアトロの編集責任者に推挙されたとしている。そして演劇が進歩性と創造性をもたなければならない。そのため

『テアトロ』は日本の演劇の発展性をはばむものは何処にあるかを究明しなければならない。また日本演劇の社会的使命を明瞭にしなければならない。「私達は日本演劇の進展のためにいつも親切で、協力的でなければならない。党派的であったり、機械主義的であったりすることは、私達の仕事を滅ぼすことである。」とも「編集の者の言葉」の中で、雨雀は書いている。「編集を終へて」の中では「私達は此の雑誌を提供するにあたって三つの重点に注意を払った。一つは日本演劇の現段階を無党派的に、併し統一した形で反映させやうとした。第二には諸外国の、演劇活動の最も新鮮な部分を前面に突き出さうとした。第三は新しい創作欲望に対して、刺激を与へようとした。」と書いている。ここにもみられるように雨雀は転向の風潮が進むなかで、それに乗って、従来の共産党指導下のプロレタリア演劇運動を否定したうえで、進められた進歩的な演劇運動の推進を主張したわけである。

その後も一九三四年六・七・八月号、一九三五年六・七月号の編集後記や一九三五年七月号、一九三六年三・六月号の巻頭言を書き、演劇通信を一九三四年七・八月号、一九三五年三・四・一一月号、一九三六年四・五・一〇月号、一九三八年九・一二月号に連載している。その他劇評や評論も書いている。一九三四年一一月号には「新劇合同準備委員会の経過について」を、一九三五年五月号には「新劇展望序論」をそれぞれ執筆し、つぎにみる新劇の大同団結運動やその結果できた単一劇団である新協劇団について書いている。

一九三七年一月一日には国民的認識を確立しろと日記に書いているが、一月一六日に雨雀は雑誌の発展には雨雀が編集の位置から去るべきではないかと考えたりしている。この時は同時に新協劇団の幹事長を降りることも考えていた。これらの考えについて、一月二〇日に警視庁に意見を求めにいった。刑事は態度や仕事をはっきりさせることを求めた。より明確な転向を要求したわけである。同年一二月号から『テアトロ』の表紙にあった編集者としての雨雀の名前が消された。時代の困難性からである。

一九三八年八月二七日には、雨雀は編集に敏活を欠いていると感じている。しかしその後も、九月二六日・一一月一九日の編集会議に参加している。

ここで新劇の大同団結運動について見ていこう(7)。雨雀は新劇団の大同団結の発端となった一九三四年四月一八日と六月一三日に開かれた「新劇の今日と明日を語る」座談会に出席している。六月二二日から持たれた新劇合同準備委員会は、以後六月二七日・三〇日、七月五日・一一日・一六日・一八日・二九日・八月三日・九日・一五日に開かれたが、雨雀は一貫して出席した。そして八月一五日の新劇合同準備委員会で各劇団の賛成を得て合同を決定した。実行委員を選出し、その具体的準備にはいった。雨雀も実行委員になった。新劇合同準備実行委員会は八月一六日・二〇日・二七日・二八日、九月五日・一〇日・一二日・一七日・一九日・二〇日に開かれた。この実行委員会にも雨雀は一貫して出席した。九月一七日の実行委員会で合同の結果できる単一劇団の名前が新協劇団と決まり、同時に新劇人の大同団結で集まる会の名前は新演劇協会となった。しかし九月二〇日の実行委員会で、新築地劇団と決裂し、新築地劇団は単一劇団として新協劇団に加わらないことになった。それを雨雀は残念がっていたが、それでも新協劇団の結成準備を進めていった。九月二一日には発起人会が、二七日には下相談会が、二九日には新協劇団の顔合わせが、それぞれ開かれ新協劇団は結成されたが、これらにも一貫して雨雀は参加した。さらに雨雀は一一月四日の稽古に初参加し、九日の舞台稽古も見にいき、一〇日から三〇日までの「夜明け前」の公演はほとんど毎日のように見に行っている。そして一二月一九日の劇団総会で雨雀は幹事長になっている。それ以降稽古の立ち会い、公演見物、会議出席など熱心に活動した。一九三五年一一月一四日に、雨雀は新協劇団研究所の生徒たちに「ソヴェート演劇の体系」について話している。

しかし一九三七年一月から雨雀は幹事長を長田秀雄にかわってもらうことを考えていたが、七月四日の劇団総会で雨雀は幹事長を降り、長田秀雄にゆずっている。その後もしばらく活動に参加していた。しかし、一九三七年一〇月二三日の研究所生徒の反戦運動に対する弾圧について、雨雀は劇団を壊さないため、注意して被害を最小限度にとどめようとしている。一九三八年四月七日に劇団事務所で「火山灰地」の第二部の本読みが行われ、雨雀も参加した。しかしお茶も出さないで、本読みをさせるような、冷たい空気でいやになり、もっと人間的な接触が欲しいと、雨雀は思っている。六月六・七日に、「火山灰地」の稽古が行われたが、雨雀は劇団にもっと積極的に働きかけたいが、取りつくしまがない、劇団そのものの冷たさが感ぜられるとして、見にいかなかった。

六月二六日に雨雀は「火山灰地」の前編終わりの日に見に行ったが、劇団の人が妙な冷たい態度をとるのでいやになったりしたことがあった。七月一一日には劇団総会に参加したが、無駄を感じ、疲労感を持っている。このように雨雀は劇団から遠ざかっていった。だが、一九四〇年八月一九日の新協劇団・新築地劇団の一斉検挙に雨雀も巻き込まれ、再度目白署に検挙された。

文学活動について見ると、雨雀はこの一九三五年前後の時期に、明治文学懇談会、蘆花会などに参加している。またプロレタリア文学壊滅後に、転向文学を中心とする文芸復興という現象が起きるが、その流れの雑誌にあたる『人民文庫』・『文学評論』(8)などに雨雀は詩や評論を執筆していた。もとプロレタリア作家同盟に参加していた人たちによってつくられた「独立作家クラブ」(9)は一九三六年一月一九日に結成されたが、雨雀も創立総会に参加し、感想を述べている。八月九日に独立作家クラブの第二回総会が開かれるが、そこで雨雀は幹事に選ばれている。この独立作家クラブも一九三七年一二月三一日に解散せざるをえなくなり、雨雀と岡邦雄は警視庁へクラブ解散の申出をしている。また一九三六年八月三〇日には詩人クラブの研究会に雨雀は出席した(10)。この研究会では壺井繁治が「詩人の社会認識について」を、小熊秀雄が「元素としての詩人」を報告した。

このように雨雀は一九三三年当時は没落型の転向で、共産党とは一線を画すかたちで、無党派の進歩的立場の演劇・文学運動に参加したわけであるが、それも一九三七年初めころから困難になり、七月の日中全面戦争の開始、一二月の人民戦線事件の弾圧などを経て、一九三八年には進歩的立場の維持は困難になり、合法性維持のためにはより明白な転向、国家の進める侵略戦争の積極的支持が求められていく。その中で雨雀の演劇・文化運動に携わる余地が無くなっていくのである。

## 2

ここで弾圧された人との交流を見ていこう。

羽仁五郎との係わりについては(11)、雨雀が目白署に留置されていた一九三三年九月一二日に、羽仁が目白署に検挙されて拷問を受けていたのを、雨雀も知らされている。雨雀は九月一四日に釈放されたが、翌日雨雀は自由学園を訪ねて、羽仁五郎の妻説子に見舞いをしている。その時羽仁もと子が「神から遠去る人間は皆なこのような不幸に逢う」という意味のことを言ったので、雨雀は迷信的なことを言うとして腹をたてている。雨雀は羽仁五郎の検挙が伊豆公夫との関係によるらしいと聞いている。一八日にも雨雀は婦人之友社に羽仁もと子を訪ねて羽仁五郎の見舞いをした。そこで羽仁五郎がなかなか転向しないと聞いている。

一〇月七日に雨雀の孫良一が死んだが、一一月八日に羽仁説子はその弔問に千葉貞子を雨雀の家に遣わした。その日の午後雨雀は婦人之友社に羽仁説子を訪ねて、弔問の礼を述べるとともに、羽仁五郎の見舞いをしている。手記を訂正して漸く清書しかけていることを聞いている。雨雀は一二月一二日に、羽仁家を訪ね、見舞いの言葉を述べている。羽仁五郎は、一二月一九日に釈放された。

一九三五年七月二日に、羽仁五郎が一昨年の幽閉時代を思い出して、説子にくだものを持たして、雨雀を見舞わしている。

一九三六年一二月二五日に、雨雀は築地小劇場での、新協劇団公演「昆虫記」を見に行って、羽仁五郎に逢った。一二月二七日に、羽仁説子・五郎夫妻が長男の進を連れて、雨雀の妻の病気見舞いに果物と、見舞い金を持って、雨雀の家を訪問している。

一九三七年三月八日雨雀の娘の千代子が重症になったが、羽仁五郎が、妻の説子と一緒に、雨雀の家に見舞いに来て、病気についての心構えや看護者の態度などについて親切な意見を述べ、最後まで生に対して絶望してはいけないと話した。この激励の言葉は雨雀を力づけた。九日にも、羽仁説子が雨雀を訪ねて、千代子に看護婦を付けてあげようという申し出をした。この親切にたいして雨雀は感謝したが、付き添いがいるということで断った。その後羽仁五郎夫妻は入院している千代子に対して、四月六日に千代子が死ぬまで、毎日お菓子を届けた。

一九四三年三月二八日に東京女子大学の講演・演劇・舞踊の会で雨雀は羽仁五郎夫妻に逢っている。

関連してこの時期の雨雀と婦人之友社との係わりを見ておこう[12]。

雨雀は一九三四年一二月号の『婦人之友』に「『夜明け前』の芸術的意義について」を、一九三五年七月号の『婦人之友』に「故郷の自然と人」を、一九三五年一二月号の『婦人之友』に「青森で逢ったセツルメントの人たちについて」を書いている。

一九三五年七月三日に、雨雀は『子供之友』児童研究座談会に出席し、児童劇の本質・実際・将来について話している。これは八月号の『婦人之友』に「子供と児童劇」として掲載された。一九三六年九月号の『婦人之友』に雨雀は「子供演劇史」を書いている。

一九三七年に雨雀は『婦人之友』に「演劇巡礼誌上リパートリー」と題して劇評を連載した。ただし無署名である。

一月号は新協劇団の「群盗」、創作座の「大地」、新築地劇団の「女人哀詞」を取り上げた。

二月号は新協劇団の「昆虫記」と新築地劇団の「ウィンザーの陽気な女房たち」を取り上げた。

三月号は「中国男女俳優によって演ぜられた『復活』と『ノラ』」として、中華戯劇協会の「復活」と中国留日劇人協会の「ノラ」を取り上げた。

四月号は「『暫』その他と「桜の園」―今日の前進座と新築地」を書いた。

五月号は「東京で演ぜられた日本・アメリカ・中国の演劇」として、新協劇団の「北東の風」、創作座の「ウインターー・セット」、中華戯劇協会の「日出」を取り上げた。

六月号は「新築地・新協・明治座諸公演をみる」として、新築地劇団の「陸を往く舟」、新協劇団の「春のめざめ」と「科学追放記」、明治座の「北東の風」と「雲雀」を取り上げた。

七月号は新協劇団の「醒め歌へ」と「板垣退助」、明治座の人形浄瑠璃（文楽）「天の網島」を取り上げた。

八月号は朝鮮学生芸術座の朝鮮古典劇「春香伝」と国際劇場レビュー・松竹少女歌劇公演「国際東京踊り」その他を取り上げた。

九月号は東京童話劇協会の「バナナン将軍」、新築地劇団「嗤ふ手紙」、東宝レビュー・宝塚少女歌劇花組「メキシコの花」を取り上げた。

一〇月号は「三つの軍事劇」として、新国劇の「乃木将軍」「進軍抄」、歌舞伎座の「空爆に甦る」を取り上げた。

一一月号は新協劇団の「アンナ・カレーニナ」、歌舞伎座の「二条城の清正」、新築地劇団の「土」を取り上げた。

一二月号は東京童話劇協会の「ピーター・パン」、前進座の「新選組」、観世会「七騎落」と「藤戸」を取り上げた。

この連載に対して、雨雀は全く生活のための仕事であったと書いているが、実際執筆が困難になり始めていた時に、この継続的仕事が与えられたことは大きな意味を持っていた。この連載がなくなる一九三八年以降雨雀の生活は一層困難になるのである。それは一九三八年二月二六日に『婦人之友』からも返事がない、信頼しているところだけにちょっとがっかりした、執筆制限の問題が迫ってきたと、書いていることからもよく解る。

この時期、『婦人之友』は毎年一月号に各界名士からアンケートをとって載せているが、雨雀も一九三三年から一九三九年にかけて、つぎのテーマのアンケートに答えている。

一九三三年　世界からなくしたいもの
一九三四年　この頃食卓にあった話
一九三五年　いまの日本に欲しいもの
一九三六年　1　日本から世界におくりたいもの
　　　　　　2　世界から日本にもらいたいもの
一九三七年　1　私の憂ひ
　　　　　　2　私の喜び
一九三八年　1　日本のために欣ぶ
　　　　　　2　日本のために慨く
一九三九年　1　長期の努力によって出来た事
　　　　　　2　長期にわたって建設したい事

一九三八年一月号の『子供之友』のために雨雀は「『青い鳥』物語」を書いている。

つぎにこの時期の自由学園との関係を見ていこう[13]。

一九三四年一一月二二日に自由学園二七回生が、「罪と罰」を演ずるにあたって、雨雀の家を訪ねてきたが、雨雀は参考書類、芸術座の画帳、百姓の衣装などを貸してあげている。一二月一六日には雨雀は自由学園生の「罪と罰」の公演を見て、学生たちの芝居としてはなかなか立派であると思っている。

一九三五年一一月三日に、雨雀は南沢の自由学園のデンマークの体操の会を見に行っている。

一九三六年七月一一日に、雨雀は自由学園生の「夜明け前」の公演を見ている。この上演の許可に関して雨雀は島崎藤村夫人から一任の承諾を貰っている。また自由学園と新協劇団との取引の証人になっている。一一月三日には南沢の自由学園で雨雀は羽仁吉一・もと子夫妻に会っている。一二月六日に雨雀は南沢の自由学園に男子部の成績発表会を見に行った。工作の作品を見たり、英語の「青い鳥」対話劇を聞いたりしている。

一九三七年一二月一二日にも南沢の校舎で開かれた自由学園男子部の成績報告会で、展覧会を見たり、食堂で食事をしながら羽仁吉一・もと子夫妻の話を聞いたり、「青い鳥」の英語対話や「アブラハム・リンカーン」を見たり、学生の日誌朗読や「タンホイザー」の演奏を聞くなどしている。

一九三八年四月三〇日に南沢で開かれた自由学園一六回女子部の卒業式に雨雀は出席し、安部磯雄らに逢っている。五月二五日に雨雀は自由学園の音楽会に行っている。

ここで布施辰治との関係を見ていこう[14]。布施とはすでに一九三二年にプロレタリア文化運動で弾圧された人の救援で共に動いたり、仙台へ一緒に講演に行ったりしていた。

また一九三三年七月五日に、雨雀は中野の豊多摩刑務所へ出獄する布施を迎えに行っている。七月二〇日には雨雀は布施辰治出獄記念会に出席し、座長をつとめている。

布施辰治は、雨雀が目白署に留置されていた一九三三年九月一三日にプロレタリア弁護士団の弾圧で検挙され、雨雀の隣の監房に入れられている。そこで布施が食事のことで要求しているのを、雨雀は聞いている。二三日には布施家の相馬が雨雀の家に来て、警察が夫人をよんで亀戸へ移すかもしれないと告げたことを伝えた。二五日には雨雀は布施家を訪ねて、夫人や娘さんと会い、起訴されないが、留置が長引きそうだと聞いている。一〇月七日に雨雀の孫良一が死んだが、その届けを豊島区役所へする前に、雨雀は布施家に寄っている。一一月九日には雨雀は布施家に見舞いに行っている。そこで布施辰治が、築地署から月島署に移されたが、築地ではまったく不親切だったが、月島では親切にされ、だいぶ元気になったことを、雨雀は家族から聞かされた。一一月二〇日に雨雀は山崎今朝弥に会い、布施らが、起訴はされるが、無罪になるらしいことと、取り調べが来年にまわるかもしれないことを聞いている。雨雀は、羽仁家を見舞った一二月一二日に布施家も見舞っている。

雨雀は一九三四年一月四日にも布施家を見舞っている。布施家は雑司が谷から引っ越して、神田川にかかる面影橋から南へ行った戸塚町の高台に移ったが、一〇月二一日、雨雀は見舞いに布施家の新居を訪問している。

一九三五年二月に、雨雀は布施辰治の長男が書いた小説を読んであげている。三月六日には布施辰治が保釈されたが、その日に雨雀は布施の家へ、ソ連大使館からもらったブドウ酒と布施が弁護士をやめた時の記念会の芳名録を持っていった。雨雀は布施が転向しないで釈放されたことに注目している。三月三〇日には雨雀が加藤勘十の訪米送別会に参加しているが、そこで雨雀は布施のメッセージを代読した。四月九日に雨雀は早稲田のもなか屋で布施と会っている。八月一四日に布施が雨雀を訪ねているが、その時布施は東北の農村の人が、保釈後の布施をよく遇したことを雨雀に話した。一〇月六日にも布施が雨雀を訪ねて、布施は雨雀に公判準備の上申書を見せている。一二月二二日には雨雀が布施を訪ねて、布施から懲役四年の判決を受けたが、無罪を主張するということを聞いている。

一九三六年一月一二日には雨雀は布施家を訪ねて、その後布施を新協劇団の公演「ファウスト」に招待している。三月二三日にも雨雀は布施を訪ねて演劇や医学の話をしている。五月一三日にも雨雀は布施家を訪ねている。一一月八日に、雨雀は新協劇団の公演「群盗」で、布施と逢っている。

一九三七年一月二日に、雨雀は布施家を訪ねているが、その時裁判がまた二月に延びて、良かったことを聞いている。一月一六日にも雨雀は布施家を訪ねているが、そこで布施は日本の自由主義的弁護人についてその限界性を話している。三月二九日に、雨雀は布施が発行していた刊行物に載せるため「芝居と見物について」という文章を書いた。四月一〇日の雨雀の娘の告別式に布施辰治夫妻も参列し、親族席に着いている。五月七日に雨雀は布施宅を訪ねている。六月一日には雨雀は布施と一緒に前進座の公演を見て、一緒に帰っている。六月二三日には雨雀は前進座演劇映画研究所に行っているが、そこで布施に逢っている。六月二九日の村田実の告別式でも雨雀は布施に逢っている。七月九日には布施が雨雀の家に遊びに来ている。八月二〇日にも雨雀は布施を見舞っている。一〇月一六日にも布施が雨雀の家に遊びに来ている。

一九三八年七月二一日雨雀は布施家を訪ね、懲役二年の宣告があったことを、布施から聞いている。一一月二二日にも雨雀は布施の家に遊びに行っている。

一九四〇年一二月八日には雨雀は布施と一緒に翌日下獄する妹尾家に行っている。

一九四一年七月一四日に雨雀は池袋のコーヒー店で布施夫人らに会い、布施家が郊外に引っ越したことを聞いている。

つぎに、妹尾義郎との関係を見ていこう[15]。妹尾は、一九三三年八月三一日に排酒新聞主催の提灯行列の許可願いを目白署に出しに行って、検束されていた雨雀を見掛けている。九月一三日に妹尾は雨雀が転向したことを聞き、本心はどうなのかと思っている。なお同日妹尾は布施辰治らプロレタリア弁護士団が検挙されたことも聞いている。

一九三四年五月八日に、妹尾義郎が雨雀を訪ねて、雨雀に国際平和に関する講演会に出て欲しいと頼んだが、雨雀は目下の情勢ではかえって不利であろうとして断っている。この時妹尾は雨雀に対して好好翁で、温情と博学にうたれ、これからも訪問して教えを受けたいと思った。六月一二日に雨雀は妹尾とともに新興仏教青年同盟で「ソヴェートにおける新道徳の建設について」という題で話している。この話を聞いて妹尾はソビエト・ロシアを、人類が願い求める新社会であると思っている。

ここで妹尾との関係も含めて、雨雀と反ファッショ人民戦線運動との係わりを見ていこう。

まず『労働雑誌』や加藤勘十らとの係わりから見ていこう[16]。

一九三五年二月四日に、小岩井浄・杉山元治郎・加藤勘十の三人の主催による『労働雑誌』の相談会が開かれたが、雨雀も出席している。二月九日の夜には『労働雑誌』の出版懇談会が開かれたが、雨雀も出席して、希望を述べた。その日の昼妹尾義郎が、雨雀の家を訪ねており、妹尾も雨雀とともに出版懇談会に出ている。

雨雀は『労働雑誌』の一九三五年七月号に「ソヴェート労働者と夏の経験」を、一九三六年一二月号に「一二月のモスクワ」を書いている。

雨雀は一九三五年三月三〇日の加藤勘十の送別会に参加し、五月二三日にはアメリカへ出発する加藤を見送っている。一九三六年二月二〇日の衆議院議員選挙で、雨雀は加藤勘十の支援をしている。

つぎに人民戦線運動における雨雀と妹尾との関係を見ていこう[17]。

一九三五年九月一六・一七日に雨雀は、青森で、淡谷悠蔵の県会議員選挙の応援演説をしている。この時、妹尾義郎もともに応援演説をしている。この時雨雀は妹尾に対して、進歩的な仏教徒で、労働運動に理解と同情を持っている人であると評価している。

妹尾は、二・二六事件中の一九三六年二月二九日、新興仏教青年同盟と共産主義との関係を疑われて、検束され、三月二六日に出された。雨雀は三月二八日に妹尾を見舞っている。

妹尾は、一九三六年六月一〇日投票の東京府会議員選挙で、豊島区の選挙区に労農無産協議会から立候補した。五月一八日に妹尾が雨雀を訪ねて、選挙の応援を頼んだ。六月三日にも新井徹の弟が雨雀を訪ねて、妹尾の選挙の応援を頼んでいる。これに対し雨雀は家庭的、肉体的理由をあげて応援演説を断っている。六月一一日に選挙の結果が出て、妹尾は落選したが、一八〇〇票以上取ってよく戦ったと雨雀は判断している。八月二二日には渡辺惣蔵と高津正道が反ファッショ運動への協力を求めに、雨雀を訪ねた。雨雀は運動に積極性を認めたが、中野重治の方がふさわしいとして紹介している。一〇月二四日の城北勤労市民クラブと新興仏教青年同盟の連合主催の時局批判演説会に対し、雨雀はメッセージを寄せている。この中で雨雀は大衆が政治的自覚を持たなければならないことを述べたと思われる。

なお妹尾義郎は、労農無産協議会に参加していたが、これを政治結社化するころから、社会大衆党と対立する別の無産政党をつくることに反対し、離れていった。妹尾とともに運動していた的場茂らも、社会大衆党に入っていった。一一月六日から区会議員選挙が始まったが、妹尾は的場茂・河野亀三・渡辺惣蔵ら人民戦線運動に携わり、社会大衆党に加わっていった人たちを応援した。雨雀もこの中で一一月二六日に河野の演説会に行き、応援演説をした。はじめは西巣鴨の時習小学校で、岡田宗司・安部磯雄・候補者と共に演説をした。雨雀は演説の中で河野の人格を保証するという趣旨のことを話した。二回目は池袋の末広亭で、為藤五郎・候補者とともに演説した。ここに斎藤武弥が聞きに来ていて、終了後二人は一緒にお茶を飲みに行った。

一九三七年三月一六日投票で東京市会議員選挙が行われ、その選挙運動の中で、雨雀はほうぼうから応援演説を頼まれたが、断っている。

妹尾は一九三六年一二月七日に新興仏教青年同盟事件で検挙された。翌年一月五日に妹尾の夫人が雨雀の家に来てこのことを知らせた。雨雀はこの時、留守であったが、その日のうちに妹尾の家に見舞いに行っている。一九三七年六月一九日には雨雀の家を訪ねて来た目白署の刑事から、妹尾がまだ目白署に居ることを聞いて、気の毒がっている。九月三日に、雨雀は目白署に果物を持って、妹尾を訪問している。一〇月一一日に、雨雀は訪ねてきた警視庁の大橋警部補に妹尾が起訴されるかどうかを聞いている。

一九三八年三月二六日に雨雀は妹尾が起訴されたことを聞き、立派な人物だけに気の毒がっている。五月三〇日には妹尾ら新興仏教青年同盟関係者の検挙の解禁された新聞記事を読んでいる。転向し、保釈後の妹尾と雨雀の付き合いについてはあとで見ることとする。

このように雨雀は近くに住み、共に治安維持法により、目白署に検挙された人と付き合い、お互いに見舞いをし、はげましあっていた。また、家族ぐるみの付き合いをしていた。さらに妹尾との付き合いは雨雀の人民戦線との係わりでもあったが、この点に関して、雨雀は積極的な政治行動はあまりしないが、人民戦線運動を支持し、応援していた。

## 3

ここで、町会での活動、聖典輪読会など雑司が谷地域での仏教を中心とする郷土史研究を見ていこう。

まず町会活動について見てみよう。(18)

秋田雨雀は一九三九年一月一二日に町会・大門会の会長となった。雨雀は二月一〇日に執筆した「町会整備の曙光を望みながら(19)」の中で「聖戦時下の一市民として、一町民としての自覚の上に立つ以上、決して個人的な我侭や逃避は許されるべきことではないと思ひます。今、東京市の町会は、町会本来の隣保、互助の歴史的使命のほかに、この非常時局下において、市政区政の一単位にまで発展しようとしている大事な時期です。」と書いている。戦争協力を明確に意識したうえでの町会活動の参加であったことがよく解る。

その後、町会整備により、一九三九年一一月三〇日雑司谷町会が出来たが、雨雀は副会長になった。雨雀は一九四〇年八月一九日に再び検挙されて、町会役員を止めた。同年一〇月一〇日に釈放後、しばらくは町会の仕事がなくなり楽な気持ちになっていたが、隣組などの活動に参加していた。一九四二年二月一八日の戦勝祝賀会や雑司が谷から豊島区役所までの祝賀行進にも参加している。一九四二年七月二日に雨雀は雑司谷町会の会計監査になった。その後一九四三年四月からまた町会整備が始まった。雨雀は町会整備委員になり、五月一五・一六日には豊島区役所に行き、区長らと話している。その成果が挙がって、一九四三年六月四日に雑司谷三丁目町会が出来るが、雨雀はこの日の発会式で、準備委員の一人として、雑司が谷地方の町会史を述べた。雑司谷三丁目町会では、雨雀は、副会長で、防犯指導部長にもなった。一九四四年四月九日に学童の縁故疎開が勧められる中、雨雀は故郷の青森へ国民学校三年生になった孫の静江とともに疎開した。疎開の直前まで雨雀は町会役員を続けた。

雨雀は町会役員になる以前は防空演習などにはあまり積極的でなかった[20]。一九三七年に日中全面戦争が起きた以降一段と演習や訓練などは激しくなるが、例えば、九月一三日の防火演習や一五日から一九日にかけての防空演習などには、雨雀は参加しないで、見ている場合が多かった。しかし九月四日などの出征兵士の歓送会には参加している。

雨雀は町会役員になって以降、防空訓練、出征者の歓送、遺骨出迎え、区民葬などに積極的に参加した。ここで一九四二年に再度町会役員になって以降の参加状況を見てみよう。防空演習や訓練には、一九四二年七月一九日・七月二六日・九月一三日・一〇月七日・一〇月八日・一二月一〇日・一二月一一日・一九四三年一月一〇日・三月一日・三月一二日・三月二八日・四月一八日・六月六日・七月八日・七月一五日・七月一六日・七月一八日・八月八日・八月一四日・九月七日・九月八日・九月一一日・九月一五日・一〇月二日・一〇月一九日・一〇月二三日・一〇月二四日・一一月一七日・一一月二二日・一二月一七日・一九四四年一月九日・三月二七日などに参加している[21]。出征兵士の歓送には、一九四二年七月二七日・八月五日・九月一日・九月二九日・一九四三年一月二九日・五月一四日・五月二七日・七月一四日・七月二四日・七月二五日・九月一二日・九月一三日・九月一七日・九月一九日・九月二〇日・九月二五日・九月二九日・一〇月三一日・一一月一一日・一一月二五日・一二月九日・一二月一九日・一二月二〇日・一九四四年一月二日・一月六日・一月八日・一月二〇日・二月一〇日・二月二八日・三月二九日などに参加している[22]。遺骨の出迎えには一九四二年一〇月一四日・一〇月二八日・一九四三年三月一二日・一九四四年一月一九日などに行っている[23]。区民葬などには、一九四二年七月二八日・一九四三年三月二九日・一二月一一日・一二月一三日・一九四四年二月二五日などに参列している[24]。

その他一九四二年七月八日に、雨雀は「町会第三部防空監視所兼国旗掲揚塔開所式」に参加し、閉会の辞を述べている。八月三日に豊島公会堂で行われた隣組の歌の発表会にも参加している。一九四二年一二月八日大東亜戦争一周年の町会の記念式や翌年の同日の式、そして一九四三年一月一日の町会の参拝にも参加している。六月八日に豊島公会堂で開かれた「隣組戦時体制確立強化結成式」にも雨雀は参加した[25]。

一九四二年四月に雨雀の孫、静江が高田第二国民学校に入学したが、雨雀は保護者として学校との係わりを持った。雨雀は学校の家庭連絡日に学校へ行き、授業参観をしたりしている。一九四三年一月三〇日に高田第二国民学校の母の会が創立された。その日に羽仁説子が「生活と教育について」を講演したが、雨雀も参加して聞いていた。そこで雨雀は海老沢了之介や大下宇陀児らにも会っている。それ以後雨雀は高二母の会の活動にも参加している[26]。

雨雀は雑司谷町会副会長をしていた一九四〇年八月五日、『中央公論』九月号の「隣組座談会」に出席している[27]。そこで雨雀は町会が整備されて、大きくなり、昔の睦会的な隣保互助が無くなってきており、それを補うために隣組を発達させなければならないことを主張している。町会の法制化によって町民の意思・欲求が上に伝えにくくなる心配を述べている。町会から政治的野心を持つ人を排除すること、インテリが隣組に積極的参加する必要性も主張している。以上のような雨雀の町会活動参加のなかで感じた意見を述べている。

雨雀が町会の役員をしていた一九三九年二月に、雨雀の提議で、近くの本納寺の住職・兜木正亭と雨雀との二人が中心になって聖典輪読会が組織された[28]。雨雀はすでに一九三八年一二月一八日に遊びに来た兜木正亭に逢っている。聖典輪読会は法明寺を中心とする雑司が谷の町の人たちによる信仰を介しての結合体で、聖典の研究をして、非常時局に対する生活態度を決定していくことを目指していた。毎月仏典を読んだり、雨雀や兜木が話したりする例会を開いていた。

聖典輪読会で雨雀はつぎのような報告をしている。

一九三九年四月には「世界に於ける言語、文化及び人類の交流」と題して話した。

一九三九年一一月二五日には「元政上人」について話した。

一九四〇年一一月二五日には「小愛と大愛」を報告した。

一二月二七日には「ソクラテスと日蓮聖人の場合」について話した。

一九四一年一月三〇日には維摩経の菩薩行について話した。

二月二七日には維摩経の仏国品の抜き読みをした。

三月二九日には維摩経の方便品の講義をした。

六月八日には維摩経の弟子品の第一回分の輪講をした。

その他「文章論から見た立正安国論」「開目抄聴講に際して」「深草光政上人について」「賀川豊彦のインド唯一神論の二潮流について」「生と死の問題」「わが国近代演劇に現れた仏教思想」「武蔵防人歌について」「ポール・ブールジェの『死の意味』について」「小泉八雲の日本宗教観について」などの報告もしている。

一九四一年三月三一日に、雨雀は兜木に対して、兜木が聖典輪読会に熱意を失いかけているとして批判し、激論になった。

聖典輪読会は一九四一年六月八日に開かれた以降しばらく例会がもたれなかった。一九四二年一二月九日に開かれ、雨雀も出席したが、報告はしていない。報告は立正大学教授の中谷良英が「立正安国の意義」を、山上、泉が「江戸文学に表れたる雑司谷」をそれぞれ行った。これ以降聖典輪読会は開かれなかった。

なお妹尾義郎は、一九三九年一一月三日に本納寺に兜木正亨を訪ね、保険の依頼をするとともに日蓮宗門に関しても話している。翌日、兜木が妹尾を訪ね、再び宗教の話をした。そこで妹尾は兜木に対して、まじめな求道者でその将来を祝福した。さらにその翌日五日にも、妹尾は兜木に連れられて、法明寺に保険の勧誘にいった。保険はだめだったが、この時妹尾は法明寺を参観し、ついで兜木の案内で鬼子母神の内陣を見ている。そして一一月二五日に鬼子母神会館で開かれた聖典輪読会に、妹尾が参加し、雨雀や兜木の報告をも聞いている。

また、聖典輪読会は法明寺・鬼子母神を中心とする雑司が谷地域の郷土史を研究し、文化財を調査した。その成果を『雑司谷若葉集』正続として、それぞれ一九三九年六月五日と一九四〇年九月二〇日に刊行した[29]。雨雀は正編では監修をし、序文と「寺院改革家としての日持上人の上書」・「大門並木訴訟」を、続編には「『生』と『死』の問題について」を書いている。また一九三九年五月号の『文芸春秋』に雨雀は「雑司ケ谷並木訴訟」を書いている[30]。

並木訴訟の二本の論文で、雨雀は弘化年代の法明寺・大行院と村方名主との間に起きた並木の所有権・管理権をめぐる争いを紹介している。名主が並木のけやきを切ろうとしたのに対して、寺側の権利が認められ、並木が切られなかったように経過を述べている。法明寺の史料を使って書いており、法明寺の立場を正しいものとした叙述になっている。

一九三九年九月二四日には雨雀らは鬼子母神や法明寺の宝物調査をしている[31]。けやき並木の保存運動にも、雨雀は参加した。

ここで大鳥神社の調査について見ていこう[32]。

一九四一年一月一三日に、大鳥神社の祭神についての座談会が、法明寺で開かれた。雨雀・海老沢了之介・坂本辰之助・渡辺善友・日原上人らが、出席した。この座談会の筆記を、雨雀は三月一二日から一九日にかけて、読み訂正をしている。三月一六日には雨雀は大鳥神社の縁起を書き、神社にあげている。一九四二年八月一五日に雨雀は海老沢から大鳥神社の座談会記録を受け取っている。一一月に雨雀は大鳥神社の座談会記録の清書を、佐藤誠也に依頼している。また一九四三年三月二三日に雨雀は大鳥神社の座談会記録の校正をした。四月六日に雨雀は「大鳥神社を中心とした郷土史談会記録」に載せる写真の選定をした。七月二二日に郷土史談「大鳥神社」の見本ができた。しかし出版届を出してなかったので、内務省検閲課に八月一〇日に相談にいき、その結果一三日に始末書を書き、一四日に雨雀は大鳥神社の小泉忠澄といっしょに内務省検閲課に行き、始末書を添えて、出版届を提出した。

聖典輪読会以外にも、雨雀は本納寺の兜木正亨から研究費の支給を受けて、仏典の研究を進めた[33]。一九四三年一月から六月にかけて兜木の著作「仏教興亜読本」の手伝いをした。また九月から一九四四年一月にかけて天台学の研究をして、天台のノートを、一九四四年一月から三月にかけて「国清百録」を書写し、それぞれ兜木に提出している。さらに「南方聖王物語」と題して、ラマヤーナ・仏陀・阿闍王・阿育王・ミリンダ王の子供向けの伝記を一九四三年九月から準備して、一一月一五日から一二月一五日にかけて書いた。しかし、平和すぎるということで、出版社の霞ケ関書房の企画にのぼらないで、出版できなかった。この後その一部の「ラマヤーナ物語」だけを手直しして、出そうとしたが、やはり一九四四年一月二八日に最終的にだめになった。このように「南方聖王物語」は出版できなかったが、その著書後記に雨雀は「私達は今大東亜文化建設のためにみんなで勉強して行かなければならない時です。しっかりやりませう。」と書いている。

このほか壬生照順らの浅草華蔵院聖典読誦会や津軽家の維摩経の研究会や華族会館の仏教講習会にも参加し、話を聞いたり、報告をしたりしていた。なお一九四三年三月二五日に浅草華蔵院での大東亜指導精神講座で雨雀は大東亜共栄圏文化の意義について講演している。(34)

ここで保釈されて、転向した後の、妹尾との交流を見ていこう。(35)

一九三八年一二月一四日に妹尾は保釈された。この間に妹尾は明確に転向し、国家主義・国家神道を受け入れている。一九三九年三月二八日に、妹尾は雨雀を訪れた。この時妹尾は雨雀が宗教方面に帰向したことを聞き、ありがたいことだと思っている。八月一七日に、雨雀は妹尾の家を訪ねて、現下の非常時局には何としても法華経的態度を必要とすると話した。この時もかっての反宗教主義者のこの主張に妹尾は注目している。九月二七日にも雨雀は妹尾と逢っている。

一九四〇年九月二日に、妹尾は兜木正亭を訪ねて、雨雀の消息を聞いている。雨雀は目白署に拘留されていたが、妹尾は雨雀が転向して、まじめに町会のことやその他非常時国家のために世話をやいているのに、過去の思想問題をとらわれて不自由になっていることに気の毒がっている。一九四〇年一二月九日に妹尾は下獄したが、その直前一二月七日に雨雀は妹尾家を訪ね、色紙を二枚あげた。前にも書いたが、一二月八日にも雨雀は布施と一緒に妹尾家に行っている。

一九四二年七月二七日に保釈され療養している妹尾を、雨雀は九月二六日に見舞っている。

雨雀の場合は妹尾ほど明確で急激な変化ではないが、この一九三九年以降の時点では転向は明白になり、宗教強調・国家の戦争遂行への協力が明確になるのである。

この外、雑司が谷に関係ある作家と雨雀とのこの時期の係わりについて少し見ておこう。(36) 一九四〇年一一月一五日に雨雀は池袋のコーヒー店で大泉黒石と会っている。一九四〇年一一月二〇日に小熊秀雄が死んだが、雨雀は千早町一の三〇の小熊が住んでいたアパート東荘で開かれた告別式に参加した。その後長崎アトリエ村のつつじが丘に住む彫刻家の辻晋堂と池袋の喫茶店「コティ」でいっしょにお茶を飲んでいる。一九四〇年一二月四日に雨雀は宮崎白蓮と宮崎の自宅で会っている。雨雀の妻が死んだ時、一九四一年四月二五日に山川亮が弔問にきている。一九四一年七月七日に為藤五郎の告別式に雨雀は参加している。一九四一年一二月二四日に中村吉蔵が死んだが、雨雀は二八日の告別式に参加している。また一九四二年一〇月二三日に開かれた中村吉蔵夫妻の追悼会にも、雨雀は出席している。

以上みてきたように戦時体制下で、雨雀は地域の町会・隣組に参加し、戦争協力の行動を取り、宗教的な郷土史の研究をしていったのである。

## あとがき

秋田雨雀の場合は、共産党指導下の実践的運動から手を引くことを意味する没落型の転向から、より積極的に国家の遂行する戦争に協力する明確な転向の段階への変化は、画期が鮮明ではないが、確かにある。画期が明確にならないのは、ちょうどその時期の日記が、二度目の検挙により警察に没収されて見れないという史料的制約もあるが、画期が二度目の検挙にあるわけではなく、演劇運動が日中全面戦争下で進歩的性格を維持できなくなり、雨雀も参加の余地を失っていく過程が進行し、やがて町会や聖典輪読会などに参加していくという形態をとったことによるものである。

しかしながら前段階では共産党とは一線を画し、無党派の立場に立ったとはいえ、進歩的な演劇運動で中心的な役割を果たし、地域の人たちとの連帯を通じて、反ファッショ人民戦線運動に協力していた。しかし後段階ではそういった運動ができないで、しかも執筆や劇団の活動では生計がたてられなくなり、地域の人たちにささえられて生活していた。そして、地域の町会・隣組を通した戦争協力体制に組み込まれ、法明寺・鬼子母神や本納寺などを中心とする雑司が谷の宗教家と交流し、仏教や郷土史の研究をしていた。そこでの郷土や文化財の研究も、宗教を中心とするものであったし、また戦時下で戦争協力体制へ動員されている国民の生き方の追求と結び付けられたものであった。その意味で雑司が谷地域の人びとと雨雀とのつながりも、前段階と後段階とでは対照的であった。したがって転向を一律に捉え評価することは正しくなく、緻密な分析が必要であるといえよう。

だが、戦争体制に組み込まれた時期の雨雀と交流のあった雑司が谷地域の人びとも、疎開から戦後に池袋へ戻り、舞台芸術学院の院長になり、共産党に入党していく雨雀との付き合いは続いた。そこでは戦後の雨雀の活動に影響を受けた場合も、逆に雨雀の活動に批判的な場合もあった。しかしながらそれらの人たちはいずれも、雨雀が温厚な人柄であり、戦時下でも敗戦を予言し、内心では戦争に批判的であったと語っている。このことからもあらためて、国家権力が弾圧や生活の圧迫を伴って、ヒューマンな文化人に戦争協力をさせていたことの犯罪性を考えざるをえない。

(1)「雑司が谷地域における文化運動と秋田雨雀」『生活と文化』第二号所収。
(2)『秋田雨雀日記』(一九六五〜七年、未来社刊、以下前稿同様に『日記』と略し、日記の原本は「日記稿」と略す。)一九三三年八月二一日、九月一四日。「幽閉記録」『五十年生活年譜』(一九三六年、ナウカ社刊)所収。
(3)『東京朝日新聞』一九三三年九月一四日。
(4)『社会運動通信』一九三三年九月一四日。
(5)『日記』一九三七年七月一日、七月三〇日、一二月一一日、一九三八年一月一六日、四月五日、一九四一年七月一七日、一九四二年三月二〇日。
(6)『日記』一九三四年三月七日、三月一〇日、三月一四日、三月一九日、四月二五日、一九三七年一月一日、一月一六日、一月二〇日、一九三八年八月二七日、九月二六日、一一月一九日。『テアトロ』一九三四年五月、六月、七月、八月、一一月、一九三五年三月、四月、五月、六月、七月、一一月、一九三六年三月、四月、五月、六月、一〇月、一九三八年九月、一二月号。
(7)『日記』一九三四年四月一八日、六月一三日、六月二二日、六月二七日、六月三〇日、七月五日、七月一一日、七月一八日、七月二九日、八月三日、八月一五日、八月一六日、八月二〇日、八月二七日、九月五日、九月一〇日、九月一二日、九月一七日、九月一九日、九月二〇日、九月二一日、九月二七日、九月二九日、一一月四日、一一月九日、一一月一〇日、一一月一一日、一一月一二日、一一月一三日、一一月一四日、一一月一五日、一一月一六日、一一月一七日、一一月二一日、一一月二三日、一一月二九日、一一月三〇日、一二月一九日、一九三五年一一月一四日、一九三七年一月一六日、七月四日、一〇月二三日、一九三八年四月七日、六月七日、六月二六日、七月一一日。秋田雨雀「新劇合同準備委員会の経過について」『テアトロ』一九三四年一一月号所収。
(8)『人民文庫』一九三六年三月、四月、六月、七月、八月、九月、一〇月号。『文学評論』一九三四年三月、五月、一二月、一九三五年九月、一九三六年八月号。

(9)『日記』一九三六年一月一九日、八月九日、一九三七年一二月三一日。

(10)『日記』一九三六年八月三〇日。

(11)『日記』一九三三年九月一二日、九月一五日、九月一八日、一一月八日、一二月一二日、一二月一九日、一九三五年七月二日、一九三六年一二月二五日、一九三七年三月八日、三月九日、四月二日、一九四三年三月二八日。「日記稿」一九三六年一二月二七日。

(12)『日記』一九三五年七月三日、一九三七年一一月九日、一一月二九日、三〇日、一九三八年二月二六日。『婦人之友』一九三三年一月、一九三四年一月、一二月、一九三五年一月、七月、八月、一二月、一九三六年一月、九月、一九三七年一月、二月、三月、四月、五月、六月、七月、八月、九月、一〇月、一一月、一二月、一九三八年一月、一九三九年一月号。

(13)『日記』一九三四年一二月一六日、一九三五年一一月三日、一九三六年六月一〇日、七月一二日、一一月三日、一九三七年一二月一二日、一九三八年四月三〇日、五月二五日。「日記稿」一九三四年一一月二三日、一九三六年七月三日、一二月六日。

(14)『日記』一九三二年五月一一日、五月二四日、六月一四日、六月一九日、七月一一日、一一月一三日、一二月二一日、一九三三年二月二一日、二月二四日、三月二〇日、三月二九日、三月三〇日、四月五日、七月三日、七月五日、七月二〇日、九月一三日、九月二三日、九月二五日、一〇月七日、一〇月九日、一一月二〇日、一二月一二日、一九三四年一月四日、一九三五年二月三日、三月六日、三月三〇日、八月一四日、一〇月六日、一二月二二日、一九三六年一月一二日、五月一三日、一一月八日、一九三七年一月二日、一月一六日、四月一〇日、六月一日、六月二三日、六月二九日、七月九日、八月二〇日、一九三八年七月二一日、一九四〇年一二月八日。「日記稿」一九三三年二月二六日、二月二七日、三月三日、六月二七日、一一月九日、一九三四年一〇月二一日、一九三五年四月九日、一九三六年三月二三日、一九三七年三月二九日、五月七日、一〇月一六日、一九三八年一一月二二日、一九四一年七月一四日。

(15)『日記』一九三四年五月八日、六月一二日。『妹尾義郎日記』(一九七四年、国書刊行会刊)一九三三年八月三一日、九月一三日、一九三四年五月八日、六月一二日、六月一五日。

(16)『日記』一九三六年一月二五日、二月一一日、五月一八日、六月三日、六月一一日。「日記稿」一九三五年二月四日、二月九日。『労働雑誌』一九三五年七月、一九三六年一二月号。

(17)『日記』一九三五年九月一六日、九月一七日。一九三六年五月一八日、六月三日、六月一一日。一九三七年一月五日、二月一七日、六月一九日、九月三日、一〇月一一日。「日記稿」一九三六年三月二八日。八月二二日、一〇月二〇日、一〇月二三日、一一月二六日。『妹尾義郎日記』一九三五年九月一六日、九月一七日、一九三六年三月二九日、六月一〇日、一〇月二四日。
(18)『日記』一九四〇年一〇月九日、一〇月一〇日、一〇月二八日、一一月九日、一九四二年二月一八日、七月二日、六月四日、一九四四年四月九日。「日記稿」一九四三年五月一五日、五月一六日。
中島英雄「雑司谷と秋田雨雀先生」『続秋田雨雀その全仕事』(一九七六年、共栄社出版刊)所収、町会や文化財調査活動などについて、多くをこの稿によった。

一九三九年の町会整備過程において雨雀が過去に共産主義思想をもっていたとして、攻撃されたことについては、『豊島区史』資料編四、一〇九五~七ページと通史編二、九二三ページ参照。
(19)秋田雨雀「町会整備の曙光を望みながら」(中島英雄氏蔵)。
(20)『日記』一九三七年九月四日、九月一三日、九月一七日、九月一八日、九月一九日。
(21)『日記』一九四二年七月一九日、七月二六日、九月一三日、一〇月七日、一二月一〇日、一九四三年一月一〇日、三月一日、三月一二日、三月二八日、四月一八日、七月八日、七月一五日、七月一六日、八月八日、八月一四日、九月七日、九月一一日、一〇月二日、一〇月二二日、一〇月二四日、一一月一七日、一二月一七日、一九四四年一月九日、三月二七日。「日記稿」一九四二年一〇月八日、一二月一一日、一九四三年六月六日、七月八日、九月八日、九月一五日、一〇月一九日、一一月二二日。
(22)『日記』一九四二年七月二七日、八月五日、九月一日、九月二九日、一九四三年一月二九日、五月一四日、七月一四日、七月二五日、九月一三日、九月一九日、九月二〇日、九月二九日、一〇月三一日、一一月一一日、一一月二五日、一二月九日、一二月一九日、一二月二〇日、一九四四年一月二日、一月八日、一月二〇日、二月一〇日、三月二九日。「日記稿」一九四三年五月二七日、七月二四日、九月一二日、九月一七日、九月二五日、一九四四年一月六日、二月二八日。
(23)『日記』一九四二年一〇月一四日、一〇月二八日、一九四三年三月一二日、一九四四年一月一九日。
(24)『日記』一九四二年七月二八日、一九四三年三月二九日、一二月一一日、一二月一三日、一九四四年二月二五日。
(25)『日記』一九四二年八月三日、一二月八日、一九四三年一月一日、一二月八日。「日記稿」一九四二年七月八日、一九四三年六月八日。
(26)『日記』一九四二年四月一日。「日記稿」一九四三年一月三〇日。
(27)『中央公論』一九四〇年九月号。町会活動とインテリの役割については、雨雀の場合も含めて、拙稿「地域住民を動員したファシズム」『歴史地理教育』一九八二年八月号所収、参照。
(28)『日記』一九三八年一二月一八日、一九四〇年一一月二五日、一九四一年一月三〇日、二月二七日、三月二九日、六月八日。「日記稿」一九四一年三月三一日、一九四二年一二月九日。『秋田雨雀日記』第五巻注の兜木正亨氏執筆部分。『妹尾義郎日記』一九三九年一一月四日、一一月二五日。

（29）『雑司谷若葉集』（正編一九三九年、続編一九四〇年、聖典輪読会刊）

（30）『文芸春秋』一九三九年五月号。

（31）中島英雄「前掲稿」。

（32）『日記』一九四一年三月一二日、三月一六日、一九四三年七月二二日、八月一〇日、八月一三日、八月一四日。「日記稿」一九四一年一月一三日、三月一三日、三月一九日、一九四二年八月一五日、一一月一八日、一一月二四日、一九四三年三月二三日、四月六日。

（33）『日記』一九四三年一月一九日、六月一〇日、六月二二日、九月一六日、九月二九日、一一月一五日、一二月一五日、一二月二三日、一九四四年一月一八日、一月一九日、一月二〇日、一月二一日、一月二八日、三月二日。
秋田雨雀「教王釈尊物語他」（本納寺蔵）。

（34）『日記』一九四三年三月二五日。

（35）『日記』一九四〇年一二月七日、一二月八日、一九四二年九月二六日。『妹尾義郎日記』一九三九年三月二八日、八月一七日、九月二七日、一九四〇年九月二日、一九四二年七月二七日、九月二六日。

（36）『日記』一九四〇年一一月一五日、一一月二一日、一一月二二日、一二月四日、一九四一年七月七日、一二月二五日、一二月二八日。一九四二年一〇月二三日。「日記稿」一九四一年四月二五日。

（掲載時所属：豊島区立郷土資料館学芸員）

10

『生活と文化　第二号』（一九八六年一二月　豊島区立郷土資料館）

# 雑司が谷地域における文化運動と秋田雨雀

## はじめに

この論稿では秋田雨雀という人物を通して、近代の雑司が谷文化を考えてみたい。

秋田雨雀は文学者で、詩、小説、戯曲、児童文学を書いた。社会主義者となり、日本社会主義同盟に参加した。ソビエトに行き、帰ってきてから、国際文化研究所ついで、プロレタリア科学研究所の所長などを務めた。そして、プロレタリア文化運動において、長老的役割を果たした。演劇運動にも参加した。芸術座の創立に加わり、先駆座を創設し、演劇雑誌『テアトロ』を創刊し、新協劇団の創立に参画し、幹事長も務めた。戦後、池袋にできた舞台芸術学院の院長になり、また日本児童文学者協会会長にもなった。戦後直後疎開先の青森で社会党に入り、社共合同運動のなかで、共産党に入った。そして、ヒューマニストとして一貫したと評価されている。[1]

また雨雀は雑司が谷地域の人たちからは温厚な文化人として見られていた。[2] 雨雀は近所の子供たちに対して、よく勉強をしなさいといっていたが、その際ものごとを批判的に見ることと、自分のやりたい勉強をすることを勧めていた。[3]

秋田雨雀についての研究としては、文学者としての面では藤田竜雄氏の『秋田雨雀研究』があり、[4] 社会的な活動の面では大沢久明氏の『ファシズムと秋田雨雀』がある[5]。また雨雀会や秋田雨雀研究会による調査、研究がなされ[6]、後者によって『秋田雨雀――その全仕事』（正続）がまとめられた[7]。

以上の研究があるが、なおその成果の上に立って、秋田雨雀が時代の変化にどう対応し、また思想がどう変化したかを、具体的にあとづけることが課題となっている。この論稿ではこの課題に関して、秋田が青森から上京してまもなくから、戦争末期に疎開するまで住んでいた雑司が谷地域との係わりを中心に考えていきたい。この問題の中では特に、社会主義運動やプロレタリア文化運動に加わっていく過程と、もう一つは戦時下の文化運動が重要であるが、ここでは前者を扱い、後者については続稿を期したい。

逆に雑司が谷の地域文化から見た場合、その中で秋田雨雀は大きな位置を占めており、雑司が谷文化が語られる際、必ずといってよいほど登場する人物である。雑司が谷文化といった時、そこでは、江戸時代の雑司が谷鬼子母神をめぐる文人たちの文化活動を発掘し、引き継ぐことが、主として考えられているが、秋田雨雀の場合戦時下の文化運動がこれに関連が強い。これとは別に雑司が谷に住んだ文学者たちの活動がある。この活動の中では秋田雨雀らプロレタリア文学の作家たちが大きな比重を占めている。これは特にプロレタリア文化運動の初期において顕著であった。つまり、初期のプロレタリア文学は雑司が谷が運動の中心地であったわけである。この点を地域文化として明らかにすることが、まずもって重要な課題となるのである。

ここで秋田雨雀が雑司が谷に住んでいた一九〇五年から四四年までについて時期区分をしておきたい。第一期は雑司が谷に住むようになってから、社会主義者として明確に行動するようになる以前の時期で、一九〇五年から二〇年までである。この期はエロシェンコと出会いその影響もあって社会主義への関心を深めていく一九一五年ころを境に、前後に分けられる。第二期は社会主義者として、またプロレタリア文化運動の中心的指導者として活躍した時期で、一九二一年から三三年までである。この時期もソビエトに行く一九二七、八年を境に前後に分けられる。第三期はプロレタリア文化運動が弾圧により解体された後の時期で、一九三四年から四四年までである。この時期も日中全面戦争が始まる一九三七年で前後に分けられる。なおそれ以後には、一九四八年までの青森で活動した時期と、上京して舞台芸術学院長などを務めて、活躍し、一九六二年に亡くなるまでの時期とがある。

最後に具体的に取り上げる問題を列記しておく。

1、第一期を中心に秋田雨雀が地域とどう係わりを作っていったかを見ていく。これは第二期や第三期をそれぞれ中心とするような諸活動をする基盤形成を見ていくことにもなる。

2、第二期前半を中心に社会主義者として成長していく過程を、地域との関連を主に見ていく。併せて、秋田雨雀を軸に、プロレタリア文化運動形成期における雑司が谷地域のようすを見ていく。

3、社会主義の立場に立つ文学者としての秋田雨雀の思想と行動を、雑司が谷地域との関連を主に見ていく。

これらの問題を以下、順次取り上げていこう。

## 1　秋田雨雀と雑司が谷地域

ここでは第一期を中心に、秋田雨雀と雑司が谷やその周辺地域との係わりがどう出来たかを、多少第二期にもわたって見ていこう。

秋田雨雀は一八八三年一月三〇日、青森県黒石町に生まれた。本名は徳三である。一九〇二年三月に青森県第一中学校を卒業し、四月に東京専門学校（後、早稲田大学となる）英文科に入学した。始めは小石川区の竹早町、同心町、牛込区早稲田鶴巻町に住んだ。一九〇五年五月ごろ東京府北豊島郡高田村大字雑司ケ谷町二四番地の山田政吉方に下宿した。同年暮れごろには、同じ高田村大字雑司ケ谷町二二番地の箭田やす方に下宿をかえている。そして翌一九〇六年にはやすさんの娘さんのきぬさんと結婚した。その後一九四四年四月九日、黒石に疎開するまで雑司が谷のこの家に住んだ。ここの家は、秋田雨雀の自伝『五十年生活年譜』によれば名主の家ということであるが、これは疑問である。しかし鬼子母神門前の茶屋やだんご屋などに関係があったことは確かと考えられる(8)。そして雨雀が雑司が谷鬼子母神門前の家に入ったことが、町会や寺院を中心とするような地域活動に参加する際の大きな条件となっている。

高田村は早稲田大学のある戸塚村の北隣にあたり、そのため早稲田大学関係者で高田村に住む人は多かった。例えば教員としては安部磯雄、浮田和民、山本忠興らがいる。雨雀の場合もここに住むようになった理由としては早稲田大学に近いということが挙げられる。また後で見るように、雨雀のまわりに住んだり、集まってきた文学者たちにも早稲田大学関係者は多かった。例えば小川未明、坪田譲治、中村吉蔵、平林初之輔、本間久雄らがいる。

ここで雨雀と地域との係わりがどう出来ていったかを、具体的に見ていきたい。

森の会からみていこう。この会は雑司が谷の森に深い縁故を持つ相馬御風、人見東明、小川未明、秋田雨雀の四人の文学者が発起人になり、同じく雑司が谷にアトリエを造った斎藤与里、津田青楓、柳敬助の三人の画家などに呼び掛けて開いたものである。かれらが、東京の都会に住む友人の文学者や画家を、まだ森のようなものを残している雑司が谷に呼んで一緒に焼鳥を食べ、酒を飲もうという会である。会は一九一二年三月一〇日に「あやめ」という店で開かれた。参加者は、秋田雨雀、相馬御風、人見東明、斎藤与里、津田青楓、柳敬助、谷崎潤一郎、坂本紅蓮洞、生方敏郎、上司小剣、徳田秋声、上山草人、生田長江、松居松葉、佐藤楚白、加能作次郎、本間久雄、福田夕咲、楠山正雄、吉江狐雁、白鳥省吾、前田晁、中村星湖、窪田空穂、森川葵村、本間久雄、秋庭俊彦ら三〇人あまりである。このころまだ雑司が谷が東京郊外の寺社門前町のようすを残していたこと、文学者や画家が住むようになってきていることなどが、この森の会からわかる[9]。

このほか鬼子母神やその周辺の商店などとの係わりを見ておこう。一九一八年九月一七日に秋田雨雀は鬼子母神の境内の北隣に新しく出来た開泉閣へ、東京専門学校出身の作曲家で俳優の東儀鉄笛や同じく早稲田出身の劇作家である池田大伍といっしょにいっている。そこで入浴と会食をし、日本の新しい芝居のことについて話している。雨雀は一九一九年八月一二日にも開泉閣に友人と行き、入浴と食事をしている。また一九二〇年六月九日には開泉閣で岩野泡鳴の追悼会が開かれ、雨雀も出席している[10]。

一九二三年一一月五日には島村抱月の追悼会が蝶屋で開かれ、雨雀も出席している[11]。

鬼子母神境内に店を出していた川口屋については、一九一七年九月三〇日から一〇月一日にかけての暴風雨で被害を受けたことや一二月一五日に子供を貰ったことなどを雨雀は日記に書いており、親しく付き合っていることがわかる[12]。

一九一八年一月四日には高田村の消防組の出初式の稽古を見て、民衆的な力があって面白いと雨雀は思っている。[13]

一九一八年三月一二日に雨雀は学習院の向かいにある青物市場を見に行っている。これは町の青物屋がやっており、概して安くないが、五〇人ぐらいの女が競って買っているのを見ている。[14]

一九一七年の五月から一〇月にかけて秋田雨雀は雑司が谷第一クラブによく行っている。クラブは五月に創立されたが、そこではエスペラントの会、聖書研究の会、音楽会、土曜談話会などが開かれたり、ピンポンをしたりしている。その内、七月一四日の土曜談話会では雨雀の隣に住む早稲田大学教授の伊藤重次郎が交通機関について話している。これより前、一九一七年六月三〇日伊藤重次郎の家で開かれた日本画の席画に雨雀も出ている。そこには内ケ崎作三郎も来ていた。そこで雨雀は画家が奴隷的な態度であると感じている。[15]

つぎに日蓮宗の法明寺を中心に開かれる「お会式」と雨雀との係わりについて見ていこう。ここでは雨雀が「お会式」をどう見物していたかが問題となる。まず「日記」を手掛かりにして見てみよう。

一九一五年は太鼓の音がやかましくて、ひどいということだけが書かれている。

一九一六年は太鼓や鐘の音で仕事が出来なかったことも書かれているが、それだけではなく、実際に「お会式」に参加して歩いている。そのなかでこの年の八月に死んだ次女のことを思い出し「生きていたら何んなに喜ぶだらう！」と『日記』に記している。

一九一七年は太鼓を売っている人と子供たちのようすや神田と高田村との講どうしのけんかについて書いている。

一九一八年は万灯を見ていると非常にいい心持だということが書かれている。

一九一九年はお会式が賑やかであり、非常な人出で、万灯の数も例年より多いことを書いている。

一九二〇年はお会式で賑やかになったことだけを書いている。

一九二一年はお会式で大変だ、賑やかだと書いている。

一九二二年はお会式気分になったことを書いている。

一九二三年は青森に旅行中である。

一九二四年は曲馬団を見ているが、娘が高い所から落ち網があって辛うじて助かるという事件が起き、ああいう娘達の生活を考えるとたまらない気がすると記している。

一九二五年も曲馬団を見、去年より少し劣ると評価している。

一九二六年はゴリラを二度も見に行きよく観察している。

一九二七年はソビエトに旅行中である。

一九二八年は日記がない。

一九二九年はお会式の最後の日が晴れたのでいい気持ちだと書いている。

一九三〇年は太鼓の音になやまされ、弱っていると書いている。また迷信的勢力の動かすべからざるものを感じる、しかし経済的組織の変化はこれらのものを一掃する時がくるであろうと書いている。

一九三一年は見ないで、京阪旅行に行っている。

一九三二年はお会式の最終日が賑わったことを書いている。

一九三三年もお会式の最終日が賑わったことを書いている。

以上お会式との係わりを「日記」によって見てきたが、ここでまとめてみよう。一つはお会式の太鼓や鐘の音がうるさくて、執筆などの仕事ができなくて苦しむということがある。しかしながら他方でお会式を楽しみにし、よく見に行っている。またお会式の時に鬼子母神の境内や付近にできる見世物小屋にもよく行っている。このように地域の行事に積極的な関心をもっていることがわかる。ただここで注目すべきことは一九三〇年のころには迷信に対する批判をしていることである。(16)

このほか一九一八年九月二九日にお会式を舞台にした小説「お会式の夜」を書いている。これは二人の少女がお会式の晩に小さな盗みをした男が人びとに打たれているのを目撃したことを書いたもので、『少女の友』の一九一八年一一月号に発表した。

この他、雨雀は大鳥神社の酉の市に一九一五年一一月三日などに行っている。また法明寺関係では、一九一八年二月三日に雨雀は鬼子母神の節分の豆蒔き声を聞いているが、ここでは「福は内」とのみいって、「鬼は外」とはいわないことを日記に書いている。一九二二年五月二二日には威光稲荷のお祭りに行き、一九二三年五月二三日には祖師堂の神楽を見に行っている。(17)さらに、雨雀は雑司が谷周辺にある護国寺や高田の富士講、豊川町のお祭りの神楽や縁日などにも行っている。(18)

つぎに雑司が谷墓地との係わりについて見ていこう。雨雀はよく散歩をしたが、場所としては雑司が谷墓地が最も多かった。一人で行って創作の構想を練ったり、友人と一緒に歩いたりしている。

夏目漱石の墓が雑司が谷墓地にある。雨雀の妻の母は夏目漱石の養母であった関係で、付き合いがあったと雨雀は自伝に書いている。[19]

一九一七年二月一九日に夏目漱石の墓標を見て、文字がばかにでかく、「夏目さんが見たらさぞ怒るだらう」と日記に書いている。一二月九日に夏目の建碑式があったが、雨雀も参加している。その日の日記では「墓がいかにも成金式でいけない。もっと質朴にしてほしかった。書いたものにはデモクラテックな気持さへある人だのに。あれは全く遺族の罪だ。」と書いている。それより前、既に一〇月三〇日に墓地を歩き、夏目の墓を見ているが、その日の日記にも「夏目の墓の馬鹿に大きいのがいやな感じを与へる。」と書いている。[20]このように雨雀も漱石の墓に批判的であったことがわかる。

また囚人墓地が、雑司が谷墓地に隣接してあるが、そこへ死刑囚などを埋葬するところをよく見ている。[21]

つぎに雑司が谷とその周辺にある学校との係わりを見ていこう。

高田にある学習院から見ていこう。学習院のドイツ語の先生をしていたリヒァード・ハイゼという人がいる。ハイゼは高田村大字雑司ケ谷字東原五七二（現在南池袋四、八、七）に住んでいたが、彼の家は異人館と呼ばれていた。この雑司が谷の異人館は戦後まで残っており、地域ではよく知られており、豊島区が保存のために買取った旧宣教師館より有名であった。一九七九年に取り壊されたが、戦後直後は戦災で焼け出された人が収容されていた。あかつき印刷の寮となり、滝平二郎が住んでいたこともあった。家の南側から弦巻川にかけての傾斜地はハイゼの原といわれていた。雨雀はこのハイゼと知りあっている。一九一五年一〇月一八日に雨雀はお会式で万灯の行列を見ているハイゼに気がついている。一九一六年六月六日に雨雀はハイゼに水谷竹紫が写したハイゼの家の写真を、手紙を添えて送っている。六月一〇日にハイゼから写真の礼状がきて、雨雀がもう一度手紙を出している。一九一七年一一月一四日には目白駅であい、会話をしている。ハイゼから学習院以外に高等商業と慶応へ行っていることを聞き、遊びにこいともいわれている。一九一八年三月一五日に雨雀はハイゼの家の横が崩されていくのを見て、スロープが無くなることを残念がっている。一九一九年一〇月二九日に雨雀はハイゼの原で、ハイゼの三番目の娘と会い、何をして遊んでいるのかを聞いたりしている。このような付き合いがあったことが、秋田雨雀の日記からわかる。[22]

　鈴木大拙は学習院の教授をしており、その官舎に住んでいた。雨雀は一九一七年一一月九日に大拙を官舎に訪ね、翌一〇日に学習院で大拙と彼の学生にあっている。学生とはジプシイやエスペラントの話をした。[23]一九一八年三月二四日と三一日には鈴木大拙方で開かれたバハイの会合に雨雀も出席している。[24]バハイ教徒は言語の統一を主張しておりエスペラントと関係が深く、雨雀も一九一五年から出席している。[25]

　成蹊学園は池袋駅西口に、池袋と雑司が谷にまたがったところにあったが、雨雀は一九一七年五月二八日に友人と成蹊中学と女学校を参観している。六月九日には成蹊の久保田と富田が雨雀の家を訪ねている。一九一九年一〇月二五日に成蹊の浦野が雨雀を訪ねて、英語の芝居について相談している。一一月一三日に雨雀は成蹊実業専門学校へ行き、〃At retreat〃の本読みを見て、学生が熱心であると感心している。一九日に雨雀は英語の芝居を見ている。一九二〇年一一月二〇日には、成蹊の英語会が演じたチェホフの「結婚申込」をエロシェンコらと一緒に見ている。「結婚申込」は雨雀が推薦したものであった。一九二一年一月三一日には雨雀は成蹊でエスペラントの講演をして、生徒に非常に喜ばれている。二月七日に雨雀は成蹊でエスペラントの講習をしている。[26]

　立教大学は一九一八年に池袋へ移転してきている。雨雀は一九一九年二月二四日に立教大学へ行き「演劇の将来の問題」について講演をしている。この時雨雀は立教大学が立派になったという感じをもっている。翌二五日に立教大学の人が雨雀の家に来て、講演のお礼を述べている。五月三一日の建築落成式に雨雀も招待され、建物を見て歩き、早稲田より立派だと思っている。一九二〇年三月八日に雨雀は立教大学に火事の見舞いに行っている。一二月一一日には雨雀は立教大学で童話について講演をしている。一九二二年に雨雀は五月一三日から毎週土曜日午後二時から講義をすることになり、五月二七日、六月三日、一七日には実際に講義をしている。[27]

　羽仁もと子らがやっていた婦人之友社が雑司が谷にあった。雨雀は一九一六年五月二八日に婦人之友社の第一回運動会を見にいっている。そこで竹久夢二の四季行列などを見物している。同年七月には婦人之友社の『新少女』に「少女と鳩」を書いている。この時最初は「鈴蘭の夢」を書いたが、七月五日に死について書かれているので、子供にはどうかといわれ、これはほかにまわし、代わりに書いたのである。この日には友社で竹久夢二にあっている。「少女と鳩」は九月号に載せられた。一〇月二六日にも雨雀は婦人之友社に行き、夢二と羽仁の娘らが、テニスをしているのを見ている。一二月にも雨雀は『新少女』に対話「飛行機」を書いているが、これは一九一七年二月号に掲載された。一九一七年三月二八日に雨雀は婦人之友社に行き、河井酔茗に会っている。五月一二日に雨雀は婦人之友社へ植村正久のニューマン作の賛歌についての講演を聞きに行っている。同年五月二七日婦人之友社の運動会へ行っている。五月二九日には『新少女』に載せる「パラソール物語」を書き、河井酔茗にとどけている。これは七月号に載った。一〇月一四日に雨雀は植村の詩の講義を聞きに行っている。一一月二三日には子供の千代子に婦人之友社の庭球大会に行かせている。一二月九日にも雨雀は植村の講話を聞いている。一二月にも雨雀は『新少女』に「樵夫の娘」を書いているが、これは一九一八年二月号に掲載された。そして一二月二七日に雨雀は婦人之友社で羽仁吉一・もと子夫妻と植村正久のことなどを話している。三一日にも雨雀は「新しい芝居の見方」を持って婦人之友社に行き、河井酔茗と話している。これは一九一八年二月号の『婦人之友』に掲載された。

一九一八年には三月九日婦人之友社で行われた河合弥生子の追悼告別式に雨雀は参加し、そこで羽仁もと子の話を聞いて泣いている。五月二六日に雨雀は娘の千代子といっしょに婦人之友社の運動会を見に行っている。そこでは子供達が愉快そうで、たいへん面白い運動会だとの印象をもっている。七月七日に雨雀は植村正久のローマ皇帝の三タイプに関する批評を婦人之友社で聞いている。その後雨雀は植村と話をしている。

一九一九年五月二五日には子供の千代子に婦人之友社の運動会に行かせている。六月一九日に雨雀は婦人之友社に行き、羽仁と会っている。九月一七日に雨雀は婦人之友社で植村正久の談話を聞いている。一〇月八日に婦人之友社の河井酔茗が雨雀を訪ねてきて、一二月号の『婦人之友』に短編を書くことを依頼している。一一月九日に雨雀は婦人之友社に寄っている。一一月一一日にも婦人之友社の河井酔茗が雨雀を訪ねてきて、『婦人之友』

に載せる長編の翻訳をしてほしいと依頼している。

一九二〇年に雨雀は『婦人之友』に童話「青い鳥」物語を、一月から九月まで連載している。二月一九日に雨雀は婦人之友社に行き、古い『新少女』を貰っている。これは童話集『東の子供へ』に『新少女』に載せたものを入れるためと思われる。雨雀は婦人之友社で一九二〇年三月二七日に羽仁吉一、河井酔茗と会って話をすると共に原稿料を貰っている。一〇月から一二月にかけて、雨雀は『婦人之友』に「ハンネレ之昇天」の翻訳を載せている。一二月にも雨雀は『婦人之友』に「鳳輦と小鳥の糞」を書いたが、これは一九二一年二月号に掲載されている。

雨雀は一九二一年五月号の『婦人之友』にも「児童文芸に関する一考察」を載せている。一九二一年一月一二日に雨雀は婦人之友社に行き羽仁と会っている。三月五日にも婦人之友社に行っている。この日の日記に雨雀は「ちよ子の教育を家でやることにする。自由な温かな教育を施して見やう。自由教育についての材料を集めておけ。」と書いている。

このように雨雀は婦人之友社やそれを母体として創立されていく自由学園の自由主義教育にふれていき、ひかれている[28]。

これに対して雨雀は子供の千代子の通っていた公立の高田小学校にも当然関係をもっていた。雨雀は一九一五年七月三〇日に高田小学校での講演会を聞きにいっている。一二月五日に雨雀は高田小学校で芝居についての講演をしたが、子供たちがあまりにも幼いので簡単に話している。雨雀は一九二一年五月八日にも高田小学校で童話についての講演をしているが、みんなおもしろがって聞いていたという。一九二〇年四月三日に雨雀は高田小学校で行われた町制施行のお祝いの会を見にいっている。雨雀は一九一五年一〇月二四日、一九一八年一〇月二四日、一九一九年一一月三日に開かれた運動会や一九一八年七月一一日、一九一九年三月四日に開かれた学芸会などを見にいっている。しかしその中で公立小学校の教育方針には批判的になっている。一九一九年三月四日の学芸会を見にいって、教育方針が形式的でいけないと思っている[29]。

その結果、千代子が一九二一年三月小学校卒業後、上級学校に進学させないで、自由主義教育を施すことになった。もっともこの時に創立する自由学園などに通わせるという形ではなく、家で雨雀が家庭教師とともに教育することになった。ここからは自由学園などの大正デモクラシー期にでてきた新教育運動の学校が地域の人に影響を与えていることがよく分かる。

その後雨雀は一九二一年一〇月二四日に自由学園へ対話劇「雀の案内」の下稽古のために行っている。そこで女の子達が原作をはっきりした気持ちで読むのに愉快になっている。一方で雨雀は自由学園の教育法は宗教的色彩が濃過ぎるとして批判を持ちはじめている。この雨雀が参加した稽古は一一月七日、一一月一五日にも行われている。一一月二五日に雨雀は「雀の案内」の舞台監督をしている。

一九二二年六月七日に自由学園の落成式が行われた。雨雀も招待されて、子供の千代子と参加している。自由画や制作品や余興の英語の対話を見たり、田川大吉郎の演説を聞いたりしている。ライトの建築の屋根の色の青いのがすてきにいいと雨雀は感心している。一九二三年一月二五日に雨雀は自由学園の卒業試演を千代子と一緒に見ている。[30]

一九二二年七月一三日に雨雀は明治会館で開かれた、自由教育の会に参加し、百数十人の小学校教師を前に、「童話に就いての考察」を発表している。[31]

雑司が谷宣教師館自体と雨雀は直接の関係はないようである。しかし宣教師館関連の雑司が谷教会の長老、橋本武・せん夫妻と雨雀は知ったなかで、一九一九年五月六日に雨雀は下落合に住んでいた橋本に芋を御馳走になったこともあった。そこで一九二二年一一月一〇日に橋本夫妻が竹内仁に殺され、竹内も自殺した時、雨雀は新聞記者から取材をされている。竹内は早稲田大学教授で、雨雀の同級生であった片山伸の弟で、竹内家に養子に行き、東京帝国大学の文科に在学中であった。竹内は橋本の三女春子のいいなずけであったが、離縁になり、これを恨んで殺したといわれる。

雨雀は一二月五日には本間氏から竹内の話を聞いたりして、頭はいいが、病的な人間だったらしいと思っている。[32]

なおつぎの時期のことになるが、一九二三年七月一日に娘の千代子が日曜学校へ行き、そこで西洋人が英語を教えているのを見ている。これにたいして、雨雀は宗教的迷信を注入することになりはしないかと心配している。千代子はその後一五日にもホーアさんという人に英語を習っている。また千代子は一九二七年一月二日、二月一三日、五月一日、八日、一五日にも日曜学校に行っている。[33]

鈴木三重吉は高田町大字巣鴨字代地三五五九に住んでいたが、自宅に雑誌『赤い鳥』を発行する赤い鳥社を置いていた。雨雀は一九一七年一二月九日の夏目漱石の建碑式のあと三重吉と一緒に話しながら帰っている。雨雀は一九一八年一〇月一三日には童話劇「牧神と羊の群」の原稿を、一九二〇年七月一二日には「白鳥の国」の原稿を届けて、鈴木に会っている。一九二〇年一一月二五日に雨雀は鈴木を訪ねて「牧神と羊の群」の載った『赤い鳥』をもらっている。一九二一年三月一三日に雨雀は『赤い鳥』に載せる「蝿の勝利」を書いている[34]。

以上のものを含め雨雀が『赤い鳥』に発表したものはつぎの通りである。

| | | | |
|---|---|---|---|
| 鷹の御殿 | 童話 | 一巻四号 | 一九一八年一〇月 |
| 牧神と羊の群 | 子供芝居 | 一巻六号 | 一九一八年一二月 |
| 野の郡長さん | 童話 | 四巻四号 | 一九二〇年　四月 |
| 「金の輪」を読んで | 評論 | 四巻六号 | 一九二〇年　六月 |
| 白鳥の国 | 童話 | 五巻三号 | 一九二〇年　九月 |
| 蝿の勝利 | 童話 | 六巻五号 | 一九二一年　五月 |

ここで雨雀の文学作品で雑司が谷やその周辺地域を描いたものを紹介しておきたい。一つはすでに挙げた「お会式の夜」がある。このほか一九〇七年八月、『早稲田文学』二一号に発表した小説「尼の風呂」がある。これは清立院の尼と寺男の物語である。またこの中で作者が、雑司が谷の森の魅力に引かれ、移り住み、自然と戯れていることも書いている。

また一九〇八年五月、『早稲田文学』三〇号に小説「酒屋」を発表した。これは高田村の砂利場が舞台で、淋しい村に店が増えていくころのようすを、東京市内から事情があって移ってきて酒屋を開いた家族を取り上げて描いたものである。

一九一六年一二月二五日には「光を求める者」を書いたが、これは一九一七年一月七日の『読売新聞』日曜付録に載った。巣鴨監獄から逃げた囚人のことを書いたものである[35]。

第一期における秋田雨雀と雑司が谷地域との関連でふれなければならないのは、神近市子やエロシェンコとの出会いである。

まず神近市子から見ていこう。雨雀は一九一五年六月一〇日に神近と会っている。その後神近は雨雀の家に一九一六年一〇月二四日にきて、「醒めぎわ」という小説を持ってきて、批評してもらっている。その日は雨雀は神近を家まで送り、晩さんを御馳走になっている。二七日にもあっている。一一月九日には雨雀が神近の家を訪ねているが、ちょうどその日に神近は大杉栄を刺しており、会えなかった。その後雨雀は『読売新聞』に神近の感想を「彼女の心意気」と題して書いたり、横浜根岸監獄に神近を訪ねたり、法廷を傍聴したりしている。

一九一七年三月八日に雨雀は保釈された神近と会っている。その後も頻繁に会っているが、七月一二日に雨雀は染井墓地の近くに引っ越した神近の家を訪ねている。二〇日にも雨雀は神近の家にいき、植木屋のつつじ園の跡に出来た湯滝に行き、あと二人で、藤堂の屋敷や染井墓地を散歩している。そして一〇月に入獄するまでもよく会っている[36]。

エロシェンコは小ロシア生まれの盲目詩人で、童話作家でもある。また平和論者でエスペランティストでもあり、そのつてで一九一四年に日本に来ている。雨雀は一九一五年の二月一八日に雑司が谷清光館の楠田敏郎から手紙をもらっている。そこで清光館にいるエロシェンコが雨雀を訪ねることを伝えている。そして二一日に楠田の案内でエロシェンコが雨雀の家にきて、会っている。雨雀はエロシェンコを通じて、小石川区雑司ヶ谷町一二〇にあった盲学校と関係ができた。一九一五年四月二〇日に雨雀は盲学校を訪れて、エロシェンコとも会っている。五月九日に雨雀は盲学校の音楽会に行き、この時もエロシェンコと会っている。七月六日にも雨雀は盲学校の音学会に行き、この時はエロシェンコのバイオリンとピアノを聞いている。この日は神近も来ていた。エロシェンコとの出会いを契機に雨雀はエスペラントを学び始め、また平和運動に関心を深めている[37]。このように神近やエロシェンコらは雨雀に社会的実践へ参加していくような思想的変化をもたらすような大きな影響を与えた。

## 2　社会主義者　秋田雨雀

秋田雨雀が社会主義者として立場が明確になっていく過程をまず見ていこう。社会主義者としての歩みを始めるのは一九二一年からである。この年から日本社会主義同盟に加盟するが、この年の一月一日の日記には「今年から本質的に働かふ。今日から同盟に加入した。そして全く今までの人々と別な分野を開拓して行かう。」と書き、社会主義者への転換の決意を明らかにしている[38]。このことは、前年の一九二〇年のメーデーの時、日記に「今年は参加しなかった。明年から参加すること。」と書いていることからもわかるように、かねてから期していたことであった。また、以前から社会主義に関心は持っており、一九一八年六月に河上肇の『貧乏物語』を読み、カール・マルクスを読まねばならないと思っていた。[39]

日本社会主義同盟の発起人に、文学者では、小川未明が入っていた。一二月九日の結成後は江口渙が、小川にかわって中央執行委員になった。[40]その他、結成直後に同盟に加入した作家に、秋田雨雀と藤森成吉がいた。かれら四人はすでに文壇で活躍しており、同盟参加が、社会主義者への転換の画期となり、プロレタリア文学運動をになう一番上の世代となるのである。この四人のうち、小川・秋田・藤森の三人が雑司が谷に住んでいた。小川は小石川区雑司ケ谷町七六に住み、藤森は以前、高田村大字高田字鶉山一五〇三に住んでいたが、その後、小石川区雑司ケ谷町一一五に住んでいた。特に、雨雀は一九二一年一月三日に藤森の家を訪ねて、藤森が同盟に加入したことを聞き、今年から一緒に働く約束をしている。[41]

日本社会主義同盟には社会主義者や労働運動の指導者が結集した。彼らのなかには、豊島区地域と関係を持つものもいた。[42]

まず、労働運動について見ると、渡辺満三が日本社会主義同盟の発起人の一人で、時計工組合の指導者であった。小池宗四郎も時計工組合の指導者であった。時計工組合は西巣鴨町大字巣鴨字宮仲一七八六にあったナプボルツ商会時計部工場の労働者を組織していた。会社は時計工組合の中に、日本社会主義同盟の流れをくむものがおり、彼らが工場管理権を職工の手に移そうとしているのではないかと恐れて、渡辺満三ら一四名の時計工組合の指導者を解雇した。労働者はストライキに立ち上がり、一九二一年三月一五日にはデモを行っている。しかし最終的には雑司が谷に住む弁護士の布施辰治の仲裁により、解雇手当を貰い任意辞職する形で解決した。[43]この三月一五日のデモは護国寺から会社までであったが、警官と資本家の横暴を叫び、革命歌を歌い、ビラを撒いた。労働団体や学生なども応援しており、高尾平兵衛や暁民会の関係者らが来ている。この時、秋田雨雀も佐々木孝丸と一緒に参加した。これが、雨雀にとって、はじめての労働運動への参加であった。そこで巡査と労働者の格闘や巡査が検束者を殴るのを見て、異常な興奮をおぼえている。[44]このように地域の労働運動を通して労働運動家や社会主義者と接触し、警察の弾圧を見ることが知識人にとって社会主義者としての意識を確立するうえで大きな意味をもっていたことが、ここからわかる。なお雨雀は三月二四日に巣鴨警察署の峰岸部長から時計工のデモの感想を聞かれている。[45]雨雀も以前からエロシェンコのことなどは警察から聞かれていたが、よりたちいって、雨雀自身の考えを聞かれており、雨雀が警察からマークされるようになってきたことがわかる。

これ以前、雨雀とは直接関係がないが、東京市電気局の労働者が一九二〇年四月にストライキを起こしたことがあったが、その時労働者は高田町大字雑司ケ谷字美名実（現在雑司が谷二、一八、七）にあった玉椿道場にたてこもった。そして警官と乱闘になったことがあった。[46]

つぎに社会主義者の団体と豊島区地域や秋田雨雀との関係を見ていこう。社会主義同盟の発起人の一人、橋浦時雄は巣鴨町大字巣鴨字宮下一七八六に住み、北郊自主会を主宰していた。これは巣鴨町付近在住のアナーキストによる思想団体であるが、大杉栄の系統ではなかった。会員には高尾平兵衛、和田軌一郎、原沢武之助、竹内一郎、長谷川清吉、吉川守国、渡辺満三、小池宗四郎らがいて、例会活動を行っていた。[47]その後、同じ巣鴨町一七八六で、吉田一を編集人として、雑誌『労働者』が一九二一年四月一五日に創刊された。『労働者』は労働社が発行元であったが、その同人には、高尾、和田、原沢、長谷川、渡辺、宮島資夫、吉田順司らがおり、北郊自主会の会員とかなりだぶっていた。労働者自身による労働運動をめざしたサンディカリズムを主張して、いろいろな集会や運動に参加して、ビラを撒くなど活発な宣伝活動をしていた。吉田、原沢、長谷川らは巣鴨にあった本部に寝とまりしていた。宮島は労働者出身の作家で、日本社会主義同盟にも加盟していたが、雨雀が、一九二一年一月一〇日に宮島宅を訪ねた時、宮島は雨雀の日本社会主義同盟加盟を攻撃したが、雨雀はこれに対し弁解をした。[49]

豊島区地域には、北郊自主会と労働社の他、日本社会主義同盟の発起人で、執行委員になった加藤一夫を中心とする自由人連盟があった。事務所は巣鴨町字宮下一六〇二に置かれた。加藤一夫と浅野護が一九二〇年五月に創立し、二人の他、八幡兼松、木村信児、小川未明、佐野袈裟美、川崎悦行、松村チエ、吉田金重、江口渙らがいた。トルストイ主義の団体であったが、無政府主義と接近していった。しかし大杉栄らとは一線を画していた。講演会を開いたり、雑誌『自由人』を発行し、トルストイ主義などの思想や労働問題に対する論評、文芸評論などを載せていた。しかし一九二一年一二月には活動の拠点を神奈川県の小田原に移している[50]。

これ以前加藤一夫は一九一五年九月に雑誌『科学と文芸』を創刊しているが、この雑誌の発行元は高田村大字高田字鶉山一四八二にあった交響社であった。雑誌には新思潮についての評論や生活問題についての記事が載せられていた[51]。

北郊自主会や自由人連盟より前のことになるが、大石七分と大杉栄が編集していた『民衆の芸術』の発行元の民衆芸術社が巣鴨村大字巣鴨字庚申塚一八六に一九一八年七月から一〇月まであったことがある。この雑誌は芸術上の現実主義を主張していた[52]。

また高田集蔵が一九一七年八月に大阪から上京して、巣鴨村大字池袋字上一〇四二に住んだが、そこで引き続いて、雑誌『村落通信』を発行した。キリスト教的社会主義の傾向をもつ雑誌であった[53]。高田集蔵は一九二〇年一月二二日に雨雀の家を訪ねている[54]。

早稲田大学の学生らによって一九一九年一〇月結成された建設者同盟の本部と合宿所は最初西巣鴨町大字池袋字原九一三番地にあったが、やがて同盟の指導にあたっていた早稲田大学教授の北沢新次郎の家であった九三〇番地の隣にあたる、九二九番地に移り、つぎに北沢が引っ越したあとに入り、さらに一九二五年八月大字池袋字大原一三九〇に移っている[55]。雨雀は一九二二年五月一三日に建設者同盟の移転の時にいあわせている[56]。一〇月一一日に建設者同盟主催の文芸社会批判講演会で雨雀は講演している[57]。一九二三年一月六日には建設者同盟会員と一緒に高崎に行き、雨雀は文芸講演会で、「教育と童話」という講演をしている[58]。さらに、雨雀は一九二四年八月の建設者同盟第四回夏期講習会の講師にもなっている[59]。また建設者同盟の池袋にあった合宿所は一九二三年五月に起きた早稲田大学の軍事研究団反対運動の闘争本部であったが、秋田雨雀も校友として、小川未明らと共に反対運動の応援をしている[60]。

雨雀はまた暁民会に参加している。暁民会は高津正道が中心で、事務所は戸塚町源兵衛二三一にあって、建設者同盟と同じく民人同盟会を母体としており、早稲田大学関係者が多かった。暁民会の中には一九二一年四月結成の日本共産党準備委員会の細胞があって、その宣伝活動を担っていた。これが発覚したのが、暁民共産党事件である[61]。一九二一年二月四日から秋田雨雀は暁民会のエスペラント会に週一回行き、指導している。実際に二月一一日、二月二五日、三月四日、三月一一日、七月一日、七月八日に行っていることが確認される。二月二〇日に雨雀は文化学会にでて、暁民会の人とも議論している。その後、三月一五日の時計工のデモの時、暁民会の内海がつかまるところを見ている。三月二二日には雨雀は暁民会によっている。四月一八日には暁民会主催の文芸講演会で雨雀も「布施太子の入山」という題で講演している。(62)

雨雀は一九二一年の第二回メーデーに初めて参加した。そこで雨雀の家から一緒にいったエロシェンコや暁民会の人が検束されるところを見ている。また友愛会と時計工組合との衝突や警官との社会主義同盟の旗の奪いあいも見ている。五月四日に雨雀は暁民会へ行き、メーデーの検束について話している。(63)

五月九日には社会主義同盟の第二回大会に雨雀はいったが、解散させられた後であった。翌一〇日にも社会主義同盟の本部へ行き、懇親会に出て、雨雀も知識階級と労働者階級との無意味な争いについて話した。(64)これは労働運動のなかで知識人を排斥し、小ブルジョアジィの影響から脱しようとする動きがあって、それが労働者階級に接触し、社会主義者になろうとしていた雨雀らのような知識人にとって問題であったことを示している。

雨雀は五月二八日に社会主義同盟が結社禁止となり、解散させられたことを聞き、この措置をした日本政府に対して人類進歩を阻止するものとして批判している。(65)

メーデーでつかまり、起訴された橋浦時雄らの裁判を雨雀は傍聴している。(66)

またこのころエロシェンコが国外追放された。六月五日に雨雀は、佐藤緑葉らがやっていた黎明の会に出席し、エロシェンコの国外追放と官憲の不法について話している。このことを雨雀は日記にいいたいことを話していい気持になったと書いている。(67)弾圧をする権力に対する怒りが雨雀にわいていることがわかる。

雨雀はメーデーなどを機会に赤瀾会とも接触し、六月一一日の婦人問題講演会に参加し、講演している。(68)

なお、雨雀は一九二四年二月一八日に田中綾子の訪問をうけ、また七月一日にも田中綾子に会っているが、日記に「田中綾子は自由学園出としては珍しい人間だ。早大の社会科学に学んでいる。」と書いている。ブルジョア的な自由学園に批判的になった田中綾子（後、石垣栄太郎と結婚して石垣綾子になる）に雨雀は注目している。ただし戦後一九五四年一一月二六日に雨雀は石垣綾子と東京大学教養学部の駒場祭で一緒になり、石垣綾子から若いころ訪ねたことを聞かされたが、雨雀の方は覚えていなかったようである。[69]

その後、雨雀は過激社会運動取締法案反対運動、対露非干渉運動、ロシアの飢饉救援運動などに参加している。

以上のように雨雀は居住地域周辺などで活発になってきた労働運動・社会主義運動に触れ、それに対する国家権力の弾圧を見て、社会主義者としての意識を確立していったわけである。

ここで秋田雨雀を含めて、雑司が谷やその周辺に住む人たちが、プロレタリア文学運動の形成にどう係わっていったか、を見ていこう。

東京でのプロレタリア文学運動は『種蒔く人』の復刊から組織的なものとなったといってよいであろう。『種蒔く人』の中心はもちろん小牧近江であるが、復刊にあたってまず相談したのが、村松正俊と佐々木孝丸であった。このうち佐々木孝丸は雑司ケ谷字威光五四二に住み雨雀の影響の下で、行動をよくともにしていた。佐々木も一九二一年の第二回メーデーに参加したが、それを見た小牧が、佐々木を見込んで、協力を頼んだわけである。佐々木を通じて雨雀も『種蒔く人』の復刊に協力するようになった。また村松を通じて柳瀬正夢も参加した。復刊号は一九二一年一〇月に出たが、同人の組織によって発行が続けられた。同人には小牧、佐々木、村松らがいたが、その後、金子洋文、今野賢三、松本弘二、山川亮、山田清三郎らが加わった。さらに一九二三年には、平林初之輔、青野季吉らが参加した。[70] このうち山川は池袋に住み、のちに長崎町に移り、中間派の日本大衆党から町会議員選挙に立候補したり、同党の長崎支部長をつとめたりしている。[71] なお戦後は共産党に入った。[72] 平林は小石川区雑司ケ谷町一四四に住んでいた。山田は高田町大字雑司ケ谷字亀山五四に住んでいた。[73]

『種蒔く人』の主催で、「三人の会」が一九二三年六月二五日にひらかれた。これは秋田雨雀、小川未明、中村吉蔵の三人の民衆的文学者の文壇生活二〇年を祝うための会であった。[74] この三人は早稲田大学出身で、雨雀と未明は雑司が谷に住み、吉蔵は西巣鴨町大字巣鴨字宮仲一九六九に住んでいた。この会はまた過激社会運動取締法案反対運動のための会という意味をもたされていたが、これを巡って、アナーキストと共産主義者との対立事件がおこされた。

『種蒔く人』は関東大震災での亀戸事件をあつかった「種蒔き雑記」を一九二四年一月発行して、廃刊になったが、その後同人の一部によって『文芸戦線』が同年六月に創刊された。

『文芸戦線』の後期は山田清三郎の家に事務所が置かれ、山田の移転とともに、一九二六年四月には雑司ケ谷字亀原五四から雑司ケ谷字金山三三九に移り、さらに一九二六年一二月には高円寺に移っている[75]。この『文芸戦線』の事務所が雑司が谷にあったころは雑司が谷がプロレタリア文化運動の中心であった。そして秋田雨雀、佐々木孝丸、菊池寛、小川未明、藤森成吉、本間久雄、前田河広一郎、平林初之輔らが、雑司が谷に住んでいた。これらの家をまわる運動家や文学青年も多かった[76]。このプロレタリア文化運動の中心はやがて高円寺、さらに落合へと移っていった[77]。

秋田雨雀は『種蒔く人』や『文芸戦線』の同人などにはなっていなかったが、執筆はしていた。

秋田雨雀は中村吉蔵らのイプセン会に参加している[78]。また雨雀は新宿の中村屋を中心に進められた土の会や先駆座に佐々木孝丸らと共に参加している[79]。さらに雨雀は社会主義的な文学者たちの幅広い集まりであったフェビアン協会に、安部磯雄、中村吉蔵、小川未明らと一緒に参加している[80]。

秋田雨雀は階級的立場をはっきりさせ、社会主義者の作家として活動していくわけであるが、運動内部で激しく争われていたボルシェビキズムとアナーキズムとの対立には当初批判的で、運動全体の統一的発展を願うような立場にあった。たとえば一九二三年五月五日の日記には東洋大学の文芸講演会で「アナーキストとボルシェウィストの論争があったので、不快だった」と書いている。つまりある一定の側に立つ程には至っていなかったのである。しかし大杉栄の死後、アナーキストたちの、掠奪やたかり的な行為が激しくなるに連れて、雨雀もアナーキズムに対して批判的になっていく。一九二五年一二月六日の日記ではプロレタリア文芸家連盟の会のことで、「アナーキストの道場破り的行為があった。テクニックを弄するので不快な感じがした。」と書いている。また一九二六年六月二日の日記には「自由連合の人が旅費をもらひに来たので電車賃だけをやった。毎日来られるので、自分の小使銭が全く欠乏してしまった。」と書いている[81]。

ここで一九二三年九月一日の関東大震災との係わりを見ていこう[82]。

震災の時、雨雀は青森にいたが、四日に青森を出発し、六日に雑司が谷へ着いた。そこで自警団の暴力行為に驚いている。また朝鮮人虐殺や社会主義者の検束の話も聞いている。特に、前田河広一郎が、自警団の密告で検束され、藤森成吉や小川未明らが、弁解してとりかえしたことも聞いている。しかし、雨雀は自警団体として生まれた大門会の夜警に参加しているが、自警団体がかえって日常生活をさまたげていることが多いという感じをこの頃は持っている。大杉栄らの殺害、平沢計七らの殺害を知り、怒りを燃やしている。そして自警団による朝鮮人虐殺を批判した作品として、雨雀は戯曲「骸骨の舞跳」を書いている[83]。

## 3　プロレタリア文化運動の中における秋田雨雀

秋田雨雀は一九二七年一〇月から二八年五月まで、ソビエトを訪問した。ここで、帰国後の雨雀の活動を見ていくが、文化運動について見る前に、まず秋田雨雀と無産政党などとのこの時期の係わりを見ていこう。

秋田雨雀は一九二九年五月の高田町の町会議員選挙で、北豊島地方選挙闘争同盟から立候補した東京市電駒込の従業員であった山口竹三郎の推薦人に町民として名を連ねている[84]。北豊島地方選挙闘争同盟は結社禁止された労働農民党の北豊島郡地方の後継組織であって、他の無産党をエセ無産党として批判し、町会が資本家による労働者欺まんの道具であることを暴露して、町会を破壊するために選挙に臨んでいた。しかし雨雀は積極的な選挙運動をしていないようである。しかも選挙の当日には無産党の成績を気遣い、結果がわかった五月三一日の日記には無産党の候補者の当落を書いている[85]。この時社会民衆党から当選した斎藤武弥とはエロシェンコを介して、一九一六年ころから知ったなかであった[86]。

一九三〇年二月二〇日の衆議院議員選挙結果については雨雀は日記に、無産の失敗は戦線不統一と社民党の右傾によると書いており、亀井、安部らが落ちたことを残念がっている[87]。社会民衆党への批判をもっているが、その当選は願っている。

一九三二年二月二〇日の衆議院議員選挙でも安部磯雄の当選を喜んでいる[88]。

一九三〇年の東京市電の争議でも四月二〇日の日記では雨雀は右翼派と当局との妥協の噂を書いている。二四日の日記では右派が争議を裏切って就業することになったことを書いている。これより前、一九二九年暮れの東京市電の争議の時に解雇された河野亀三が雨雀の所に来て、感想文をもってきている[89]。河野は大衆党の中の左派に位置する人で、後豊島区会議員になったことがある。雨雀は戦後も河野と付き合いがあった[90]。

雨雀は一九三〇年一〇月二日に安部磯雄のロッチデール式の消費組合についての話を聞いているが、これは一般の民衆には根本的なものをもたらさないと批判的に思っている[91]。

雨雀は大衆党の反幹部派と接触している。全国労農大衆党豊島南部支部関連の銀杏クラブが一九三二年二月一日に高田会館で開いた発会演奏会に雨雀も出席し、鬼子母神の周辺で起きたことの追憶やエロシェンコのことさらにソビエトの演劇についてなどの話をしている。一〇月二日にも雨雀は高田会館で開かれる銀杏クラブの会合で人形芝居の話をする予定であったが、高田警察署が、開会の許可を与えなかったため中止になった[92]。

これより前、日本大衆党の北豊島南部支部のころ、一九三〇年六月二〇日に高田無産青年研究会が確立したが、その講師に秋田雨雀の名も挙げられていた[93]。

このように雨雀は共産党系ばかりでなく広く接触し、無産運動全体の統一的な発展を願っていた。もちろん雨雀は左翼の立場にたっており、たとえば一九三〇年一〇月六日の日記には、大資本家とプロレタリアートの対立がだんだん鋭くなっており、資本主義制度の崩壊していく前兆だということを書いたりしている[94]。そして右派に対しては批判的であったが、だからといって、右派と戦い、倒そうと思っていたわけではなかった。

ソビエトから帰国後、雨雀はプロレタリア文化運動のなかで、ソビエトの社会や文化を紹介することなどに取り組んだ。講演活動では、例えば、一九二九年六月二日の「無産者の夕」で、雨雀はソビエトの婦人について話している[95]。執筆では、雑誌『戦旗』などにも書き、『若きソヴェート・ロシア』などの単行本も出している。

雑司が谷周辺地域にある団体関係でのソビエトを紹介するような講演や執筆としては、以下ようなことを行っている。一九二九年一〇月二三日には立教大学演劇研究会で、「ソヴェート・ロシアの文学演劇」について話している。また一九三二年一〇月には『立教大学新聞』に「ソヴェート・ロシアの大学生生活」と題して、大学と職場との連絡の問題やスポーツ精神などについて書いている[96]。

一九二八年から一九二九年にかけて秋田雨雀は『婦人之友』に連載された「生活芸術回文」欄に村山知義らと共

に執筆しているが、そこでソビエトの「芝居、宿屋・ホテル・旅館、ラジオ、人形、映画、新聞、婦人の服装、美しいもの」を書いている。なお「生活芸術回文」欄の「髪、身辺風景」ではソビエトと関係のないテーマで書いている。一九三〇年二月七日には自由学園講堂で、「近代ロシア文学の歴史、ゴーリキーのロシア文学に於ける位置、『母』のゴーリキーの作物の中に於ける位置」について話している。そして二月一五日に雨雀は本郷座の「母」を見たが、そこで自由学園の学生三〇人くらいと会っている。また三月に『婦人之友』に「『母』の顔」という文章を書いた。そこでは一九〇二～一九〇五年ごろのロシアの思想史とゴーリキーの「母」との関係について書いた。その時雨雀は自由学園の子供たちは大抵ブルジョアの家庭の子供なので、ゴーリキーの「母」をどう理解したかは興味あることだといった内容のことを三月二日の日記に書いている。ここから雨雀は自由学園を支えている婦人たちが、自分とは違う階級に属していると見ていることがよくわかる。[97]

一九三〇年四月二六日には盲学校講堂で開かれた、盲人連盟会主催の講演会で、雨雀は「ソヴェート・ロシアの盲人教育について」と題して、特殊教育の組織とモスクワ盲人大会の印象を話した。五月八日に斎藤武弥夫人の斎藤百合らが盲学校のお礼に雨雀のところに来ている。[98]

一二月二六日には長崎町字地蔵堂一〇〇八にある城西学園で開かれた『綴方生活』の講習会で、「ソヴェートの教育雑感」について話した。[99]この話は、「ソヴェート・ロシアの教育計画」と改題されて、『綴方生活』一九三一年四月五日発行の臨時増刊「綴方諸問題講話」に、講習会の他の人の話と共に収録された。

一九三一年八月二二日には西巣鴨町大字巣鴨字向原三三五七にあった無産者産児制限同盟で、「ソヴェートにおける性問題」について話している。[100]

これらソビエトの紹介の活動のうえに立って、雨雀は、一九二八年九月には国際文化研究所の創立に参加し、所長となった。[101]そして機関誌『国際文化』の編集にも参加している。[102]その後、一九二九年一〇月一三日に国際文化研究所がプロレタリア科学研究所に改組されたあとも引き続き所長をつとめた。[103]

この他、雨雀は日本プロレタリアエスペラント同盟にも参加している。一九三一年一月一八日に開かれた創立総会に雨雀は出席し、執行委員長になっている。一九三二年三月二〇日に同盟の大会で雨雀が議長をつとめているが、報告に入ると直ちに中止解散となった。このように左翼文化団体への弾圧が強められてきていたが、雨雀は同日の日記で日本プロレタリアエスペラント同盟は、「決して硬化してはいけない。何処までも合法性を持って行くこと。激化したり機械化せぬこと。」と書いている。(104)

また雨雀は日本プロレタリア作家同盟、新興教育研究所にも加わり、日本プロレタリア演劇同盟、日本プロレタリア美術家同盟、日本プロレタリア音楽家同盟、日本プロレタリア映画同盟にも講演に行くなどの協力をしている。このうち日本プロレタリア美術家同盟は本部が長崎町字大和田一九四二にあったことがあり、また付属の造形美術研究所は長崎町字大和田一九八三にあった。造形美術研究所は一九三〇年六月一五日にプロレタリア美術研究所となった。そこではプロレタリア美術学校も開催していた。雨雀は一九二九年一月二〇日開かれた日本プロレタリア美術家同盟（略称A・R）の創立大会準備会に出席している。A・R創立後、造形美術家協会との合同が課題となった。雨雀はこの合同協議会に議長として参加している。合同協議会は一九二九年の二月七日、二月二三日、二月二七日、三月五日、三月九日に開かれ、当初造形側が、合同に熱心でなかったが、途中で折れて、完全な合同に達した。雨雀は努力が実って、非常によろこんだ。四月一五日両者の合同の上に、日本プロレタリア美術家同盟（略称P・P）が成立した。一九二九年五月二六日になされた造形美術研究所の開所式に雨雀は来賓として呼ばれ、挨拶をしている。その後六月九日に造形美術研究所で開かれた、カンチャロフスキー、マシコフの批評会に雨雀は参加し、感想を述べている。雨雀は六月一五日にも造形美術研究所の講演会に行っている。(105)

秋田雨雀はすでに見たように宗教に批判的な考えを持っていたが、ソビエトの反宗教運動に触れて、宗教への批判の意識を強めて、日本での反宗教運動に取り組んだ。一九三〇年八月には『ソヴェト・ロシアに於ける宗教問題』を発行した。雨雀は「日記」でも、一九三一年四月一五日に、ドストエフスキーの宗教思想に触れて、「宗教によって人類が完成されるといふ見解は全く反対だ。……科学こそその任務を果すものであらう。」と書いている。また講演も行っているが、特に、一九三〇年七月三一日には長崎町のプロレタリア美術家同盟の講習会に行き「ソヴェートの宗教問題」について話している。一九三一年二月一四日には大正大学講演部主催の「マルクス主義と宗教」講演会で「宗教なきソヴェートの文化建設」について話している。[106]

三月二八日には反宗教闘争同盟の準備会に出席した。その後、四月七日、四月二一日、五月五日、五月二〇日にも準備会に出席し、綱領の討議・決定に加わっている。五月二三日には反宗教闘争同盟の講演会で、「反宗教闘争同盟の意義」という話をしている。八月二〇日に雨雀は反宗教闘争同盟準備会が弾圧されたので、その事務所を訪ねているが、そこで、同盟の下部が完全に非合法的な運動になっているという印象を持ち、これを徹底的に批判しなければならないと思っている。二五日にも準備会の本部にいき、根本的にたてなおして合法性を獲得しなければならないという思いを強めている。それ以後、布施辰治らと、反宗教運動を合法化させ、大会開催に向けて努力していく。九月七日には雨雀は布施と一緒に文部省と警視庁に行き相談している。一二日にも雨雀は布施、佐野袈裟美とともに内務省の特高課長と警視庁の特高課長に会い、反宗教闘争同盟の了解を得ている。一五日には西神田署に行き、高等主任にあい、反宗教闘争同盟をすすめるだいたいの了解を得ている。九月二〇日に反宗教闘争同盟の結成大会を開いたが、雨雀は司会者として挨拶をしようとしたが、すぐ中止され、解散させられた。この日に反宗教闘争同盟は日本戦闘的無神論者同盟として結成された。二三日には高田署の刑事が二人、雨雀を訪ねて、反宗教闘争同盟のことを聞きにきた。二八日に雨雀は反宗教闘争同盟が「非合法になっているのならば此方は断然絶縁しなければ他の運動を阻害する。」と日記に書いている。さらに雨雀は一〇月一六日の日記に「反宗教運動が方法を誤ったためと弾圧のために何も出来なくなっているのは残念。」と書いている。さらに一九三二年二月一一日の日記で雨雀は「『戦無』の運動は色々文化運動の邪魔になっているやうだ。」とまで書いている。[107]

また雨雀はソヴェートの友の会の結成に向けて動いている。まず、一九三一年六月一日には準備のために布施辰治、「朝日新聞」の土岐、日露貿易の茂森唯士らを訪ねて、友の会を作る話をして、賛同を得ている。六月七日には友の会の相談会を安田徳太郎の家で行い、雨雀、茂森、山内一郎、山内光らが集まり、発起人の人選がほぼできるところまで進んだ。一一日にも安田徳太郎の家で相談会をしている。六月一七日に準備会が開かれ、雨雀が座長となって始めたが、警察から無届け集会とみなされ、雨雀も四谷署に検束された。そこで翌日警視庁の外事課の取り調べを受けて解放された。翌一九日には加藤と一緒に警視庁を訪ねて、外事課と特高課に行き、友の会のことを話して、合法的に進めるようにしている。この日の夜にも安田の家で相談会を開いている。二五日にも雨雀は加藤と一緒に警視庁と所轄の本富士署を訪ねて、友の会の発会式のことを通告している。警視庁では特高課の方は会に思想的背景がないものとみなして手を引くことを聞いている。六月二七日には本郷の明治製菓で発会式が行われ、雨雀は会長に選出された。雨雀は六月三〇日の日記に、「『ソヴェートの友の会』が満足に出来たので非常な喜びを感ずる。」と書き、さらに「この会が左翼的偏向をする時はこれは明かに失敗したものである。イデオロギイのインターナショナルでなく、何処までもソヴェートに対する友情関係に立つものであることを主張して行かなければならない。」としている。雨雀は共産党と一線を画して、合法的にソヴェートの友の会を作り、運営していこうとしていることがよくわかる。八月二八日にはソヴェートの友の会の幹事会が開かれ、雨雀も出席し、規約改正と文化連盟の参加問題を討議した。その日の夜、雨雀が文化連盟の準備会に参加し、友の会が、コミンテルンの線にそうものではないので文化連盟に参加しないことを伝えている。一九三二年二月一〇日の友の会の幹事会で活動方針として友の会を文化連絡の文化団体とすることを決めている。四月一五日には雨雀は安田から友の会のなかで雨雀が左翼的なので会長を自発的に辞任してほしいという意見が出ていることを聞かされている。そこで雨雀は四月一九日に長谷川如是閑と相談し会長を辞任することを決めている。そして四月二一日の常任幹事会で、インターナショナルな組織とは別にして、文化連絡機関の組織とすることと雨雀の会長辞任が決定された。ソヴェートの友の会から日ソ文化協会への改組となるわけである。五月五日の幹事会で雨雀の会長辞任は承認された。この会長辞任について雨雀は四月二二日の日記では「『友の会』は余りに神経質で、却って誤った道を歩いていはしないかとも思はれた。僕のやめたために却って進展を損ねはしないかと心配になる。」と書き、五月五日の日記では「『友の会』は少し臆病すぎるようだ。僕が止めたことによって、今より特別に発展するとは考へられない。このように譲歩して行ったら全く骨抜きなものになるのではないかと心配される。」と書いている。(108)

その後労働者のイニシァチブによるソヴェートの友の会を作る動きが、一九三二年八月になって起きていた。発起人会雨雀は後の方の友の会結成にも参加している。発起人会が、一九三二年八月二二日と九月九日にもたれた。雨雀は出席しているが、発起人会の座長になってほしいという要請は拒否している。九月二三日の発会式では、雨雀は議長に指名されて、少し腹を立てている。この会については雨雀は責任者になる力はないとして、責任者になっていない。これは下部で、非合法的な運動が組織されそうなのを見てのことと思われる。一九三三年三月にも雨雀は友の会の書記長になるようにすすめられたが、政治的意義をもっているという理由でことわっている[109]。

さらに唯物論研究会にも雨雀は参加している。一九三二年一一月二日の創立記念講演会に雨雀は出席している[110]。雨雀は学芸自由同盟にも参加し、一九三三年七月一〇日の創立大会に出席し、感想を述べている[111]。

極東平和友の会にも雨雀は発起人になっている。雨雀はこの会に対して非合法的なものにすることなく、恒常的な平和運動として自由主義者たちをも包含したものとしなければならないと考え、雨雀も平和主義者の一人として参加し、運動の指導的位置につきえないと思っていた。雨雀は一九三三年八月一三日の発起人会に参加したが、発会式には八月二一日から目白署に留置されたため、参加していない[112]。

こうした運動に係わるなかで、一九三三年六月六、七日に秋田雨雀の生誕五〇年祝賀会が開かれた。この会に向けて、プロレタリア美術家同盟の矢部友衛が油絵で、佐田四郎が彫刻で、それぞれ雨雀の肖像を制作している[113]。

以上のように秋田雨雀はソビエトの紹介を中心にプロレタリア文化運動に参加し、その指導的位置にいた。しかしソヴェートの友の会の創立に参加していく一九三〇年のおわりごろから文化運動を合法的に進めることを主張している。これは先にソヴェートの友の会や反宗教闘争同盟などへの係わりから明らかであるが、それ以外のことに関する雨雀の考えをここで補っておこう。一九三〇年一一月二一日の日記では「日本のプロレタリア芸術は単純すぎる嫌ひがある。堅くなりすぎている。」と書き、一九三一年二月一六日の日記では「何うもプロレタリ(ア)文芸運動は近頃浮きあがっていて大衆から離れて行くやうな気がする。単に弾圧の結果ばかりでなく方法論の上で誤りをおかしているのではないか。」と書いている。これは弾圧が強まるとともに非合法運動を批判し、これと一線を画す態度を強めていく。文化連盟への弾圧に関して、一九三二年四月三日の日記では「退却せぬやうに、然し硬化し、非合法化せぬやうに注意されなければならない。」と書き、四月一四日の日記では「日本の運動は可なり孤立しているやうな気がする。」と書いている。さらに政治運動自体からも遠ざかる態度になっていく。(114)

## おわりに

秋田雨雀は雑司が谷やその周辺地域の文化運動などから学ぶことによって考え方を発展させてきた。婦人之友社・自由学園から自由主義教育を摂取し、時計工組合の労働運動に触れることにより階級意識を高め、藤森成吉、佐々木孝丸、小川未明らと付き合うなかで、プロレタリア文化運動に参加している。また逆に雨雀は近代において雑司が谷やその周辺の地域で展開した主要な文化運動であった新教育やプロレタリア文化運動に積極的に貢献している。その意味で、近代の雑司が谷文化を語る場合、雨雀はまず第一番にとりあげなければならない人である。雨雀はプロレタリア文化運動において中心的幹部となり、アナーキズムや右翼社会民主主義者への批判は持つようになってきていても、プロレタリア階級の前衛の立場に立ったわけではない。そして雨雀は運動を合法的に進めることを比較的早くから主張していたのである。だがプロレタリア文化運動に参加している時期に、雨雀は反宗教意識を明確に持っていた。しかしプロレタリア文化運動が崩壊したあと、雨雀は仏教文化を中心とする前近代から引き継がれた雑司が谷の文化遺産の保存と継承に努力を傾けていくのである。この時期の雨雀の仕事、そのように変化する過程などを見ていくことは今後の課題としたい。

(付記)一九八六年四月から九月にかけて、雑司が谷旧宣教師館の展示のための調査が行われた。この内、雑司が谷文化については、中野光、長谷幸江、須田景子、関根公子、奥田伸子の諸氏で、構成された調査団が担当した。私もこの調査に協力し、参加した。本稿をまとめるにあたって、この調査の成果も利用させていただいたが、このことを調査団の諸氏に感謝したい。ただし本稿はあくまで私個人の構想と責任において執筆したものである。

（1）『日本社会運動人名辞典』などによる。
（2）砂金シゲ、後藤富郎、椎名雅夫、中島英雄、山本隆次、安井千代の諸氏など、秋田雨雀に直接付き合った地元の人たちの談話。
（3）椎名雅夫、山本隆次両氏の談話。
（4）津軽書房、一九七二年八月刊。この本には雨雀の詳細な年譜が収録されている。本稿ではこの年譜に依拠して雨雀の活動を追ったが、いくつかの事実の補足と訂正をした。
（5）北方新社、一九七七年三月刊。
（6）日本プロレタリア美術家同盟書記長、豊島区議、豊島区選出東京都議を務めた杉浦茂氏とプロレタリア演劇運動の指導者や俳優として活躍した佐々木孝丸氏が中心となって作られ、「雨雀会ニュース」を発行したりしたが、現在は活動を休止している。
（7）一九七五年（正）、一九七六年（続）、共栄社出版刊。雑誌『雨雀研究』も発行した。現在はやはり、休止状態にある。
（8）後藤富郎、椎名雅夫、田崎源太郎、中島英雄、山本隆次、安井千代の諸氏の談話によると、箭田はだんご屋の川口屋かまたは茗荷屋に関係があったという。
（9）秋田雨雀「『森の会』の記録」（『文章世界』七ノ五）
（10）『秋田雨雀日記』（一九六五〜七年、未来社刊、以下『日記』と略す。日記の原本は日本近代文学館にあるが、こちらは「日記稿」と、以下では略した。なお引用は『日記』にある場合も原本から行った。）一九一八年九月一七日、一九二〇年六月九日。「日記稿」一九一九年八月一二日。
（11）『日記』一九二三年一一月五日。
（12）『日記』一九一七年一〇月一日、一二月一五日。
（13）『日記』一九一八年一月四日。
（14）『日記』一九一八年三月一二日。
（15）『日記』一九一七年五月二六日、三〇日、六月八日、九日、一二日、二一日、二八日、三〇日、七月一四日、二一日、三〇日、八月二〇日、九月二二日、二三日、一〇月八日。
（16）このことは「二」で扱う反宗教運動との関係がある。
（17）『日記』一九一五年一一月三日。「日記稿」一九二二年五月二二日、一九二三年五月二三日。
（18）『日記』一九一九年九月二二日。「日記稿」一九一五年七月二三日、八月一一日、一九一八年四月六日、七月二六日、一九一九年八月一六日、九月二一日。
（19）『五十年生活年譜』一九ページによると、妻の母やすは榎戸源三の長女で、夫と離別するまで、夏目漱石を養育していたという。藤田竜雄の年譜や『増補改訂漱石研究年表』によるとやすは漱石の養母で、町名主をしていた塩原昌之助の妻であったという。
（20）『日記』一九一七年二月一九日、一〇月三〇日、一二月九日。
（21）『日記』一九一六年六月二四日、一九一七年一一月二一日、一二月一九日、二〇日など。
(22)『日記』一九一六年六月六日、一〇日、一九一七年一一月一四日。「日記稿」一九一五年一〇月一八日、一九一八年三月一五日、一九一九年一〇月二九日。
(23)『日記』一九一七年一一月九日、一〇日。
(24)『日記』一九一八年三月三一日。「日記稿」一九一八年三月二四日。
(25)『日記』一九一五年四月二一日など。
(26)『日記』一九一七年五月二八日、六月九日、一九一九年一一月一三日、一九二〇年一一月二〇日、一九二一年一月三一日。「日記稿」一九一九年一〇月二五日、一一月一九日、一九二一年二月七日。
(27)『日記』一九一九年二月二四日、五月三一日、一九二二年五月一三日、二七日、六月三日。「日記稿」一九一九年二月二五日、一九二〇年三月八日、一二月一一日。一九二二年六月一七日。
(28)『日記』一九一六年五月二八日、七月五日、二六日、一〇月二六日、一二月二三日、一九一七年三月一八日、五月一二日、二七日、二九日、一〇月一四日、一一月二三日、一二月九日、二六日、二七日、三一日、一九一八年三月九日、五月二六日、一九一九年五月二五日、一一月九日、一二月二日、二三日、一九二〇年三月二五日、二六日、二七日、六月五日、七月三一日、一一月一日、一二月一八日、一九二二年一月一二日、三月一日、五日。「日記稿」一九一八年七月七日、一九一九年六月一九日、九月一七日、一〇月八日、一一月一一日、一九二〇年二月一九日。
(29)『日記』一九一五年七月三〇日、一九一九年三月四日、一一月三日。「日記稿」一九一五年一〇月二四日、一二月五日、一九一八年七月一一日、一〇月二四日、一九二〇年四月三日。一九二一年五月八日。
(30)『日記』一九二一年一〇月二四日、一一月六日、一五日、一九二二年六月七日。「日記稿」一九二一年一一月七日、二五日、一九二三年一月二五日。
(31)『日記』一九二三年七月一三日。
(32)『日記』一九一九年五月六日、一九二三年一一月一〇日、一二月五日。『東京朝日新聞』一九二三年一一月一一日、一二日、一五日、一六日、一七日、一八日。『五十年生活年譜』九三〜四ページ。原嶋豊之助氏談話。
(33)『日記』一九二三年七月一三日。一九二七年二月一三日、五月一日。「日記稿」一九二三年七月一五日、一九二七年一月二日、五月八日、一五日、この日曜学校はどこでやっていたものかはわからない。
(34)『日記』一九一七年一二月九日、一九一八年一〇月一三日、一九二〇年七月一二日、一一月二五日、一九二一年三月一三日。
(35)『日記』一九一六年一二月二五日、一九一七年一月七日。小説はすでに紅野敏郎「秋田雨雀の小説」『続秋田雨雀』で取り上げられている。
(36)『日記』一九一五年六月一〇日、一九一六年一〇月二四日、二七日、一一月九日、一七日、一二月二一日、一九一七年三月二日、八日、七月一二日、二〇日など。

(37)『日記』一九一五年二月一八日、二一日、四月二〇日、五月九日、七月六日など。

(38)『日記』一九二一年一月一日。

(39)『日記』一九二〇年五月一日、「日記稿」一九一八年六月八日、九日。

(40)江口渙『続わが文学半世記』五〜一九ページ。

(41)『日記』一九二二年一月三日。「日記稿」一九一九年住所録。『文芸年鑑一九二三年版』。

(42)『豊島区史通史編二』五七一〜三ページ。

(43)『豊島区史資料編四』一一九九〜二〇七ページ。

(44)『日記』一九二一年三月一五日。

(45)『日記』一九二一年三月二四日。

(46)『豊島区史通史編二』五七〇〜一ページ。『東京交通労働組合史』五三〜七ページ。

(47)「大正九年六月調　特別要視察人ノ現状及其ノ取締ノ概況」。

(48)前同。

(49)『日記』一九二一年一月一〇日。

(50)「大正九年六月調　特別要視察人ノ現状及其ノ取締ノ概況」。江口渙『続わが文学半世記』一八〜九ページ。

(51)「特別要視察人状勢一班　第六」『社会主義者沿革1』。

(52)「特別要視察人状勢一班　第九」『社会主義者沿革1』。

(53)「特別要視察人状勢一班　第八」『社会主義者沿革1』。

(54)『日記』一九二〇年一月二二日。

(55)『建設者同盟の歴史』。

(56)『日記』一九二二年五月一三日。

(57)『建設者同盟の歴史』八八ページ。

(58)『日記』一九二三年一月五日、六日。『建設者同盟の歴史』二七八ページ。

(59)『建設者同盟の歴史』八八ページ。

(60)『建設者同盟の歴史』二〇〇ページ。『日記』一九二三年五月一五日。

(61)犬丸義一『日本共産党の創立』一一七〜二一ページ。『建設者同盟の歴史』四六〜八ページ。

(62)『日記』一九二一年二月二〇日、三月一五日、二二日、四月二二日。「日記稿」一九二一年二月四日、一一日、二五日、三月四日、一一日、七月一日、八日。

(63)『日記』一九二一年五月一日、四日。

(64)『日記』一九二一年五月九日、一〇日。

(65)『日記』一九二一年五月二八日。

(66)『日記』一九二一年五月二六日、三一日。

(67)『日記』一九二一年六月五日。

(68)『日記』一九二一年六月一一日。

(69)『日記』一九二四年二月一八日、七月一日、一九五四年一一月二六日。

(70)小牧近江『ある現代史』六九〜九五ページ。「日記稿」一九二一年住所録。

(71)『豊島区史資料編四』六八五〜九〇ページ。

(72)『ゆきのした』二二一号、一九七七年一〇月刊。
(73)『文芸年鑑一九二六年版』。
(74)『日記』一九二三年六月二五日。『ある現代史』九四～五ページ。山田清三郎『プロレタリア文化の青春像』五七～六二ページ。
(75)『文芸戦線』。『プロレタリア文化の青春像』二八～九、三九～四一ページ。
(76)山田清三郎『プロレタリア文学風土記』二四～七ページ。前田河は小石川区雑司ケ谷町一一九に、本間は小石川区雑司ケ谷町一四四にそれぞれ住んでいた。(『文芸年鑑一九二四年版』)。
(77)高円寺が住宅地化するのは、関東大震災の前年に、高円寺駅が、開設される後のことであり、第一次大戦後から住宅地化がすすんだ雑司が谷より遅れる。『文芸戦線』の分裂するころが、高円寺が中心であり、ナップが出来て以降は落合が中心である。
(78)『日記』一九二二年一月一一日など。
(79)『日記』一九二一年三月一二日、一九二三年四月二〇日～二日など。
(80)『日記』一九二四年三月一七日など。江口渙『たたかいの作家同盟記上』二八～五一ページ。
(81)『日記』一九二三年五月五日、一九二五年一二月六日、一九二六年六月二日。
(82)『日記』一九二三年九月三日、四日、六日、七日、一一日、一六日、二〇日、二六日、二七日、一〇月六日、一二日、一三日、一五日、一一月九日、一三日、一六日、三〇日、一九二四年一月一八日、二月七日、二六日、三月一三日。「日記稿」一九二三年九月八日、一〇日、一二日、一一月一五日。
(83)『日記』一九二四年一月一〇日、一四日、四月三日。
(84)『豊島区史資料編四』六八二～四ページ。
(85)『日記』一九二九年五月三一日。「日記稿」一九二九年五月三〇日。
(86)粟津キヨ『光に向って咲け』六四ページ。
(87)『日記』一九三〇年二月二一日、二二日。
(88)『日記』一九三二年二月二一日。
(89)『日記』一九三〇年二月二〇日、二四日、一九二九年一一月三〇日。
(90)『日記』一九四九年一月三〇日、三一日など。
(91)『日記』一九三〇年一〇月二日。
(92)『日記』一九三二年二月一日、一〇月二日。
(93)『豊島区史資料編四』六九三～四ページ。
(94)『日記』一九三〇年一〇月六日。
(95)『日記』一九二九年六月二日。
(96)『日記』一九二九年一〇月二三日、一九三二年一〇月一七日。
(97)『日記』一九二九年三月一九日、一九三〇年二月七日、一五日、三月二日。『婦人之友』。
(98)『日記』一九三〇年四月二六日、五月八日。
(99)『日記』一九三〇年一二月二六日。

(100)『日記』一九三一年八月二三日。
(101)『国際文化』一号、一九二八年一一月刊。
(102)『日記』一九二九年一月五日など。
(103)『プロレタリア科学』一号、一九二九年一一月刊。
(104)『日記』一九三一年一月一八日、一九三二年三月二〇日。
(105)『日記』一九二九年一月二〇日。二月七日、二三日、一五日、三月五日、九日、五月二六日、六月九日、一九二九年三月一五日など。『ARニュース』一号、一九二九年一一月一日刊。『PPニュース』一九号、一九三一年四月二八日刊。『プロレタリア美術家』二二号、一九三一年八月九日刊。『日本プロレタリア美術史』。『司法研究報告書二八輯九、プロレタリア文化運動に就ての研究』。
(106)『日記』一九三一年四月一五日、一九三〇年七月三一日、一九三一年二月一四日。
(107)『日記』一九三一年三月二八日、四月七日、二一日、五月五日、二〇日、二三日、八月二〇日、二五日、九月七日、一二日、一五日、二〇日、二二日、二三日、二八日、一〇月一六日、一九三二年二月一一日。
(108)『日記』一九三一年六月一日、七日、一一日、一七日、一八日、一九日、二五日、二七日、三〇日、八月二八日、一九三二年二月一〇日、四月一五日、一九日、二一日、二三日、五月五日。
(109)『日記』一九三二年八月二一日、二二日、九月九日、二三日、一九三三年三月二一日。
(110)『日記』一九三三年一一月二日。
(111)『日記』一九三三年七月一〇日。
(112)『日記』一九三三年七月二八日、八月一三日、二一日。
(113)『日記』一九三三年六月六日、七日。『五十年生活年譜』一九六〜七ページ。
(114)『日記』一九三一年一一月二一日、二月一六日、一九三二年四月三日、一四日。

（掲載時所属：豊島区立郷土資料館学芸員）

# 第三巻　あとがき

第三巻は平和博物館関係以外と東京空襲関係以外の一五年戦争関係について書いたものをまとめたものです。第一巻と第二巻はその取り上げたテーマの研究状況からして日本人被害のことが中心になっています。第三巻は日本人の加害を取り上げるとともに、日本の支配・戦争に対する反対とそれへの弾圧も取り上げています。時期的には古い時に書いたものですが、第一巻と第二巻の弱点を補うものになっています。

また第三巻には、井上久士氏との共著「中国共産党東京支部事件について」を収録しています。転載を許可していだいた井上久士氏に感謝し、お礼申し上げます。アテネ出版社の編集・刊行のおかげで、予定した一五年戦争研究の論文集を発行できました。感謝しお礼申し上げます。

二〇二四年　三月

山辺　昌彦

**山辺昌彦**（やまべ まさひこ）
1945年９月　東京都杉並区生まれ
1969年３月　東京都立大学人文学部人文科学科史学専攻卒業
1975年３月　早稲田大学大学院文学研究科史学専攻日本史専修博士課程所定単位取得、博士候補検定合格
1981年３月　早稲田大学大学院文学研究科史学専攻日本史専修博士課程単位取得退学
〈職歴〉
1983年10月　豊島区役所職員（学芸研究）（豊島区立郷土資料館開設準備担当から豊島区立郷土資料館に勤務）
1990年４月～2006年３月　立命館大学職員（学芸員）（国際平和ミュージアム設立準備室から立命館大学国際平和ミュージアムに勤務）
2006年４月～2019年６月　政治経済研究所付属東京大空襲・戦災資料センター学芸員
2006年９月～2022年１月　わだつみのこえ記念館学芸員
〈その他〉
1982年～1990年　法政大学第一教養部兼任講師
1996年～2001年　国立歴史民俗博物館共同研究員
2005年～現在　政治経済研究所主任研究員
2009年～2011年　専修大学文学部兼任講師
2010年～2011年　早稲田大学文学学術院非常勤講師

山辺昌彦15年戦争関係論文集 ③
戦中戦後の文化活動と日本軍兵士の諸問題

発行日　2024年４月30日　初版発行

著　者　山辺 昌彦

発　行　アテネ出版社
〒101－0061
東京都千代田区神田三崎町2-11-13-301
電話03－3239－7466　fax03－3239－7468
https://www.atene-co.com　info@atene-co.com

印　刷　日本ハイコム

ISBN978-4-908342-12-7　C3036

山辺昌彦15年戦争関係論文集 1

## 15年戦争展示にみる平和博物館の経緯と課題

山辺昌彦［著］

A5判／並製本／400ページ

本体価格3000円+税

ISBN978-4-908342-10-3 C3036 ¥3000E

著者は15年戦争を対象とする平和博物館の展示や東京空襲などを取り上げ研究し、長年各雑誌や研究誌に執筆してきた。それらを「平和博物館」「東京空襲」「その他」の三つに分けて今回刊行された。

第1巻の本書は1985年に豊島区立郷土資料館で戦争展示を担当して以来、各誌に執筆してきた17編の本編と関連する資料編（表）7編からなる。平和博物館を全面的に研究するものではなく、15年戦争に関連した取り組みに絞ったものである。

山辺昌彦15年戦争関係論文集 2

## 東京空襲の諸問題

山辺昌彦［著］

A5判／並製本／156ページ

本体価格1600円+税

ISBN978-4-908342-11-0 C3036 ¥1600E

第2巻は平和博物館とともに私が中心的に研究してきた東京空襲について書いたものをまとめた。しかし東京空襲については既に写真集を刊行し、その中に空襲・戦災関係の表も掲載している。それとの重複を避けたため第2巻は頁数が少なくなった。空襲研究については体験者の証言が主になっており、体験者などの推定により被害を過大に書かれたものも多くある。私は記録によりどこまで明らかになったかを明確にするよう努めてきた。第2巻はその集大成となる。